국단어
완전 정복

3·1

기획 및 집필

전위성

공주교육대학교를 졸업하고 2006년부터 대전에서 교사 생활을 시작했습니다. 우등생 공부법을 연구하여 세 권의 책(엄마가 알아야 아이가 산다!, 초등 6년이 자녀교육의 전부다, 엄마의 수학 공부)을 펴냈습니다. 15년 동안 학생들을 가르치면서 많은 학생이 국어 교과서에 나오는 낱말을 전혀 공부하지 않는다는 놀라운 사실을 알게 되었습니다. 더더욱 놀라운 사실은 국어 교과서의 낱말을 공부할 수 있는 책이 전무(全無)했다는 것입니다.

「국단어 완전 정복」은 저자가 지난 2년 동안 초등학교 3~6학년 국어 교과서에 나오는 모든 낱말을 연구하고 정리하여, 초등학생의 눈높이에 맞추어 펴낸 '국어 낱말 전문 학습서'입니다.

모든 공부는 기초가 중요하고, 모든 공부의 기초는 국어입니다. 모든 공부의 기초가 되는 국어 공부의 기초는 단연 국단어(국어 낱말)입니다. 고로 모든 공부의 기초는 국단어를 공부하는 것입니다.「국단어 완전 정복」과 함께 세상 모든 공부를 완전 정복할 수 있길 소망합니다.

국단어 완전 정복 | 초등 국어 3-1

초판　　1쇄 발행　2019년 12월 1일
개정판　4쇄 발행　2021년 3월 11일

기획 및 집필　전위성

펴낸이　최남식
개발책임　전현영
디자인　조민서, 최병호
일러스트　유재영, Shutterstock(zzveillust, Beresnev)
스태프　김을섭
제작책임　전건호(건영프린테크)
펴낸곳　오리진에듀
출판등록　2010년 3월 23일 제313-2010-87호
주 소　인천시 서구 고산후로121번안길 28, 206호
전 화　02-335-6612　**팩 스** 0303-3440-6612
이메일　originhouse@naver.com
블로그　blog.naver.com/originhouse

값 18,000원ⓒ2021, 전위성 & 오리진에듀
ISBN 979-11-88128-16-7 63710 : 18000

국단어
완전 정복

《공부에서 가장 중요한 것은?》

건물을 지을 때 가장 먼저 하는 중요한 일이 있습니다.
건물의 토대가 되는 바닥을 튼튼히 다지는 것입니다.
바닥이 튼튼해야 건물을 높고 튼튼하게 지을 수 있습니다.

공부도 마찬가지입니다.
공부라는 건물을 높고 튼튼하게 짓고 싶다면
공부의 토대가 되는 기초를 튼튼히 다져야 합니다.

《공부에서 가장 중요한 것은, 기초 다지기》

영어 공부의 기초는 영단어(영어 단어)입니다.
수학 공부의 기초는 수학 개념입니다.
그럼 국어 공부의 기초는 무엇일까요?

학습지나 문제집 풀기일까요? 독서일까요?

《국어의 기초 = 국단어 완전 정복》

영어 단어와 수학 개념처럼
국어에도 가장 먼저 공부해야 할 기초가 있습니다.
그건 바로 **국어 단어**, 다시 말해 **국단어**입니다.

국어 공부의 기초를 쌓고 싶다면
학습지와 문제집 풀기, 독서에 앞서
국단어를 철저히! 완벽히! 공부해야 합니다.

이 책을 구입한 학부모님께

**"낱말 뜻을 손수 찾아서 공부하지 않으면
정확한 뜻을 영영 알 수 없습니다."**

이 문장이 무슨 뜻인지 모르는 사람은 드뭅니다. 그와 동시에 이 문장이 무슨 뜻인지 잘 아는 사람도 드뭅니다. 손수는 '남의 힘을 빌리지 않고 제 손으로 직접'이라는 뜻이고, 영영은 '영원히 언제까지나'라는 뜻입니다.

우리는 일상에서 수많은 글을 읽고 쓰고, 무수한 말을 듣고 합니다. 하지만 그 글과 말의 뜻을 정확히 알지 못합니다. 정확히 아는 것과 감으로 아는 것은 큰 차이가 있습니다. 물론 일상생활에서는 그 차이가 별로 드러나지 않습니다. 딱히 손해 볼 일도 없습니다. 하지만 학습의 영역이라면 이야기가 전혀 달라집니다. 뜻을 정확하게 아는 학생과 어렴풋이 아는 학생의 미래는 사뭇 다른 인생을 살아갈 만큼 어마어마한 차이가 있습니다.

**"만권의 책을 읽더라도
낱말을 공부하지 않으면
그 정확한 뜻을
죽을 때까지 알 수 없습니다."**

다소 과격하게 들릴 수도 있겠습니다. 하나 틀린 말은 아닙니다. 과장도 아닙니다. 일례로 앞선 문장에서 '만권'은 단순히 10000을 뜻하는 숫자가 아닙니다. '만권'은 사전적 의미로 '매우 많은 책'을 뜻합니다. 이런 사례는 셀 수 없을 만큼 비일비재합니다(비근합니다, 흔합니다).

많은 아이들이 영단어(영어 단어)는 목숨 걸고 외우지만, 국단어(국어 단어)는 죽어도 공부하지 않습니다. 안타까운 현실입니다. 더 안타까운 현실은 영어 단어를 공부할 수 있는 책은 넘쳐나지만, 국어 단어를 공부할 수 있

는 책은 거의 없다는 것입니다. 무엇보다도 국어 교과서의 단어를 체계적으로 공부할 수 있는 책이 세상에 존재하지 않았습니다. 필자가 「국단어 완전 정복」을 필히(무슨 일이 있어도 반드시) 써야겠다고 결심한 이유입니다.

이 책이 출간됨으로써 국어 교과서 단어를 체계적으로 공부할 수 있는 책이 세상에 존재하게 되었습니다. 이 책을 자찬(自撰)한[1] 것이 참으로 다행스럽고 기쁜 일이라고 자찬(自讚)해[2] 봅니다. 덧붙여 필자는 전작 「초등 6년이 자녀교육의 전부다」에서 "국어 공부의 시작과 끝은 교과서에 나오는 낱말을 공부하는 것"이라고 역설한 바 있습니다. 이 책, 「국단어 완전 정복」을 출간함으로써 그 중대 발언이 무책임한 구호와 공허한 메아리로 소멸되지 않게 되었고, 제 단언에 대한 책임을 이제야 다했다고 여겨져서, 재삼(再三) 기쁩니다.

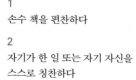

[1]
손수 책을 편찬하다

[2]
자기가 한 일 또는 자기 자신을 스스로 칭찬하다

국단어의 뜻을 적확하게(정확하게 맞아 조금도 틀리지 않게) 아는 아이만이 책과 교과서를 정확히 읽고, 충분히 이해하고, 오래 기억하고, 자기 생각을 글로 온전히 담아낼 수 있습니다. 지금부터 자녀에게 「국단어 완전 정복」을 4년(3~6학년) 동안 공부시키십시오. 혹여 시기를 놓쳤더라도 3학년 1학기부터 6학년 2학기까지 전 과정을 차근차근 공부시키십시오. 어휘력이 완성되고, 독해력이 강화되고, 논술력과 사고력이 향상되어 자녀가 상위 1퍼센트 우등생으로 거듭나는 광경을 목격하게 될 것입니다.

공부가 전부라는 말이 아닙니다. 공부 잘하는 우등생으로 키우는 것이 자녀 교육의 최우선 과제이라는 말도 아닙니다. 제가 줄기차게 주장하는 자기주도학습과 우등의 끝에는 '행복'이 자리잡고 있습니다. 세상 모든 자녀와 부모가 행복한 오늘을 보내고, 희망찬 내일을 맞이하는 데, 「국단어 완전 정복」이 미약하게나마 보탬이 되길 간절히 기원합니다.

초등 교사, 작가 **전위성**

이 책의 구성과 특징

지금부터 「국단어 완전 정복」과 함께
10641 프로젝트에 도전하세요!

구성 1 **교과서 완전 학습**

> 낱말이 나오는 국어 교과서의 단원명을
> 알 수 있어요!

1일

8. 의견이 있어요

> 교과 진도 시기
> 5월 4주, 6월 1, 2주

> 학교 진도 시기를 확인할 수 있어요!
> 교과서를 배우기 전에 미리 낱말을 공부해요.

> 무슨 요일에 공부하는지 알 수 있어요!
> 1일 월요일, 2일 화요일, 3일 수요일,
> 4일 목요일, 5일 금요일에 공부해요.

당돌하다
한자 당나라 당 唐
갑자기 돌 突

사람이나 그 말과 행동이 / 꺼리거나 어려워하는 마음이 조금도 없이 /
다부지고 · 씩씩하다
예 권 관서는 오성의 **당돌한** 질문에 호기심을 느꼈다.
* 다부지다 (일을 해내는 태도나 의지 따위가) 빈틈이 없이
단단하고 굳세다
비 올차다, 다부지다, 당차다, 야무지다

> 낱말과 비슷한 뜻을 가진 다른 낱말을
> 함께 익힐 수 있어요!

호기심
한자 좋을 호 好
기특할 기 奇
마음 심 心

새롭고 신기한 것을 좋아하거나 · 모르는 것을 알고
예 밤하늘의 별을 올려다볼 때마다 우주에 대한 호

> 교과서 쪽수와 주제가 적혀 있어요!
> 지금 공부하는 낱말이 교과서 어디
> 에 있는지 알 수 있어요.

의견
한자 뜻 의 意
볼 견 見

어떤 대상이나 일에 대하여 / 자기 마음에서 *판단하여 가지는 / 생각
예 미술 시간에 활동 작품을 어떻게 만들지 친구들과 **의견**을 나눴다.
* 판단하다 어떤 대상의 시비(옳고 그름), 우열(나음과 못함) 따위를 따져서 분명하게
정하다

> 끊어 읽기(/)와 빨간색 글씨!
> 뜻풀이가 정확하고 완벽한 장기 기억으로
> 이어져요.

일리
한자 한 일 一
다스릴 리 理

어떤 면에서 / 그런대로 옳다고 *여겨지는 것
예 남학생들이 주로 하는 축구 보다는 여학생들도 함께 할 수 있는 피구를 하
는 게 좋겠다는 친구의 의견을 듣고, **일리**가 있다고 생각했다.
* 여겨지다 마음속으로 그러하다고 생각되다

> 낱말의 한자 뜻을 알 수 있어요!
> 낱말이 만들어진 한자의 뜻를 알면
> 낱말의 뜻을 더 쉽게 이해할 수 있어요.

바느질

바늘에 실을 *꿰어 / 옷 등을 *짓거나 · 꿰매는 / 일
예 **바느질**을 하다가 바늘에 찔러서 손가락에서 피가 났다.
* 꿰다 (물건을 실이나 끈에 연결되도록) 구멍이나 틈을 내어 엮다
* 짓다 재료를 들여 만들다

아씨

예전에, 하인이나 신분이 낮은 사람이 / *상전 집이나 양반집의 / 젊은 부
나 처녀를 부르던 말
예 옛날에 바느질을 즐겨 하는 **아씨**가 있었다.
* 상전 예전에, 종에 상대하여 그 주인을 이르던 말

> 낱말과 관련된 그림을 함께 살펴봐요!
> 낱말의 뜻을 더 재밌게 알 수 있어요.

> 뜻풀이와 예문에 나오는 어려운 낱말을
> 정리했어요!
> 더 많은 낱말들을 공부할 수 있어요.

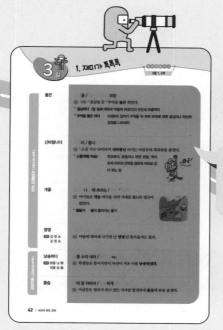

구성 2 빨간 책갈피 활용하기

부록으로 제공되는 빨간 책갈피를 대어보세요!
빨간색 글씨가 마법처럼 사라져서 낱말 뜻을
재미있게 복습할 수 있어요.

구성 3 칭찬 사과 스티커 활용 하기

사과 스티커로 열심히 공부한 나를 칭찬해요!
하루 공부를 잘 마쳤다면 나에게 칭찬 사과를 선
물하세요. 선물 받은 사과 스티커는 월별 첫 쪽에
있는 사과 나무에 붙여요. 사과 나무에 사과가 주
렁주렁 열릴 때까지 열심히 공부합시다!

구성 4 일일, 주말, 월말, 학기말 평가

네 차례 평가를 통해서 잘 공부했는지 확인해요!
일일 평가, 주말 평가, 월말 평가, 학기말 평가가
있어요. 공부한 국단어들을 틈틈이 복습해서
100점에 도전하세요!

차례

※ 학교 진도 시기는 학교나 학급의 지도 계획에 따라 변경될 수 있습니다.

1~4주

칭찬 사과 스티커

하루 공부를 잘 마쳤다면 나에게 칭찬 사과를 선물하세요.
사과 나무에 사과가 주렁주렁 열릴 때까지 열심히 공부합시다!

■ 스티커는 별책 바른답 및 색인 마지막 페이지에 있습니다.

1. 재미가 톡톡톡

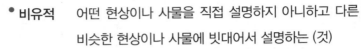

| 인물의 길목에서 | 교과서 30~31쪽 |

길목
일이나 시기가 / 바뀌는 때를 / *비유적으로 *이르는 말
(예) 겨울 방학은 다음 학년으로 넘어가는 중요한 **길목**이다.
* **비유적** 어떤 현상이나 사물을 직접 설명하지 아니하고 다른 비슷한 현상이나 사물에 빗대어서 설명하는 (것)
* **이르다** 어떤 대상을 무엇이라고 이름 붙이거나 가리켜 말하다

끝자락
일의 마지막 부분을 / 비유적으로 이르는 말
(예) 졸업생 대표로 상을 받으며 초등학교 생활의 **끝자락**을 화려하게 장식했다.
* **장식하다** (어떤 장면이나 부분 따위를) 인상 깊고 값지게 만들다

| 느낌을 살려 사물 표현하기 | 교과서 32~35쪽 |

사물
(한자) 일 사 事 / 물건 물 物
물질세계에 있는 / *구체적이고 *개별적인 대상을 / *통틀어 이르는 말
(예) 내 *사물함에는 색연필, 가위, 풀, 교과서, 공책뿐만 아니라 여러 가지 사물이 들어있다.
* **구체적** 사물이 일정한 모양과 성질을 갖추고 있는 (것)
* **개별적** 다른 것과 상관없이 따로따로인 (것)
* **통틀어** 있는 대로 모두 합하여
* **사물함(私物函)** 개인이 사사로이 소유하고 있는 물건을 넣어두는 곳

제법
수준이나 솜씨가 / 어느 정도에 이르렀음을 / 나타내는 말
(예) 비가 와서 그런지 오늘은 날씨가 **제법** 쌀쌀하다.

감각적
(한자) 느낄 감 感 / 깨달을 각 覺 / 과녁 적 的
*감각을 *자극하는
(예) *오감으로 알게 된 느낌을 생생하게 표현한 것을 **감각적** 표현이라고 한다.
* **감각** 신체 기관(눈, 코, 귀, 혀, 살갗)을 통하여 바깥의 어떤 자극을 느끼거나 알아차림
* **자극하다** 감각이나 마음에 반응이 일어나게 하다
* **오감** 인간이 눈으로 보고(시각), 귀로 듣고(청각), 코로 냄새 맡고(후각), 입으로 맛보고(미각), 손으로 만지는(촉각) 다섯 가지의 감각

새싹
새로 돋은 / 싹
(예) 화분에 강낭콩을 심었더니 **새싹**이 *파릇파릇 *돋아났다.
* **파릇파릇** 조금 파란빛이 군데군데 생기 있게 드러난 모양
* **돋다(돋아나다)** 속에서 생겨서 겉으로 나오다

1 문장을 읽고, 알맞은 낱말을 써 넣어 봅시다.

1) 일이나 시기가 바뀌는 때를 비유적으로 이르는 말

2) 일의 마지막 부분을 비유적으로 이르는 말

3) 물질세계에 있는 구체적이고 개별적인 대상을 통틀어 이르는 말

4) 수준이나 솜씨가 어느 정도에 이르렀음을 나타내는 말

5) 감각을 자극하는

6) 새로 돋은 싹

2 밑줄 친 곳에 알맞은 낱말을 써 넣어 문장을 완성해 봅시다.

1) 겨울 방학은 다음 학년으로 넘어가는 중요한 _____ 이다.

2) 졸업생 대표로 상을 받으며 초등학교 생활의 _____ 을 화려하게
장식했다.

3) 내 사물함에는 색연필, 가위, 풀, 교과서, 공책뿐만 아니라 여러 가지 _____
이 들어있다.

4) 비가 와서 그런지 오늘은 날씨가 _____ 춥다.

5) 오감으로 알게 된 느낌을 생생하게 표현한 것을 _____ 표현이라고 한다.

6) 화분에 강낭콩을 심었더니 _____ 이 파릇파릇 돋아났다.

2일

1. 재미가 톡톡톡

학 교 진 도 시 기
3월 1, 2주

느낌을 살려 사물 표현하기 | 교과서 32~35쪽 |

생생하다
한자 날 생 生
날 생 生

마치 눈앞에 보이는 것처럼 / 또렷하고 *분명하다

예 깊은 잠에 빠져 있을 때는 *생시처럼 **생생한** 꿈을 꾸곤 한다.

* **분명하다** 모습이나 소리 따위가 (흐릿함이 없이) 똑똑하고 뚜렷하다
* **생시** 자지 않고 깨어 있을 때

향긋하다

어떤 사물이나 그 냄새가 / *은근히 향기롭다

예 봄바람에 실려 오는 꽃향기가 **향긋하다.**

* **은근히** 약하게 느낄 수 있을 만큼

만질만질하다

*연하고 · 보드랍다

예 고양이의 털이 **만질만질하여** 자꾸 만지고 싶다.

* **연하다** (사물이 단단하거나 질기지 않고) 약하고 부드럽다

소나기 | 교과서 36~37쪽 |

소나기

갑자기 세차게 쏟아지다가 / 곧 그치는 / 비

예 *하굣길에 갑자기 내린 **소나기**를 맞고 옷이 흠뻑 젖었다.

* **하굣길** 수업을 마치고 학교에서 집으로 돌아가는 길
비 소낙비, 급우, 백우

귀 뒤로 듣는 소리 | 교과서 38~39쪽 |

앓아눕다

*앓아서 자리에 / 눕다

예 감기몸살로 **앓아누워** 하루 종일 *움쩍달싹도 못했다.

* **앓다** 병에 걸려 아파하거나 괴로워하다
* **움쩍달싹(옴짝달싹)** (주로 '못하다 · 않다 · 말다' 따위의 부정어와 함께 쓰여) 몸을 극히 조금 움직이는 모양

담벼락

*담이나 벽의 / 드러난 부분

예 **담벼락** 여기저기로 담쟁이덩굴이 *벋어 있었다.

* **담** 집 둘레나 공간을 흙 · 돌 · 벽돌 따위로 둘러막는 것
* **벋다(뻗다)** (식물의 가지나 덩굴, 뿌리 따위가 어떤 방향으로) 길게 자라나다

---

1 문장을 읽고, 알맞은 낱말을 써 넣어 봅시다.

1) 마치 눈앞에 보이는 것처럼 또렷하고 분명하다 □□□□

2) 어떤 사물이나 그 냄새가 은근히 향기롭다 □□□□

3) 연하고·보드랍다 □□□□□

4) 갑자기 세차게 쏟아지다가 곧 그치는 비 □□□

5) 앓아서 자리에 눕다 □□□□

6) 담이나 벽의 드러난 부분 □□□

2 밑줄 친 곳에 알맞은 낱말을 써 넣어 문장을 완성해 봅시다.

1) 깊은 잠에 빠져 있을 때는 생시처럼 _____ 꿈을 꾸곤 한다.

2) 봄바람에 실려 오는 꽃향기가 _____ .

3) 고양이의 털이 _____ 하여 자꾸 만지고 싶다.

4) 하굣길에 갑자기 내린 _____ 를 맞고 옷이 흠뻑 젖었다.

5) 감기몸살로 _____ 하루 종일 움쩍달싹도 못했다.

6) _____ 여기저기로 담쟁이덩굴이 벋어 있었다.

까무룩

*의식이나 기억이 / *순간적으로 흐려지는 모양

예 침대에 누워 동화책을 읽다가 그만 **까무룩** 잠이 들었다.

* 의식   깨어 있는 상태에서 자기 자신이나 사물에 대하여
          인식하는 것

* 순간적   매우 짧은 동안에 있는 (것)

맥박

한자 줄기 맥 脈
두드릴 박 搏

심장이 뛰어 움직이면서 나타나는 / *혈관 벽의 *진동

예 시험지를 받자 긴장이 돼서 몸이 사르르 떨리고 **맥박**이
     빨라졌다.

* 혈관   혈액이 흐르는 관

* 진동   물체 따위가 흔들려서 움직임

바삭(바삭바삭)

단단하고 *부스러지기 쉬운 *물건을 / *잇따라 깨물 때 나는 소리

예 수업 시간에 어디선가 **바삭바삭** 과자 씹는 소리가 들렸다.

* 부스러지다   깨져 여러 조각이 나다

* 물건   눈에 보이고 일정한 모양이 있는 모든 것

* 잇따르다   뒤를 이어 따르다

바위섬

바위가 많은 / 섬 또는 바위로 이루어진 / 섬

예 독도는 몇 개의 **바위섬**으로 이루어졌다.

떼

여럿이 함께 모여 있는 / *무리

예 *목장에는 젖소 **떼**가 한가로이 풀을 뜯고 있었다.

* 무리   여럿이 모여 한 동아리(무리)를 이룬 사람들 또는 짐승의 떼

* 목장   필요한 시설을 갖추고 소 · 말 · 양 따위의 동물을 가두어 키우는 곳

수다떨다

여러 사람이 / 쓸데없는 말을 해 대다

예 아이들은 계속 **수다떨다**가 숙제를 다 끝내지 못하고 말았다.

1   **문장을 읽고, 알맞은 낱말을 써 넣어 봅시다.**

1)   의식이나 기억이 순간적으로 흐려지는 모양

2)   심장이 뛰어 움직이면서 나타나는 혈관 벽의 진동

3)   단단하고 부스러지기 쉬운 물건을 잇따라 깨물 때 나는 소리

4)   바위가 많은 섬 또는 바위로 이루어진 섬

5)   여럿이 함께 모여 있는 무리

6)   여러 사람이 쓸데없는 말을 해 대다

2   **밑줄 친 곳에 알맞은 낱말을 써 넣어 문장을 완성해 봅시다.**

1)   침대에 누워 동화책을 읽다가 그만 _____ 잠이 들었다.

2)   시험지를 받자 긴장이 되어서 몸이 사르르 떨리고 _____ 이 빨라졌다.

3)   수업 시간에 어디선가 _____ 과자 씹는 소리가 들렸다.

4)   독도는 몇 개의 _____ 으로 이루어졌다.

5)   목장에는 젖소 _____ 가 한가로이 풀을 뜯고 있었다.

6)   아이들은 계속 _____ 가 숙제를 다 끝내지 못하고 말았다.

톡톡

물건이 / 자꾸 떨어지는 / 소리
예 바람이 세게 불자 밤나무에서 알밤이 **톡톡** 떨어졌다.

바스락

●가랑잎이나 얇은 종이 ●따위를 / 가볍게 / 밟거나 · 건드릴 때 나는 소리
예 아이는 사탕 껍질을 **바스락**하며 벗겨 내고는 입에 넣었다.

● 가랑잎   잎이 넓은 나무의 마른잎
● 따위   (두 개 이상의 사물을 벌여 말할 때 그 마지막에
            쓰여) 그것이 같은 부류임을 나타내는 말

콕콕

●날카로운 물건으로 / 자꾸 찌르는 모양
예 그는 친구의 옆구리를 **콕콕** 찌르더니 귓속말로 무언가를 ●속닥였다.

● 날카롭다 끝이 뾰족하거나 날이 서 있다
● 속닥이다 (남이 알아듣지 못하도록) 작은 목소리로 이야기하다

쪼다

뾰족한 것으로 / 찍다
예 어디선가 딱따구리가 나무를 **쪼는** 소리가 들린다.

짭조름하다

약간 짠맛이 있다
예 피자가 맛은 좋았는데 약간 **짭조름했다.**

찡하다

가슴이 ●뭉클할 정도로 / 감동이나 느낌이 있다
예 동화책을 읽고 **찡한** ●감동을 느꼈다.

● 뭉클하다 큰 감동이나 슬픔 · 노여움 따위가 갑자기 가슴
            에 꽉 차는 느낌이 있다
● 감동   깊이 느껴 마음이 움직임

1 문장을 읽고, 알맞은 낱말을 써 넣어 봅시다.

1) 물건이 자꾸 떨어지는 소리

2) 가랑잎이나 얇은 종이 따위를 가볍게 밟거나 ·
건드릴 때 나는 소리

3) 날카로운 물건으로 자꾸 찌르는 모양

4) 뾰족한 것으로 찍다

5) 약간 짠맛이 있다

6) 가슴이 뭉클할 정도로 감동이나 느낌이 있다

2 밑줄 친 곳에 알맞은 낱말을 써 넣어 문장을 완성해 봅시다.

1) 바람이 세게 불자 밤나무에서 알밤이 _____ 떨어졌다.

2) 아이는 사탕 껍질을 _____ 하며 벗겨 내고는 입에 넣었다.

3) 그는 친구의 옆구리를 _____ 찌르더니 귓속말로 무언가를 속닥였다.

4) 어디선가 딱따구리가 나무를 _____ 소리가 들린다.

5) 피자가 맛은 좋았는데 약간 _____ .

6) 동화책을 읽고 _____ 감동을 느꼈다.

1. 재미가 톡톡톡

훌쩍

단 한 번에 / 높이 뛰거나 · 날아오르는 모양

예 고양이는 담장을 **훌쩍** 넘어서 어디론가 사라졌다.

바짝

아주 가까이 / 달라붙는 모양

예 교실이 시끄러워서 말소리가 들리지 않자 친구는 귀를 내 입에 **바짝** 갖다 댔다.

비린내

*날콩, 물고기, 동물의 피 따위에서 나는 / *매스꺼운 냄새

예 생선 가게 앞을 지날 때마다 **비린내**가 코를 찔렀다.

* 날콩   익히지 않은 콩

* 매스껍다(메스껍다)   (역겨운 냄새나 흔들림 따위로) 먹은 것이 되넘어올 듯이 거북하거나 울렁거리는 느낌이 있다

비릿하다

냄새나 맛이 / 조금 *비린 듯하다

예 *해산물 시장에 들어가자 **비릿한** 냄새가 코를 찔렀다.

* 비린   (날콩이나 물고기, 동물의 피 따위에서 나는) 매스꺼운 냄새나 맛이 있는

* 해산물   (물고기, 조개, 미역 따위의) 바다에서 나는 물건

물컹하다

열매나 음식이 / 너무 익거나 · 곯아서 / *물크러질 듯이 물렁하다

예 냉장고에 넣어둔 감이 너무 오래되어서 **물컹해졌다**.

* 물크러지다   (너무 무르거나 풀려서) 본 모양이 없어지도록 헤어지다

끼룩

갈매기나 기러기 따위의 / 새가 우는 소리

예 바닷가에 갈매기 떼가 **끼룩거리며** 날고 있었다.

1 문장을 읽고, 알맞은 낱말을 써 넣어 봅시다.

1) 단 한 번에 높이 뛰거나 · 날아오르는 모양

2) 아주 가까이 달라붙는 모양

3) 날콩, 물고기, 동물의 피 따위에서 나는 매스꺼운 냄새

4) 냄새나 맛이 조금 비린 듯하다

5) 열매나 음식이 너무 익거나 곯아서
   물크러질 듯이 물렁하다

6) 갈매기나 기러기 따위의 새가 우는 소리

2 밑줄 친 곳에 알맞은 낱말을 써 넣어 문장을 완성해 봅시다.

1) 고양이는 담장을 _____ 넘어서 어디론가 사라졌다.

2) 교실이 시끄러워서 말소리가 들리지 않자 친구는 귀를 내 입에 _____ 갖다
   댔다.

3) 생선 가게 앞을 지날 때마다 _____가 코를 찔렀다.

4) 해산물 시장에 들어가자 _____ 냄새가 코를 찔렀다.

5) 냉장고에 넣어둔 감이 너무 오래되어서 _____ .

6) 바닷가에 갈매기 떼가 _____ 거리며 날고 있었다.

1 문장을 읽고, 알맞은 낱말을 써 넣어 봅시다.

1)   사물이나 그 냄새가 은근히 향기롭다   _____

2)   담이나 벽의 드러난 부분   _____

3)   일이나 시기가 바뀌는 때를 비유적으로 이르는 말   _____

4)   앓아서 자리에 눕다   _____

5)   감각을 자극하는   _____

6)   가슴이 뭉클할 정도로 감동이나 느낌이 있다   _____

7)   수준이나 솜씨가 어느 정도에 이르렀음을 나타내는 말   _____

8)   뾰족한 것으로 찍다   _____

9)   새로 돋은 싹   _____

10) 여럿이 함께 모여 있는 무리   _____

11) 마치 눈앞에 보이는 것처럼 또렷하고 분명하다   _____

12) 어떤 일의 마지막 부분을 비유적으로 이르는 말   _____

13) 여러 사람이 쓸데없는 말을 해 대다   _____

14) 갑자기 세차게 쏟아지다가 곧 그치는 비   _____

15) 물질세계에 있는 구체적이고 개별적인 대상을 통틀어
     이르는 말   _____

16) 심장이 뛰어 움직이면서 나타나는 혈관 벽의 진동   _____

17) 의식이나 기억이 순간적으로 흐려지는 모양   _____

18) 약간 짠맛이 있다   _____

19) 가랑잎이나 얇은 종이 따위를 가볍게 밟거나
     건드릴 때 나는 소리   _____

20) 갈매기나 기러기 따위의 새가 우는 소리   _____

21) 단 한 번에 높이 뛰거나 날아오르는 모양   _____

22) 아주 가까이 달라붙는 모양   _____

23) 단단하고 부스러지기 쉬운 물건을 잇따라 깨물 때
     나는 소리   _____

24) 바위가 많은 섬 또는 바위로 이루어진 섬   _____

25) 냄새나 맛이 조금 비린 듯하다   _____

26) 연하고 보드랍다   _____

27) 물건이 자꾸 떨어지는 소리   _____

28) 날카로운 물건으로 자꾸 얕게 찌르거나 찍거나 박는 모양   _____

29) 날콩, 물고기, 동물의 피 따위에서 나는 매스꺼운 냄새   _____

30) 열매나 음식이 너무 익거나 곯아서 물크러질 듯이 물렁하다   _____

2 밑줄 친 곳에 알맞은 낱말을 써 넣어 문장을 완성해 봅시다.

1) 동화책을 읽다가 그만 _____ 잠이 들었다.

2) 겨울 방학은 다음 학년으로 넘어가는 중요한 _____ 이다.

3) 아이들은 계속 _____ 가 숙제를 다 끝내지 못하고 말았다.

4) 내 사물함에는 색연필, 가위, 풀, 교과서, 공책뿐만 아니라 여러 가지 _____ 이 들어있다.

5) 고양이의 털이 _____ 자꾸 만지고 싶다.

6) 그 동화책을 읽고 _____ 감동을 느꼈다.

7) 화분에 강낭콩을 심었더니 _____ 이 파릇파릇 돋아났다.

8) 생선 가게 앞을 지날 때마다 _____ 가 코를 찔렀다.

9) 아이는 감기몸살로 _____ 방에서 움쩍달싹도 못하고 있다.

10) 하굣길에 갑자기 _____ 가 내려서 옷이 흠뻑 젖었다.

11) 깊은 잠에 빠져 있을 때는 생시처럼 _____ 꿈을 꾸곤 한다.

12) 봄바람에 실려 오는 꽃향기가 _____ .

13) 밤나무에서 알밤이 _____ 떨어진다.

14) 졸업생 대표로 상을 받으며 초등학교 생활의 _____ 을 화려하게 장식했다.

15) 오감으로 알게 된 느낌을 생생하게 표현한 것을 _____ 표현이라고 한다.

16) _____ 여기저기로 담쟁이덩굴이 벋어 있었다.

17) 해산물 시장에 들어가자 _____ 냄새가 코를 찔렀다.

18) 시험지를 받자 긴장이 돼서 몸이 사르르 떨리고 _____ 이 빨라졌다.

19) 목장에는 젖소 _____ 가 한가로이 풀을 뜯고 있었다.

20) 고양이는 담장을 _____ 뛰어넘어서 어디론가 사라졌다.

21) 어디선가 딱따구리가 나무를 _____ 소리가 들린다.

22) 수업 시간에 어디선가 _____ 과자 씹는 소리가 들렸다.

23) 냉장고에 넣어둔 감이 너무 오래되어서 _____ .

24) 독도는 몇 개의 _____ 으로 이루어졌다.

25) 교실이 시끄러워서 말소리가 들리지 않자 친구는 귀를 내 입에 _____ 갖다 댔다.

26) 비가 와서 그런지 오늘은 날씨가 _____ 춥다.

27) 피자가 맛은 좋았는데 약간 _____ .

28) 그는 친구의 옆구리를 _____ 찌르더니 귓속말로 무언가를 속닥였다.

29) 아이는 사탕 껍질을 _____ 하며 벗겨 내고는 입에 넣었다.

30) 바닷가에 갈매기 떼가 _____ 거리며 날고 있었다.

1. 재미가 톡톡톡

동안 어느 *한때에서 다른 한때까지 / 시간의 길이
예 아이들은 점심시간 **동안** 신나게 축구를 했다.
* 한때   어느 한 시기

한동안 꽤 오랫동안
예 비가 **한동안** *뜸하더니 요즘 들어 자주 내린다.
* 뜸하다   (자주 있던 것이) 한동안 그친 상태에 있다
비 한참

앞다투다 남보다 / 먼저 하거나 · 잘하려고 / *경쟁적으로 애쓰다
예 *선착순 다섯 명이라는 말이 떨어지자 아이들이 **앞다퉈** *뛰쳐나왔다.
* 경쟁적   이기거나 앞서려고 서로 다투듯 하는. 또는 그런 것
* 선착순(도착순) 먼저 와 닿는 순서
* 뛰쳐나오다   힘있게 뛰어나오다

부스러기 잘게 *부스러진 / 물건
예 아이는 방바닥에 과자 **부스러기**를 잔뜩 흘려 놓았다.
* 부스러지다   깨져 여러 조각이 나다

부둣가
한자 부두 부 埠
　　 머리 두 頭
*부두에서 / 가까운 곳
예 **부둣가**는 새우잡이 나갔다가 막 돌아온 사람들로 *붐비고 있다.
* 부두   항구에서, 배를 대어 사람이 타고 내리거나
　　　　 짐을 싣고 내리는 곳
* 붐비다   많은 사람이나 자동차 따위가 한데 뒤섞여서
　　　　 어지럽게 헝클어져 있다

끈적거리다 끈적여서 / 자꾸 *척척 *들러붙다
예 운동을 오래 했더니 땀으로 온몸이 **끈적거린다**.
* 척척(착착, 쩍쩍)   물체가 들러붙는(달라붙는) 모양
* 들러붙다   어떤 사물이 다른 사물에 찰싹 붙다
비 끈적끈적하다, 끈적대다, 끈적이다

1　문장을 읽고, 알맞은 낱말을 써 넣어 봅시다.

1)　어느 한때에서 다른 한때까지 시간의 길이

2)　꽤 오랫동안

3)　남보다 먼저 하거나·잘하려고 경쟁적으로 애쓰다

4)　잘게 부스러진 물건

5)　부두에서 가까운 곳

6)　끈적여서 자꾸 척척 들러붙다

2　밑줄 친 곳에 알맞은 낱말을 써 넣어 문장을 완성해 봅시다.

1)　아이들은 점심시간 _____ 신나게 축구를 했다.

2)　비가 _____ 뜸하더니 요즘 들어 자주 내린다.

3)　선착순 다섯 명이라는 말이 떨어지자 아이들이 _____ 뛰쳐나왔다.

4)　아이는 방바닥에 과자 _____ 를 잔뜩 흘려 놓았다.

5)　_____ 는 새우잡이 나갔다가 막 돌아온 사람들로 붐비고 있다.

6)　운동을 오래 했더니 땀으로 온몸이 _____ .

깊숙이

어떤 곳으로 / 매우 깊게

(예) 책상을 •정리하다가 서랍 **깊숙이** 있던 만 원 짜리 •지폐를 찾았다.

• **정리하다** (흐트러지거나 뒤죽박죽이 되어 어지러운 상태에 있는 것을 한데 모으거나
치워서) 질서 있는 상태가 되게 하다

• **지폐**   종이에 인쇄해 만든 화폐. 종이돈

쇠사슬

쇠로 만든 •고리를 / 여러 개 걸어 이어서 만든 / 줄

(예) 누가 자전거를 훔쳐갈까 봐 **쇠사슬**로 기둥에 단단히
묶어 두었다.

• **고리**   (무엇을 끼우거나 잠그기 위해서) 긴 쇠붙이나 끈
따위를 둥글게 구부려 끝을 맞붙여 만든 물건

모퉁이

꺾어져 돌아간 / •자리

(예) 저쪽 **모퉁이**를 돌면 바로 병원 •입구가 보일 거예요.

• **자리**   사람이나 물체가 차지하고 있는 공간

• **입구**   들어가는 문, 들어가는 길(통로)

튀다

공 따위가 / 어떤 물체에 부딪쳐서 / 뛰어오르다

(예) 탁구공이 통통 **튀어** 의자 밑으로 들어갔다.

가쁘다

숨을 쉬기가 어려울 정도로 / 숨쉬기가 몹시 •급하다

(예) 운동장을 세 바퀴 뛰었더니 숨이 몹시 **가쁘다**.

• **급하다**   (일을 몹시 서두르거나 빨리 끝내려고 몰아쳐) 매우 빠르다

쿵쾅쿵쾅

몹시 놀라거나 · 설레거나 하여 / 심장이 아주 세게 뛰는 모양

(예) 교통사고가 나는 순간, 가슴이 **쿵쾅쿵쾅** 뛰었다.

1 문장을 읽고, 알맞은 낱말을 써 넣어 봅시다.

1) 어떤 곳으로 매우 깊게

2) 쇠로 만든 고리를 여러 개 걸어 이어서 만든 줄

3) 꺾어져 돌아간 자리

4) 공 따위가 어떤 물체에 부딪쳐서 뛰어오르다

5) 숨을 쉬기가 어려울 정도로 숨쉬기가 몹시 급하다

6) 몹시 놀라거나·설레거나 하여
심장이 아주 세게 뛰는 모양

2 밑줄 친 곳에 알맞은 낱말을 써 넣어 문장을 완성해 봅시다.

1) 책상을 정리하다가 서랍 _____ 있던 만 원 짜리 지폐를 찾았다.

2) 누가 자전거를 훔쳐갈까 봐 _____ 로 기둥에 단단히 묶어 두었다.

3) 저쪽 _____ 를 돌면 바로 병원 입구가 보일 거예요.

4) 탁구공이 통통 _____ 의자 밑으로 들어갔다.

5) 운동장을 세 바퀴 뛰었더니 숨이 몹시 _____ .

6) 교통사고가 나는 순간, 가슴이 _____ 뛰었다.

좁쌀

작은 물건을 / 비유적으로 이르는 말

㈜ **좁쌀**만한 ●부품을 ●잃어버려서 레고를 완성하지 못했다.

●**부품(부분품)** (하나의 기계나 장치, 제품 등의 전체 속에서 이를 이루는) 하나하나의 부분이 되는 물품

●**잃어버리다** 가졌던 물건이 없어지다

젓다

팔 · 어깨 · 꼬리 따위를 / 이리저리 계속 움직이다

㈜ 강아지가 꼬리를 **저으며** 쫄랑쫄랑 나를 따라 나왔다.

여전히

한자 같을 여 如
앞 전 前

전과 다름없이

㈜ 봄이 되었는데도 날씨가 **여전히** 춥다.

몰리다

무엇이 / ●일정한 장소나 방향으로 / 밀려오거나 · 밀려가다

㈜ 야구 경기장에 사람들이 **몰려서** 도로에 차들이 가득 찼다.

●**일정하다** (어떤 것의 크기, 모양, 범위, 시간 따위가) 하나로 정해져 있다

복잡하다

한자 겹칠 복 複
섞일 잡 雜

어떤 장소가 / 많은 사람이나 차 따위로 / ●북적거리고 · ●혼잡스럽다

㈜ 이곳은 **복잡하기는** 하지만 구경거리가 많아서 좋다.

●**북적거리다** 많은 사람이 한곳에 모여 자꾸 어수선하게 움직이다

●**혼잡하다** 여럿이 한데 뒤섞여 매우 어수선하고 떠들썩하다

감탄하다

한자 느낄 감 感
탄식할 탄 歎

마음속 깊이 느껴 / 칭찬하다

㈜ 영화관에 모인 사람들은 **감탄하며** 마지막 장면을 ●숨죽인 채 ●지켜보았다.

●**숨죽이다** 숨소리가 들리지 않을 정도로 조용히 하다

●**지켜보다** 관심을 기울여 살펴보다

1 **문장을 읽고, 알맞은 낱말을 써 넣어 봅시다.**

1) 작은 물건을 비유적으로 이르는 말

2) 팔·어깨·꼬리 따위를 이리저리 계속 움직이다

3) 전과 다름없이

4) 무엇이 일정한 장소나 방향으로 밀려오거나·밀려가다

5) 어떤 장소가 많은 사람이나 차 따위로 북적거리고·혼잡스럽다

6) 마음속 깊이 느껴 칭찬하다

2 **밑줄 친 곳에 알맞은 낱말을 써 넣어 문장을 완성해 봅시다.**

1) _____ 만한 부품을 잃어버려서 레고를 완성하지 못했다.

2) 강아지가 꼬리를 _____ 쫄랑쫄랑 나를 따라 나왔다.

3) 봄이 되었는데도 날씨가 _____ 춥다.

4) 야구 경기장에 사람들이 _____ 도로에 차들이 가득 찼다.

5) 이곳은 _____ 하지만 구경거리가 많아서 좋다.

6) 영화관에 모인 사람들은 _____ 마지막 장면을 숨죽인 채 지켜보았다.

무심코
한자 없을 무 無
마음 심 心

아무런 **뜻 없이** 또는 **아무런 생각 없이**

예 **무심코** 내뱉은 말이 다른 사람에게는 큰 상처가 될 수도 있다.

털털

낡은 **자동차 따위가 / 크게 흔들리면서 천천히 달리는 / 소리 또는 모양**

예 낡은 오토바이가 **털털거리며** 산길을 힘겹게 올라간다.

타박타박

힘없는 걸음으로 / 느릿느릿 걸어가는 모양

예 아침부터 엄마한테 *혼나서 학교에 **타박타박** 걸어갔다.

* **혼나다**   매우 심하게 꾸중을 듣거나 벌을 받다

반나절
한자 반 반 半

하루 *낮의 사분의 일(1/4)에 해당하는 / 시간의 길이. 곧 *한나절의 반

예 엄마한테 혼나서 아침밥을 굶었는데, 급식을 먹으려면 아직 **반나절**이나 남았다.

* **낮**   해가 뜰 때부터 질 때까지의 동안
* **한나절**   하루 낮의 반(1/2) 동안

산골
한자 메 산 山

깊은 산속

예 *저멀리 *그윽하게 자리잡고 있는 **산골** 마을이 보였다.

* **저멀리**   어떤 곳에서부터 거리가 꽤 많이 떨어지게
* **그윽하다** 깊숙하고 고요하여 편안하고 조용하다

장승

돌이나 나무에 사람의 얼굴을 새겨서 / 마을의 *어귀나 길가에 세운 / *말뚝

예 옛날에는 나무나 돌에 사람의 얼굴 모양을 새긴 **장승**을 마을 입구나 길가에 세워 두었다.

* **어귀**   들어가고 나가는 곳이 시작되는 지점
* **말뚝**   (땅에 두드려 박기 위해) 아래쪽 끝을 뾰족하게 만든 기둥이나 몽둥이

1　문장을 읽고, 알맞은 낱말을 써 넣어 봅시다.

1)　아무런 뜻 없이 또는 아무런 생각 없이

2)　낡은 자동차 따위가 크게 흔들리면서 천천히 달리는 소리 또는 모양

3)　힘없는 걸음으로 느릿느릿 걸어가는 모양

4)　하루 낮의 사분의 일(1/4)에 해당하는 시간의 길이

5)　깊은 산속

6)　돌이나 나무에 사람의 얼굴을 새겨서 마을의 어귀나 길가에 세운 말뚝

2　밑줄 친 곳에 알맞은 낱말을 써 넣어 문장을 완성해 봅시다.

1)　_____ 내뱉은 말이 다른 사람에게는 큰 상처가 될 수도 있다.

2)　낡은 오토바이가 _____ 산길을 힘겹게 올라간다.

3)　아침부터 엄마한테 혼나서 학교에 _____ 걸어갔다.

4)　엄마한테 혼나서 아침밥을 굶었는데, 급식을 먹으려면 아직 _____ 이나 남았다.

5)　저멀리 그윽하게 자리잡고 있는 _____ 마을이 보였다.

6)　옛날에는 나무나 돌에 사람의 얼굴 모양을 새긴 _____ 을 마을 입구나 길가에 세워 두었다.

한낮

낮 12시를 전후한 / 때

예 아침밥을 먹고 와도 *한낮에 가까워지면 배가 너무 고프다.

* 한　　　한창(가장 왕성하고 활기 있게)의 뜻

뻐드렁니

밖으로 뻗은 / 앞니

예 내 친구는 웃을 때마다 **뻐드렁니**가 보인다.

뻐드러지다

*뻣뻣한 물건의 끝이 / 밖으로 뻗다

예 그는 앞니가 **뻐드러졌다.**

* 뻣뻣하다　물건이 단단하게 굳어 있다

흘기다

눈동자를 옆으로 굴리어 / 못마땅하게 *노려보다

예 내 말이 못마땅했는지 친구가 나에게 눈을 **흘겼다.**

* 노려보다　미운 감정으로 어떠한 대상을 매섭게 계속 바라보다

신바람

*신이 나서 / 어깨가 *우쭐거릴 정도의 / 즐거운 기분

예 놀이공원에 가자는 말에 아이는 **신바람**이 나서 *외출 준비를 했다.

* 신　　　(어떤 일에 재미나 열성이 생겨) 매우 좋아진 기분

* 우쭐거리다　　(몸이 큰 사람이나 동물이) 힘있게 춤추듯이 자꾸 움직이다

* 외출　　집 밖으로 잠시 나감

비 어깻바람

첨벙첨벙

약간 깊은 물속에서 / 마구 걷거나 · 자꾸 *물장구치는 소리

예 아이들은 *계곡물에 들어가서 **첨벙첨벙** 물장구쳤다.

* 물장구치다　　헤엄칠 때 발등으로 물 위를 잇따라 치다

* 계곡물　산골짜기를 따라 흘러 내려가는 물

1 **문장을 읽고, 알맞은 낱말을 써 넣어 봅시다.**

1) 낮 12시를 전후한 때

2) 밖으로 뻗은 앞니

3) 뻣뻣한 물건의 끝이 밖으로 뻗다

4) 눈동자를 옆으로 굴리어 못마땅하게 노려보다

5) 신이 나서 어깨가 우쭐거릴 정도의 즐거운 기분

6) 약간 깊은 물속에서 마구 걷거나 ·
    자꾸 물장구치는 소리

2 **밑줄 친 곳에 알맞은 낱말을 써 넣어 문장을 완성해 봅시다.**

1) 아침밥을 먹고 와도 _____ 에 가까워지면 배가 너무 고프다.

2) 내 친구는 웃을 때마다 _____ 가 보인다.

3) 그는 앞니가 _____ .

4) 내 말이 못마땅했는지 친구가 나에게 눈을 _____ .

5) 놀이공원에 가자는 말에 아이는 _____ 이 나서 외출 준비를 했다.

6) 아이들은 계곡물에 들어가서 _____ 물장구쳤다.

1 문장을 읽고, 알맞은 낱말을 써 넣어 봅시다.

1) 전과 다름없이 _____

2) 돌이나 나무에 사람의 얼굴을 새겨서 마을의 어귀나
    길가에 세운 말뚝 _____

3) 부두에서 가까운 곳 _____

4) 깊은 산속 _____

5) 무엇이 일정한 장소나 방향으로 밀려오거나 밀려가다 _____

6) 어느 한때에서 다른 한때까지 시간의 길이 _____

7) 힘없는 걸음으로 느릿느릿 걸어가는 모양 _____

8) 어떤 곳으로 매우 깊게 _____

9) 몹시 놀라거나·설레거나 하여 심장이 아주 세게 뛰는 모양 _____

10) 낮 12시를 전후한 때 _____

11) 꽤 오랫동안 _____

12) 꺾어져 돌아간 자리 _____

13) 어떤 장소가 많은 사람이나 차 따위로
     북적거리고 혼잡스럽다 _____

14) 하루 낮의 사분의 일(1/4)에 해당하는 시간의 길이 _____

15) 쇠로 만든 고리를 여러 개 걸어 이어서 만든 줄 _____

16) 신이 나서 어깨가 우쭐거릴 정도의 즐거운 기분 _____

17) 남보다 먼저 하거나 잘하려고 경쟁적으로 애쓰다 _____

18) 약간 깊은 물속에서 마구 걷거나 · 자꾸 물장구치는 소리 _____

19) 밖으로 뻗은 앞니 _____

20) 공 따위가 어떤 물체에 부딪쳐서 뛰어오르다 _____

21) 낡은 자동차 따위가 크게 흔들리면서 천천히 달리는
소리 또는 모양 _____

22) 뻣뻣한 물건의 끝이 밖으로 뻗다 _____

23) 잘게 부스러진 물건 _____

24) 아무런 뜻 없이 또는 아무런 생각 없이 _____

25) 작은 물건을 비유적으로 이르는 말 _____

26) 끈적여서 자꾸 척척 들러붙다 _____

27) 마음속 깊이 느껴 칭찬하다 _____

28) 팔 · 어깨 · 꼬리 따위를 이리저리 계속 움직이다 _____

29) 숨을 쉬기가 어려울 정도로 숨쉬기가 몹시 급하다 _____

30) 눈동자를 옆으로 굴리어 못마땅하게 노려보다 _____

2 밑줄 친 곳에 알맞은 낱말을 써 넣어 문장을 완성해 봅시다.

1) 저쪽 _____ 를 돌면 바로 병원 입구가 보일 거예요.

2) 낡은 오토바이가 _____ 산길을 힘겹게 올라간다.

3) 교통사고가 나는 순간, 가슴이 _____ 뛰었다.

4) 내 말이 못마땅했는지 친구가 나에게 눈을 _____ .

5) 엄마한테 혼나서 아침밥을 굶었는데, 급식을 먹으려면 아직 _____ 이나 남았다.

6) 운동을 오래 했더니 땀으로 온몸이 _____ .

7) 놀이공원에 가자는 말에 아이는 _____ 이 나서 외출 준비를 했다.

8) 영화관에 모인 사람들은 _____ 마지막 장면을 숨죽인 채 지켜보았다.

9) 아침부터 엄마한테 혼나서 학교에 _____ 걸어갔다.

10) 강아지가 꼬리를 _____ 쫄랑쫄랑 나를 따라 나왔다.

11) 이곳은 _____ 하지만 구경거리가 많아서 좋다.

12) 내 친구는 웃을 때마다 _____ 가 보인다.

13) _____ 는 새우잡이 나갔다가 막 돌아온 사람들로 붐비고 있다.

14) 아이들은 점심시간 _____ 신나게 축구를 했다.

15) _____ 만한 부품을 잃어버려서 레고를 완성하지 못했다.

16) 저멀리 그윽하게 자리잡고 있는 _____ 마을이 보였다.

17) 봄이 되었는데도 날씨가 _____ 춥다.

18) 그는 앞니가 _____ .

19) 책상을 정리하다가 서랍 _____ 있던 만 원 짜리 지폐를 찾았다.

20) 옛날에는 나무나 돌에 사람의 얼굴 모양을 새긴 _____ 을 마을 입구나 길가에 세워 두었다.

21) _____ 내뱉은 말이 다른 사람에게는 큰 상처가 될 수도 있다.

22) 탁구공이 통통 _____ 의자 밑으로 들어갔다.

23) 아이들은 계곡물에 들어가서 _____ 물장구쳤다.

24) 누가 자전거를 훔쳐갈까 봐 _____ 로 기둥에 단단히 묶어 두었다.

25) 야구 경기장에 사람들이 _____ 도로에 차들이 가득 찼다.

26) 선착순 다섯 명이라는 말이 떨어지자 아이들이 _____ 뛰쳐나왔다.

27) 아침밥을 먹고 와도 _____ 에 가까워지면 배가 너무 고프다.

28) 운동장을 세 바퀴 뛰었더니 숨이 몹시 _____ .

29) 아이는 방바닥에 과자 _____ 를 잔뜩 흘려 놓았다.

30) 비가 _____ 뜸하더니 요즘 들어 자주 내린다.

제자리 무엇이 / 처음에 있던 / 자리

㉠ 장난감을 가지고 논 후에 **제자리**에 갖다 놓지 않아서 엄마에게 •꾸중을 들었다.

• 꾸중(꾸지람)　잘못을 꾸짖는 말

수놓다

한자 수놓을 수 繡

•색실로 •수를 놓은 것처럼 / 아름다운 경치를 이루다

㉠ 밤하늘을 **수놓은** 별들이 내 가슴에 쏟아졌다.

• 색실　물감에 넣어 색을 스며들게 한 실
• 수　헝겊에 색실로 그림 · 글자 등을 바늘로 떠서 놓는 일. 또는 그 그림이나 글자

새벽닭 날이 밝을 무렵(새벽)에 우는 / 닭

㉠ 우리는 **새벽닭**이 울 때까지 •이야기꽃을 피웠다.

• 이야기꽃　즐겁고 재미나는 이야기. 또는 이야기판(이야기하는 자리)을 비유적으로 이르는 말

척하다 행동이나 상태를 / 거짓으로 그럴듯하게 / 꾸미다

㉠ 아이는 수업시간에 공부하는 **척하면서** 교과서 밑에 숨긴 만화책을 봤다.

약 올리다 남을 / •불쾌하게 만들다 또는 은근히 화나게 하다

㉠ 그 •장난꾸러기는 별명을 부르며 친구를 **약 올렸다**.

• 불쾌하다　못마땅하여 기분이 좋지 않다
• 장난꾸러기　장난이 심한 아이. 또는 그런 사람

대꾸하다 남의 말을 듣고 / 그 말에 대한 / 자신의 생각을 밝히다

㉠ 숙제하라는 엄마의 말에 아이는 •건성으로 **대꾸했다**.

• 건성　어떤 일을 정성스러운 마음이 없이 대충 겉으로만 하는 것

1 문장을 읽고, 알맞은 낱말을 써 넣어 봅시다.

1) 무엇이 처음에 있던 자리

2) 색실로 수를 놓은 것처럼 아름다운 경치를 이루다

3) 날이 밝을 무렵(새벽)에 우는 닭

4) 행동이나 상태를 거짓으로 그럴듯하게 꾸미다

5) 남을 불쾌하게 만들다 또는 은근히 화나게 하다

6) 남의 말을 듣고 그 말에 대한 자신의 생각을 밝히다

2 밑줄 친 곳에 알맞은 낱말을 써 넣어 문장을 완성해 봅시다.

1) 장난감을 가지고 논 후에 _____ 에 갖다 놓지 않아서 엄마에게 꾸중을 들었다.

2) 밤하늘을 _____ 별들이 내 가슴에 쏟아졌다.

3) 우리는 _____ 이 울 때까지 이야기꽃을 피웠다.

4) 아이는 수업시간에 공부하는 _____ 교과서 밑에 숨긴 만화책을 봤다.

5) 그 장난꾸러기는 별명을 부르며 친구를 _____.

6) 숙제하라는 엄마의 말에 아이는 건성으로 _____.

한숨
걱정이나 *서러움이 있을 때 또는 마음이 놓일 때 / 길게 몰아서 쉬는 / 숨
예 수학 시험에서 40점을 맞은 아이는 땅이 꺼질 것처럼 한숨을 내쉬었다.
* 서러움　분하고 억울하고 슬픈 마음

슬다
곰팡이가 / 생기다
예 식빵에 곰팡이가 슬었다.

엉엉
*목놓아 우는 / 소리 또는 모양
예 아이가 엉엉 소리를 내며 서럽게 울고 있다.
* 목놓다　울 때 억누르지 않고 목소리를 크게 내다

헐레벌떡
숨을 / *가쁘고 거칠게 *몰아쉬는 모양
예 밖에서 놀던 동생이 헐레벌떡 집 안으로 뛰어 들어왔다.
* 가쁘다　숨이 몹시 차다
* 몰아쉬다　숨 따위를 한꺼번에 모아 세게 또는 길게 쉬다

감쪽같이
남이 알아채지 못할 만큼 / 티가 나지 않게
예 친구가 나를 그렇게 감쪽같이 속일 줄은 몰랐다.

옹기
한자 독 옹 甕
그릇 기 器
*질그릇과 *오지그릇을 / 통틀어 이르는 말
예 아버지는 평생 옹기를 구우시며 옹기장이의 삶을 사셨다.
* 질그릇　진흙만으로 구워 만들고, 잿물(볏짚이나 나무의 재를 우려낸 물)을 입히지 않은 그릇
* 오지그릇　붉은 진흙으로 만들어 볕에 말리거나 약간 구운 다음, 오짓물(윤이 나게 그릇 바탕에 덮어 바르는 잿물)을 입혀 다시 구운 질그릇

1 문장을 읽고, 알맞은 낱말을 써 넣어 봅시다.

1) 걱정이나 서러움이 있을 때 또는 마음이 놓일 때
   길게 몰아서 쉬는 숨

2) 곰팡이가 생기다

3) 목놓아 우는 소리 또는 모양

4) 숨을 가쁘고 거칠게 몰아쉬는 모양

5) 남이 알아채지 못할 만큼 티가 나지 않게

6) 질그릇과 오지그릇을 통틀어 이르는 말

3주
2일

2 밑줄 친 곳에 알맞은 낱말을 써 넣어 문장을 완성해 봅시다.

1) 수학 시험에서 40점을 맞은 아이는 땅이 꺼질 것처럼 _____ 을 내쉬었다.

2) 식빵에 곰팡이가 _____ .

3) 아이가 _____ 소리를 내며 서럽게 울고 있다.

4) 밖에서 놀던 동생이 _____ 집 안으로 뛰어 들어왔다.

5) 친구가 나를 그렇게 _____ 속일 줄은 몰랐다.

6) 아버지는 평생 _____ 를 구우시며 옹기장이의 삶을 사셨다.

불끈

주먹을 / 세게 꽉 쥐는 모양

예 그는 •결심한 듯 •주먹을 **불끈** 쥐었다.

• **결심하다** (할 일에 대하여 어떻게 하겠다고) 단단히 마음먹다

• **주먹을 불끈 쥐다**　(사람이) 갑자기 주먹을 꼭 쥐며 무엇에 대한 결심이나 자신의
감정을 나타내다

신바람나다

기분이 / 몹시 좋아지다

예 •소풍 가는 날이라며 **신바람난** 아이는 아침부터 휘파람을 불었다.

• **소풍(체험 학습)**　학교에서, 운동이나 자연 관찰, 역사
유적 따위의 견학을 겸하여 야외로 갔
다 오는 일

개울

•골짜기나 들에 흐르는 / 작은 •물줄기

예 아이들은 **개울** 바닥을 뒤져 가재를 잡느라 정신이 없었다.

• **골짜기(산골짜기, 산골)**　산과 산 사이에 깊숙이 푹 패거나
들어가 있는 곳

• **물줄기**　물이 흘러가는 줄기

영영
한자 길 영 永
　　길 영 永

영원히 언제까지나

예 이번에 •해외에 나가면 난 **영영** 안 돌아올지도 몰라.

• **해외**　바다 밖이라는 뜻으로, '다른 나라'를 이르는 말

낭송하다
한자 밝을 낭 朗
　　외울 송 誦

글을 소리 내어 / 외우다 또는 읽다

예 학생들은 돌아가면서 자신이 지은 시를 **낭송하였다.**

풀숲

풀이 잘 자라서 / 빽빽하게 들어찬 곳

예 사냥꾼은 멀리서 쉬고 있는 사자를 발견하자 **풀숲**에 몸을 숨겼다.

1 문장을 읽고, 알맞은 낱말을 써 넣어 봅시다.

1) 주먹을 세게 꽉 쥐는 모양

2) 기분이 몹시 좋아지다

3) 골짜기나 들에 흐르는 작은 물줄기

4) 영원히 언제까지나

5) 글을 소리 내어 외우다 또는 읽다

6) 풀이 잘 자라서 빽빽하게 들어찬 곳

2 밑줄 친 곳에 알맞은 낱말을 써 넣어 문장을 완성해 봅시다.

1) 그는 결심한 듯 주먹을 _____ 쥐었다.

2) 소풍 가는 날이라며 _____ 아이는 아침부터 휘파람을 불었다.

3) 아이들은 _____ 바닥을 뒤져 가재를 잡느라 정신이 없었다.

4) 이번에 해외에 나가면 난 _____ 안 돌아올지도 몰라.

5) 학생들은 돌아가면서 자신이 지은 시를 _____ .

6) 사냥꾼은 멀리서 쉬고 있는 사자를 발견하자 _____ 에 몸을 숨겼다.

강인지 출제 | 교과서 62~63쪽 |

살랑살랑　팔이나 꼬리 따위를 / 가볍게 자꾸 흔드는 모양
　　예 고양이가 꼬리를 **살랑살랑** 흔들며 창밖을 ●내다보고 있다.
　　● **내다보다**　안에서 밖을 보다

복슬복슬하다　살이 통통하게 찌거나 · 털이 많아서 / 귀엽고 탐스럽다
　　예 **복슬복슬한** 강아지가 꼬리를 살랑살랑 흔들며
　　　　나를 따라왔다.

솜털　가늘고 · ●보드라운 / 털
　　예 막 **솜털**을 벗은 병아리들이 어미닭을 졸졸 따라 다닌다.
　　● **보드랍다**　닿거나 스치는 느낌이 거칠거칠하지 않고 매끄럽다

자꾸만　●자꾸를 / 강조하여 이르는 말
　　예 아이가 장난감을 사달라고 **자꾸만** ●졸랐다.
　　● **자꾸**　　　여러 번 반복하거나 끊임없이 계속하여
　　● **조르다**　　무엇을 자꾸 요구하다

숲길　숲속에 있는 / 길
　　예 **숲길**을 걸으며 맑은 공기를 마시니 기분이 ●상쾌하다.
　　● **상쾌하다**　기분이나 느낌이 깨끗하고 시원하다

이미 출제 | 교과서 54~59쪽 |

제멋대로　자기가 하고 싶은 / 마음대로
　　예 교실에서 수업시간에 **제멋대로** 행동하면 안 된다.

1 문장을 읽고, 알맞은 낱말을 써 넣어 봅시다.

1) 팔이나 꼬리 따위를 가볍게 자꾸 흔드는 모양

2) 살이 통통하게 찌거나 · 털이 많아서
   귀엽고 탐스럽다

3) 가늘고 · 보드라운 털

4) 자꾸를 강조하여 이르는 말

5) 숲속에 있는 길

6) 자기가 하고 싶은 마음대로

3주
4일

2 밑줄 친 곳에 알맞은 낱말을 써 넣어 문장을 완성해 봅시다.

1) 고양이가 꼬리를 _____ 흔들며 창밖을 내다보고 있다.

2) _____ 강아지가 꼬리를 살랑살랑 흔들며 나를 따라왔다.

3) 막 _____ 을 벗은 병아리들이 어미닭을 졸졸 따라 다닌다.

4) 아이가 장난감을 사달라고 _____ 졸랐다.

5) _____ 을 걸으며 맑은 공기를 마시니 기분이 상쾌하다.

6) 교실에서 수업시간에 _____ 행동하면 안 된다.

바동바동
(버둥버둥,
바둥바둥)

팔다리를 뒤흔들며 / 자꾸 움직이는 **모양**

㉖ 아이가 땅바닥에 털썩 주저앉아 *떼를 쓰며 **바동바동**
*발버둥쳤다.

* **떼(를)쓰다**　　(어떤 일을 해 달라고) 고집부리다
* **발버둥치다**　　다리를 버둥버둥 움직이며 몸부림치다

먹물

검은**색의** / 물

㉖ 오징어는 적에게서 도망칠 때 **먹물**을 내뿜는다.

보들보들하다

살갗에 닿는 느낌이 / 매우 매끄럽다

㉖ 아이는 **보들보들한** 밀가루를 한주먹 쥐어 보았다.

푹신하다

몸에 닿는 느낌이 / 부드럽고 · *탄력이 있다

㉖ **푹신한** 의자에 앉아 있다가 나도 모르게 잠이 들었다.

* **탄력**　　튀거나 팽팽하게 버티는 힘

부글부글

끓는 듯 / 화가 *치밀어 오르는 **모양**

㉖ 엄마는 *제멋대로인 아이 때문에 화가 **부글부글** 끓어올랐다.

* **치밀다**　　(마음 속에 분노나 슬픔 따위의 감정이) 세차게 일어나다
* **제멋대로**　자기가 하고 싶은 마음대로

지방

한자 땅 지 地
　　모 방 方

일정한 *범위의 / 어느 *지역

㉖ 우리나라의 남쪽 **지방**은 북쪽 **지방**보다 더 덥다.

* **범위**　　일정하게 한정된 영역
* **지역**　　땅의 경계. 또는 그 안의 땅

1 문장을 읽고, 알맞은 낱말을 써 넣어 봅시다.

1) 팔다리를 뒤흔들며 자꾸 움직이는 모양

2) 검은색의 물

3) 살갗에 닿는 느낌이 매우 매끄럽다

4) 몸에 닿는 느낌이 부드럽고ㆍ탄력이 있다

5) 끓는 듯 화가 치밀어 오르는 모양

6) 일정한 범위의 어느 지역

2 밑줄 친 곳에 알맞은 낱말을 써 넣어 문장을 완성해 봅시다.

1) 아이가 땅바닥에 털썩 주저앉아 떼를 쓰며 _____ 발버둥쳤다.

2) 오징어는 적에게서 도망칠 때 _____ 을 내뿜는다.

3) 아이는 _____ 밀가루를 한주먹 쥐어 보았다.

4) _____ 의자에 앉아 있다가 나도 모르게 잠이 들었다.

5) 엄마는 제멋대로인 아이 때문에 화가 _____ 끓어올랐다.

6) 우리나라의 남쪽 _____ 은 북쪽 _____ 보다 더 덥다.

1 문장을 읽고, 알맞은 낱말을 써 넣어 봅시다.

1) 주먹을 세게 꽉 쥐는 모양 _____

2) 영원히 언제까지나 _____

3) 곰팡이가 생기다 _____

4) 무엇이 처음에 있던 자리 _____

5) 팔이나 꼬리 따위를 가볍게 자꾸 흔드는 모양 _____

6) 글을 소리 내어 외우다 또는 읽다 _____

7) 걱정이나 서러움이 있을 때 또는 마음이 놓일 때 길게 몰아서 쉬는 숨 _____

8) 숲속에 있는 길 _____

9) 몸에 닿는 느낌이 부드럽고 탄력이 있다 _____

10) 색실로 수를 놓은 것처럼 아름다운 경치를 이루다 _____

11) 가늘고 보드라운 털 _____

12) 목놓아 우는 소리 또는 모양 _____

13) 남이 알아채지 못할 만큼 티가 나지 않게 _____

14) 끓는 듯 화가 치밀어 오르는 모양 _____

15) 팔다리를 뒤흔들며 자꾸 움직이는 모양 _____

16) 기분이 몹시 좋아지다 _____

17) 행동이나 상태를 거짓으로 그럴듯하게 꾸미다 _____

18) 살갗에 닿는 느낌이 매우 매끄럽다 _____

19) 살이 통통하게 찌거나·털이 많아서 귀엽고 탐스럽다 _____

20) 숨을 가쁘고 거칠게 몰아쉬는 모양 _____

21) 남을 불쾌하게 만들다 또는 은근히 화나게 하다 _____

22) 자꾸를 강조하여 이르는 말 _____

23) 풀이 잘 자라서 빽빽하게 들어찬 곳 _____

24) 질그릇과 오지그릇을 통틀어 이르는 말 _____

25) 남의 말을 듣고 그 말에 대한 자신의 생각을 밝히다 _____

26) 검은색의 물 _____

27) 날이 밝을 무렵(새벽)에 우는 닭 _____

28) 골짜기나 들에 흐르는 작은 물줄기 _____

29) 자기가 하고 싶은 마음대로 _____

30) 일정한 범위의 어느 지역 _____

2 밑줄 친 곳에 알맞은 낱말을 써 넣어 문장을 완성해 봅시다.

1) 교실에서 수업시간에 _____ 행동하면 안 된다.

2) 그 장난꾸러기는 별명을 부르며 친구를 _____.

3) 우리나라의 남쪽 _____ 은 북쪽 _____ 보다 더 덥다.

4) 밤하늘을 _____ 별들이 내 가슴에 쏟아졌다.

5) 아이가 땅바닥에 털썩 주저앉아 떼를 쓰며 _____ 발버둥쳤다.

6) 장난감을 가지고 논 후에 _____ 에 갖다 놓지 않아서 엄마에게 꾸중을 들었다.

7) 소풍 가는 날이라며 _____ 아이는 아침부터 휘파람을 불었다.

8) _____ 강아지가 꼬리를 살랑살랑 흔들며 나를 따라왔다.

9) 식빵에 곰팡이가 _____.

10) _____ 을 걸으며 맑은 공기를 마시니 기분이 상쾌하다.

11) 아버지는 평생 _____ 를 구우시며 옹기장이의 삶을 사셨다.

12) 사냥꾼은 멀리서 쉬고 있는 사자를 발견하자 _____ 에 몸을 숨겼다.

13) _____ 의자에 앉아 있다가 나도 모르게 잠이 들었다.

14) 그는 결심한 듯 주먹을 _____ 쥐었다.

15) 아이는 수업시간에 공부하는 _____ 교과서 밑에 숨긴 만화책을 봤다.

16) 학생들은 돌아가면서 자신이 지은 시를 _____ .

17) 고양이가 꼬리를 _____ 흔들며 창밖을 내다보고 있다.

18) 오징어는 적에게서 도망칠 때 _____ 을 내뿜는다.

19) 아이가 _____ 소리를 내며 서럽게 울고 있다.

20) 이번에 해외에 나가면 난 _____ 안 돌아올지도 몰라.

21) 엄마는 제멋대로인 아이 때문에 화가 _____ 끓어올랐다.

22) 밖에서 놀던 동생이 _____ 집 안으로 뛰어 들어왔다.

23) 숙제하라는 엄마의 말에 아이는 건성으로 _____ .

24) 아이들은 _____ 바닥을 뒤져 가재를 잡느라 정신이 없었다.

25) 아이가 장난감을 사달라고 _____ 졸랐다.

26) 우리는 _____ 이 울 때까지 이야기꽃을 피웠다.

27) 친구가 나를 그렇게 _____ 속일 줄은 몰랐다.

28) 막 _____ 을 벗은 병아리들이 어미닭을 졸졸 따라 다닌다.

29) 수학 시험에서 40점을 맞은 아이는 땅이 꺼질 것처럼 _____ 을 내쉬었다.

30) 아이는 _____ 밀가루를 한주먹 쥐어 보았다.

열기

한자 더울 열 熱
　　기운 기 氣

뜨거운 / *기운

㈀ 여름 한낮의 **열기**가 아스팔트를 녹일 만큼 *강렬하다.

* **기운**　　눈에는 보이지 않으나 분위기 따위로 알 수 있는 느낌

* **강렬하다**　강하고 세다

습기

한자 젖을 습 濕
　　기운 기 氣

축축한 / 기운

㈀ 장마철에 비가 계속 내려서 방에 **습기**가 많이 차 있다.

해충

한자 해할 해 害
　　벌레 충 蟲

사람 · *농작물 · *과실나무 따위에 / 해를 끼치는 / 벌레

㈀ 올해 농사는 해충이 *극성을 부려서 망치고 말았다.

* **농작물**　　논이나 밭에 심어 가꾸는 곡식이나 채소 따위

* **과실나무**　열매를 거두기 위하여 재배하는 나무를 통틀어 이르는 말

* **극성부리다(극성떨다)**　　몹시 드세거나 지나치게 적극적으로 행동하다

박물관

한자 넓을 박 博
　　물건 물 物
　　집 관 館

*유물이나 · 문화적 · *학술적 중요성이 큰 물건을 *수집하여 / *보관하고 *전시하는 곳

㈀ 이번 휴일에 **박물관**에 가서 전시된 유물들을 구경했다.

* **유물**　　앞선 세대의 인류가 후세에 남긴 물건

* **학술적**　학문과 예술에 관한 (것)

* **수집하다**　(취미나 연구를 위해 여러 가지 물건이나 재료를) 찾아 모으다

* **보관하다**　물건을 맡아서 간직하다

* **전시하다**　여러 가지 물품을 한곳에 모아 벌여 놓고 사람들이 보게 하다

감시하다

한자 볼 감 監
　　볼 시 視

뜻밖의 사고가 생기지 않도록 / 주의 깊게 지켜보다

㈀ 학교에 *수상한 사람이 마음대로 들어오지 못하
　도록 **감시해야** 한다.

* **수상하다**　보통과는 달리 이상하여 의심스럽다

해양

한자 바다 해 海
　　큰 바다 양 洋

넓고 큰 / 바다

㈀ 태평양은 지구에서 가장 큰 **해양**이다.

1 문장을 읽고, 알맞은 낱말을 써 넣어 봅시다.

1) 뜨거운 기운

2) 축축한 기운

3) 사람 · 농작물 · 과실나무 따위에 해를 끼치는 벌레

4) 유물이나 · 문화적 · 학술적 중요성이 큰 물건을
   수집하여 보관하고 전시하는 곳

5) 뜻밖의 사고가 생기지 않도록 주의 깊게 지켜보다

6) 넓고 큰 바다

4주
1일

2 밑줄 친 곳에 알맞은 낱말을 써 넣어 문장을 완성해 봅시다.

1) 여름 한낮의 _____ 가 아스팔트를 녹일 만큼 강렬하다.

2) 장마철에 비가 계속 내려서 방에 _____ 가 많이 차 있다.

3) 올해 농사는 _____ 이 극성을 부려서 망치고 말았다.

4) 이번 휴일에 _____ 에 가서 전시된 유물들을 구경했다.

5) 학교에 수상한 사람이 마음대로 들어오지 못하도록 _____ 한다.

6) 태평양은 지구에서 가장 큰 _____ 이다.

2. 문단의 짜임

조사하다

한자 고를 조 調
조사할 사 査

무엇의 내용을 자세히 / °살펴보다 또는 찾아보다

예 발표 자료를 만들기 위해 인터넷으로 **조사했다.**

° **살펴보다** 하나하나 자세히 관심을 집중해서 보다

탐사

한자 찾을 탐 探
조사할 사 査

알려지지 않은 것을 / 하나도 빼지 않고 / °샅샅이 조사함

예 해양 **탐사** 로봇은 바다 깊은 곳에 가서 그곳 상태를 조사한다.

° **샅샅이** 빈틈없이 모조리

수술

한자 손 수 手
재주 술 術

병을 고치기 위해 / °의료 기구로 몸의 일부를 자르거나 · 째거나 · 도려내는 / 치료 방법

예 그는 °무단횡단을 하다가 차에 치여서 **수술**을 받았다.

° **의료 기구** 병을 치료하는 데 쓰는 기구

° **무단횡단** 교통 신호를 지키지 않고 거리를 가로질러 감. 또는 횡단보도가 아닌 곳에서 도로를 가로질러 감

중심

한자 가운데 중 中
마음 심 心

매우 중요하고 · 기본이 되는 / 부분

예 이 일기는 내용이 °산만해서 **중심** 내용이 무엇인지 모르겠다.

° **산만하다** 질서나 통일성이 없어 어수선하다

문장

한자 글월 문 文
글 장 章

말이나 글에서 / °완결된 내용을 나타내는 / 가장 작은 °단위

예 **문장**이 길어질수록 내용이 어려워지기 때문에 **문장**을 되도록 짧게 쓰는 것이 좋다.

° **완결되다** 완전히 끝을 맺다

° **단위** 하나의 집합체(많은 것이 모여서 이룬 덩어리) 따위를 이루는 기본적인 한 덩어리

뒷받침하다

뒤에서 / 힘을 보태고 · 도움을 주다

예 문단은 문단 내용을 '대표하는 문장'과 대표하는 문장을 '**뒷받침하는** 문장'으로 이루어진다.

1 문장을 읽고, 알맞은 낱말을 써 넣어 봅시다.

1) 무엇의 내용을 자세히 살펴보다 또는 찾아보다

2) 알려지지 않은 사물이나 사실 따위를
   하나도 **빼**지 않고 샅샅이 조사함

3) 병을 고치기 위해 의료 기구로 몸의 일부를
   자르거나 · 째거나 · 도려내는 치료 방법

4) 매우 중요하고 · 기본이 되는 부분

5) 말이나 글에서 완결된 내용을 나타내는 가장 작은 단위

6) 뒤에서 힘을 보태고 · 도움을 주다

2 밑줄 친 곳에 알맞은 낱말을 써 넣어 문장을 완성해 봅시다.

1) 발표 자료를 만들기 위해 인터넷으로 _____ .

2) 해양 _____ 로봇은 바다 깊은 곳에 가서 그곳 상태를 조사한다.

3) 그는 무단횡단을 하다가 차에 치여서 _____ 을 받았다.

4) 이 일기는 내용이 산만해서 _____ 내용이 무엇인지 모르겠다.

5) _____ 이 길어질수록 내용이 어려워지기 때문에 _____ 을 되도록 짧게
   쓰는 것이 좋다.

6) 문단은 문단 내용을 '대표하는 문장'과 대표하는 문장을 ' _____ 문장'으로
   이루어진다.

정음 | 교과서 70~73쪽 |

대표하다
한자 대신할 대 代
겉 표 表

전체의 상태나 성질을 / 어느 하나로 잘 나타내다

예 반장이 학급을 **대표하여** 선생님께 감사의 편지를 드렸다.

중심 문장
한자 가운데 중 中
마음 심 心
글월 문 文
글 장 章

글이나 문단에서 / 중심 생각이 담겨 있는 / 문장

예 문단의 내용을 대표하는 문장을 **중심 문장**이라고 한다.

뒷받침 문장
한자 글월 문 文
글 장 章

*설명의 *예시 · 주장의 *근거 따위를 담아 / 중심 문장을 도와주는 / 문장

예 중심 문장을 덧붙여 설명하거나 예를 드는 방법으로 도와주는 문장을 **뒷받침 문장**이라고 한다.

- *설명　어떤 일이나 대상의 내용을 상대방이 잘 알 수 있도록 밝혀 말함
- *예시　예를 들어 보임
- *근거　어떤 일이나 의견 따위가 나오게 된 바탕이나 까닭

문단
한자 글월 문 文
층계 단 段

한 편의 글에서 / 내용이나 형식을 기준으로 / 문장들을 하나로 묶은 / 글의 단위

예 한 **문단** 안에는 중심 문장이 *오직 하나만 있어야 한다.

- *오직　(다른 것은 있을 수 없고) 다만. 오로지

구실

자신이 책임지고 / 마땅히 해야 할 / 일

예 아이는 동생들을 돌봐 주며 *맏이 **구실**을 *톡톡히 하고 있다.

- *맏이　형제자매 가운데 맨 먼저 태어난 사람
- *톡톡히　구실이나 역할 따위가 제대로 되어 충분하다
- 비 역할, 소임

기운

하늘과 땅 사이에 가득 차서 / *만물이 나고 자라는 / 힘의 *근원

예 하늘의 **기운**으로 비가 내리고, 땅의 **기운**으로 곡식이 자란다.

- *만물　세상에 있는 모든 것
- *근원　사물이나 현상이 생겨나는 본바탕

1 문장을 읽고, 알맞은 낱말을 써 넣어 봅시다.

1) 전체의 상태나 성질을 어느 하나로 잘 나타내다

2) 글이나 문단에서 중심 생각이 담겨 있는 문장

3) 설명의 예시 · 주장의 근거 따위를 담아
   중심 문장을 도와주는 문장

4) 한 편의 글에서 내용이나 형식을 기준으로 문장들을
   하나로 묶은 글의 단위

5) 자신이 책임지고 마땅히 해야 할 일

6) 하늘과 땅 사이에 가득 차서 만물이 나고 자라는 힘의 근원

4주 3일

2 밑줄 친 곳에 알맞은 낱말을 써 넣어 문장을 완성해 봅시다.

1) 반장이 학급을 _____ 선생님께 감사의 편지를 드렸다.

2) 문단의 내용을 대표하는 문장을 _____ 이라고 한다.

3) 중심 문장을 덧붙여 설명하거나 예를 드는 방법으로 도와주는 문장을 _____
   이라고 한다.

4) 한 _____ 안에는 중심 문장이 오직 하나만 있어야 한다.

5) 아이는 동생들을 돌봐 주며 맏이 _____ 을 톡톡히 하고 있다.

6) 하늘의 _____ 으로 비가 내리고, 땅의 _____ 으로 곡식이 자란다.

정답 | 교과서 70~73쪽 |

나그네

자신이 사는 고장을 떠나 / 다른 지역에 잠시 / 머무르고 있거나 · 여행 중에 있는 / 사람

예 **나그네**는 어느 한곳에 *정착하지 못하고 여러 곳을 떠돌아다녔다.

* 정착하다 일정한 곳에 자리를 잡아 머물러 살다

조각하다

한자 새길 조 彫
새길 각 刻

*재료를 새기거나 · 깎아서 / *입체적으로 *형상을 만들다

예 장승은 나무나 돌에 사람의 얼굴 모습을 **조각해** 만들었다.

* 재료   어떤 물건을 만드는 데 쓰인(사용된) 것
* 입체적   위치, 넓이, 길이, 두께를 가진 물건에서 받는 느낌을 갖게 하는 (것)
* 형상   물건의 생긴 모양이나 상태

친근하다

한자 친할 친 親
가까울 근 近

사귀어 지내는 사이가 / 매우 가깝다

예 장승의 *모습에는 할아버지처럼 **친근한** 얼굴도 있고, 도깨비처럼 무서운 얼굴도 있다.

* 모습   자연이나 사물의 드러난 모양. 또는 사람의 생긴 모양

우스꽝스럽다

말이나 행동, 모습 따위가 *특이하여 / 우습다

예 친구의 **우스꽝스러운** 표정을 보자 절로 웃음이 터져 나왔다.

* 특이하다 보통의 것과 비교할 때 두드러지게 다르다

쥐불놀이

길게 줄을 단 깡통에 나무 따위를 넣고 / 불을 붙여 빙빙 돌리며 노는 / 놀이

예 아이들은 코밑이 거무튀튀해지도록 **쥐불놀이** 깡통을 돌리며 *진탕 놀다가 집에 늦게 들어왔다.

* 진탕   싫증이 날 만큼 아주 많이

단오

한자 끝 단 端
낮 오 午

우리나라 명절의 하나. 음력 5월 5일로, 그네뛰기, 씨름, 탈춤, 가면극 등의 놀이를 즐기며, 여자들은 *창포물에 머리를 감는다

예 **단오**가 되면 동네 어른들은 커다란 나무에 그네를 매었다.

* 창포물   여러해살이풀인 창포의 잎과 뿌리를 우려낸 물

1 문장을 읽고, 알맞은 낱말을 써 넣어 봅시다.

1) 자신이 사는 고장을 떠나 다른 지역에 잠시 머무르고
   있거나 · 여행 중에 있는 사람

2) 재료를 새기거나 깎아서 입체적으로 형상을 만들다

3) 사귀어 지내는 사이가 매우 가깝다

4) 말이나 행동, 모습 따위가 특이하여
   우습다

5) 길게 줄을 단 깡통에 나무 따위를 넣고
   불을 붙여 빙빙 돌리며 노는 놀이

6) 우리나라 명절의 하나. 음력 5월 5일로, 그네뛰기, 씨름, 탈춤,
   가면극 등의 놀이를 즐기며, 여자들은 창포물에 머리를 감는다

2 밑줄 친 곳에 알맞은 낱말을 써 넣어 문장을 완성해 봅시다.

1) _____ 는 어느 한곳에 정착하지 못하고 여러 곳을 떠돌아다녔다.

2) 장승은 나무나 돌에 사람의 얼굴 모습을 _____ 만들었다.

3) 장승의 모습에는 할아버지처럼 _____ 얼굴도 있고, 도깨비처럼 무서운 얼굴
   도 있다.

4) 친구의 _____ 표정을 보자 절로 웃음이 터져 나왔다.

5) 아이들은 코밑이 거무튀튀해지도록 _____ 깡통을 돌리며 진탕 놀다가 집에
   늦게 들어왔다.

6) _____ 가 되면 동네 어른들은 커다란 나무에 그네를 매었다.

4주
4일

첫머리	무엇이 / 시작되는 처음 부분

첫머리 무엇이 / 시작되는 처음 부분

㉐ 나는 친구의 °안부를 물으며 편지의 **첫머리**를 시작하였다.

° 안부　어떤 사람이 편안하게 잘 지내는지 그렇지 않은지에 대한 소식

전통

한자 전할 전 傳
거느릴 통 統

집단이나 °공동체에서 / 과거로부터 °전하여 내려오는 / 바람직한 생각, 생활 방식, 행동 따위가 / 현재까지 전해진 것

㉐ 태권도는 우리나라 고유의 **전통** 무예를 바탕으로 한 운동이다.

° 공동체　생활, 행동, 목적 따위를 같이하는 두 사람 이상의 모임

° 전하다　당대(지금 이 시대)나 후대(뒤에 올 세대나 시대)에 이어지거나 남겨지다

한과

한자 한수 한 漢
과자 과 菓

곡식 가루, 과일에 / 꿀, 엿 등을 섞어 달콤하게 만들어 먹는 / 우리나라의 전통 과자

㉐ 요즘에는 **한과**를 주로 시장에서 사 먹지만, 옛날에는 **한과**를 집에서 만들어 먹었다.

약과

한자 약 약 藥
실과 과 果

밀가루에 참기름을 치고 반죽한 다음 / 꿀과 술을 섞어 °다시 반죽하여 / 약과 판에 찍어 내어 / 기름에 튀긴 / 한과

㉐ 명절에 할머니 댁에 가면 제사상에 오른 **약과**를 먹을 수 있다.

° 다시　하다가 그친 것을 계속하여

묻히다 액체나 가루를 / 무엇에 들러붙거나 · 흔적이 남게 하다

㉐ 도화지 위에 그린 하늘을 색칠하려고 붓에 파란색 물감을 **묻혔다**.

고물 떡에 묻히거나 떡 속에 넣기 위해 / 콩이나 깨 따위의 °곡물을 곱게 갈아서 만든 / 가루

㉐ 강정은 찹쌀가루를 °반죽해 기름에 튀긴 뒤에 깨, 잣가루, 콩가루와 같은 고물을 묻힌 과자이다.

° 곡물　사람의 식량이 되는 쌀, 보리, 콩, 조, 수수 따위를 통틀어 이르는 말

° 반죽하다　가루에 물을 부어서 이겨 내다

1 문장을 읽고, 알맞은 낱말을 써 넣어 봅시다.

1) 무엇이 시작되는 처음 부분

2) 집단이나 공동체에서 과거로부터 전하여 내려오는
   바람직한 생각, 생활 방식, 행동 따위가 현재까지 전해진 것

3) 곡식 가루, 과일에 꿀, 엿 등을 섞어 달콤하게 만들어 먹는
   우리나라의 전통 과자

4) 밀가루에 참기름을 치고 반죽한 다음 꿀과 술을 섞어
   다시 반죽하여 약과판에 찍어 내어 기름에 튀긴 한과

5) 액체나 가루를 무엇에 들러붙거나 · 흔적이 남게 하다

6) 떡에 묻히거나 떡 속에 넣기 위해 콩이나 깨 따위의
   곡물을 곱게 갈아서 만든 가루

2 밑줄 친 곳에 알맞은 낱말을 써 넣어 문장을 완성해 봅시다.

1) 나는 친구의 안부를 물으며 편지의 _____ 를 시작하였다.

2) 태권도는 우리나라 고유의 _____ 무예를 바탕으로 한 운동이다.

3) 요즘에는 _____ 를 주로 시장에서 사 먹지만, 옛날에는 _____ 를
   집에서 만들어 먹었다.

4) 명절에 할머니 댁에 가면 제사상에 오른 _____ 를 먹을 수 있다.

5) 도화지 위에 그린 하늘을 색칠하려고 붓에 파란색 물감을 _____.

6) 강정은 찹쌀가루를 반죽해 기름에 튀긴 뒤에 깨, 잣가루, 콩가루와 같은 _____
   을 묻힌 과자이다.

1 문장을 읽고, 알맞은 낱말을 써 넣어 봅시다.

1) 말이나 글에서 완결된 내용을 나타내는 가장 작은 단위　＿＿＿＿＿＿＿

2) 자신이 사는 고장을 떠나 다른 지역에 잠시 머무르고
있거나·여행 중에 있는 사람　＿＿＿＿＿＿＿

3) 곡식 가루, 과일에 꿀, 엿 등을 섞어 달콤하게 만들어 먹는
우리나라의 전통 과자　＿＿＿＿＿＿＿

4) 길게 줄을 단 깡통에 나무 따위를 넣고 불을 붙여
빙빙 돌리며 노는 놀이　＿＿＿＿＿＿＿

5) 뜨거운 기운　＿＿＿＿＿＿＿

6) 집단이나 공동체에서 과거로부터 전하여 내려오는 바람직한
생각, 생활 방식, 행동 따위가 현재까지 전해진 것　＿＿＿＿＿＿＿

7) 유물이나·문화적·학술적 중요성이 큰 물건을 수집하여
보관하고 전시하는 곳　＿＿＿＿＿＿＿

8) 사귀어 지내는 사이가 매우 가깝다　＿＿＿＿＿＿＿

9) 한 편의 글에서 내용이나 형식을 기준으로
문장들을 하나로 묶은 글의 단위　＿＿＿＿＿＿＿

10) 사람·농작물·과실나무 따위에 해를 끼치는 벌레　＿＿＿＿＿＿＿

11) 밀가루에 참기름을 치고 반죽한 다음 꿀과 술을 섞어 다시
반죽하여 약과판에 찍어 내어 기름에 튀긴 한과　＿＿＿＿＿＿＿

12) 말이나 행동, 모습 따위가 특이하여 우습다　＿＿＿＿＿＿＿

13) 뒤에서 힘을 보태고·도움을 주다　＿＿＿＿＿＿＿

14) 우리나라 명절의 하나. 음력 5월 5일로, 그네뛰기, 씨름, 탈춤, 가면극
등의 놀이를 즐기며, 여자들은 창포물에 머리를 감는다　＿＿＿＿＿＿＿

15) 넓고 큰 바다 _____

16) 자신이 책임지고 마땅히 해야 할 일 _____

17) 무엇이 시작되는 처음 부분 _____

18) 무엇의 내용을 자세히 살펴보다 또는 찾아보다 _____

19) 액체나 가루를 무엇에 들러붙거나·흔적이 남게 하다 _____

20) 알려지지 않은 것을 하나도 빼지 않고 샅샅이 조사함 _____

21) 전체의 상태나 성질을 어느 하나로 잘 나타내다 _____

22) 매우 중요하고 기본이 되는 부분 _____

23) 재료를 새기거나 깎아서 입체적으로 형상을 만들다 _____

24) 병을 고치기 위해 의료 기구로 몸의 일부를 자르거나·
짜거나·도려내는 치료 방법 _____

25) 글이나 문단에서 중심 생각이 담겨 있는 문장 _____

26) 축축한 기운 _____

27) 하늘과 땅 사이에 가득 차서 만물이 나고 자라는 힘의 근원 _____

28) 설명의 예시·주장의 근거 따위를 담아 중심 문장을
도와주는 문장 _____

29) 뜻밖의 사고가 생기지 않도록 주의 깊게 지켜보다 _____

30) 떡에 묻히거나 떡 속에 넣기 위해 콩이나 깨 따위의
곡물을 곱게 갈아서 만든 가루 _____

4주
평가

2 밑줄 친 곳에 알맞은 낱말을 써 넣어 문장을 완성해 봅시다.

1) 태권도는 우리나라 고유의 _____ 무예를 바탕으로 한 운동이다.

2) 이 일기는 내용이 산만해서 _____ 내용이 무엇인지 모르겠다.

3) 친구의 _____ 표정을 보자 절로 웃음이 터져 나왔다.

4) 한 _____ 안에는 중심 문장이 오직 하나만 있어야 한다.

5) 학교에 수상한 사람이 마음대로 들어오지 못하도록 _____ 한다.

6) 아이들은 코밑이 거무튀튀해지도록 _____ 깡통을 돌리며
진탕 놀다가 집에 늦게 들어왔다.

7) 그는 무단횡단을 하다가 차에 치여서 _____ 을 받았다.

8) 나는 친구의 안부를 물으며 편지의 _____ 를 시작하였다.

9) 이번 휴일에 _____ 에 가서 전시된 유물들을 구경했다.

10) 장마철에 비가 계속 내려서 방에 _____ 가 많이 차 있다.

11) 도화지 위에 그린 하늘을 색칠하려고 붓에 파란색 물감을 _____ .

12) _____ 는 어느 한곳에 정착하지 못하고 여러 곳을 떠돌아다녔다.

13) 요즘에는 _____ 를 주로 시장에서 사 먹지만, 옛날에는 _____
를 집에서 만들어 먹었다.

14) 반장이 학급을 _____ 선생님께 감사의 편지를 드렸다.

15) 문단의 내용을 대표하는 문장을 _____ 이라고 한다.

16) 아이는 동생들을 돌봐 주며 맏이 _____ 을 톡톡히 하고 있다.

17) 강정은 찹쌀가루를 반죽해 기름에 튀긴 뒤에 깨, 잣가루, 콩가루와 같은 _____ 을 묻힌 과자이다.

18) 장승은 나무나 돌에 사람의 얼굴 모습을 _____ 해 만들었다.

19) _____ 이 길어질수록 내용이 어려워지기 때문에 _____ 을 되도록 짧게 쓰는 것이 좋다.

20) 중심 문장을 덧붙여 설명하거나 예를 드는 방법으로 도와주는 문장을 _____ 이라고 한다.

21) 명절에 할머니 댁에 가면 제사상에 오른 _____ 를 먹을 수 있다.

22) 해양 _____ 로봇은 바다 깊은 곳에 가서 그곳 상태를 조사한다.

23) 문단은 문단 내용을 '대표하는 문장'과 대표하는 문장을 ' _____ 문장'으로 이루어진다.

24) 올해 농사는 _____ 이 극성을 부려서 망치고 말았다.

25) _____ 가 되면 동네 어른들은 커다란 나무에 그네를 매었다.

26) 발표 자료를 만들기 위해 인터넷으로 _____ .

27) 하늘의 _____ 으로 비가 내리고, 땅의 _____ 으로 곡식이 자란다.

28) 장승의 모습에는 할아버지처럼 _____ 얼굴도 있고, 도깨비처럼 무서운 얼굴도 있다.

29) 여름 한낮의 _____ 가 아스팔트를 녹일 만큼 강렬하다.

30) 태평양은 지구에서 가장 큰 _____ 이다.

1 문장을 읽고, 알맞은 낱말을 써 넣어 봅시다.

1) 물질세계에 있는 구체적이고 개별적인 대상을
    통틀어 이르는 말   (   )

2) 수준이나 솜씨가 어느 정도에 이르렀음을 나타내는 말   (   )

3) 연하고 보드랍다   (   )

4) 심장이 뛰어 움직이면서 나타나는 혈관 벽의 진동   (   )

5) 어느 한때에서 다른 한때까지 시간의 길이   (   )

6) 남보다 먼저 하거나 잘하려고 경쟁적으로 애쓰다   (   )

7) 꺾어져 돌아간 자리   (   )

8) 무엇이 일정한 장소나 방향으로 밀려오거나 밀려가다   (   )

9) 마음속 깊이 느껴 칭찬하다   (   )

10) 아무런 뜻 없이 또는 아무런 생각 없이   (   )

11) 하루 낮의 사분의 일(1/4)에 해당하는 시간의 길이   (   )

12) 낮 12시를 전후한 때   (   )

13) 눈동자를 옆으로 굴리어 못마땅하게 노려보다   (   )

14) 색실로 수를 놓은 것처럼 아름다운 경치를 이루다   (   )

15) 남의 말을 듣고 그 말에 대한 자신의 생각을 밝히다   (   )

16) 영원히 언제까지나   (   )

17) 일정한 범위의 어느 지역 (　　　　)

18) 뜨거운 기운 (　　　　)

19) 뜻밖의 사고가 생기지 않도록 주의 깊게 지켜보다 (　　　　)

20) 넓고 큰 바다 (　　　　)

21) 무엇의 내용을 자세히 살펴보다 또는 찾아보다 (　　　　)

22) 뒤에서 힘을 보태고·도움을 주다 (　　　　)

23) 전체의 상태나 성질을 어느 하나로 잘 나타내다 (　　　　)

24) 글이나 문단에서 중심 생각이 담겨 있는 문장 (　　　　)

25) 한 편의 글에서 내용이나 형식을 기준으로 문장들을
하나로 묶은 글의 단위 (　　　　)

26) 재료를 새기거나 깎아서 입체적으로 형상을 만들다 (　　　　)

27) 우리나라 명절의 하나. 음력 5월 5일로, 그네뛰기, 씨름, 탈춤, 가면극
등의 놀이를 즐기며, 여자들은 창포물에 머리를 감는다 (　　　　)

28) 사귀어 지내는 사이가 매우 가깝다 (　　　　)

29) 무엇이 시작되는 처음 부분 (　　　　)

30) 집단이나 공동체에서 과거로부터 전하여 내려오는 바람직한
생각, 생활 방식, 행동 따위가 현재까지 전해진 것 (　　　　)

2 밑줄 친 곳에 알맞은 낱말을 써 넣어 문장을 완성해 봅시다.

1) 겨울 방학은 다음 학년으로 넘어가는 중요한 _____ 이다.

2) 목장에는 젖소 _____ 가 한가로이 풀을 뜯고 있었다.

3) 그 동화책을 읽고 _____ 감동을 느꼈다.

4) 냉장고에 넣어둔 감이 너무 오래되어서 _____.

5) 운동을 오래 했더니 땀으로 온몸이 _____.

6) 운동장을 세 바퀴 뛰었더니 숨이 몹시 _____.

7) 이곳은 _____ 하지만 구경거리가 많아서 좋다.

8) 아침부터 엄마한테 혼나서 학교에 _____ 걸어갔다.

9) 아이는 수업시간에 공부하는 _____ 교과서 밑에 숨긴 만화책을 봤다.

10) 그 장난꾸러기는 별명을 부르며 친구를 _____.

11) 수학 시험에서 40점을 맞은 아이는 땅이 꺼질 것처럼 _____ 을 내쉬었다.

12) 밖에서 놀던 동생이 _____ 집 안으로 뛰어 들어왔다.

13) 아버지는 평생 _____ 를 구우시며 옹기장이의 삶을 사셨다.

14) 학생들은 돌아가면서 자신이 지은 시를 _____.

15) 아이가 장난감을 사달라고 _____ 졸랐다.

16) 교실에서 수업시간에 _____ 행동하면 안 된다.

17) 아이는 _____ 밀가루를 한주먹 쥐어 보았다.

18) _____ 의자에 앉아 있다가 나도 모르게 잠이 들었다.

19) 장마철에 비가 계속 내려서 방에 _____ 가 많이 차 있다.

20) 이번 휴일에 _____ 에 가서 전시된 유물들을 구경했다.

21) 해양 _____ 로봇은 바다 깊은 곳에 가서 그곳 상태를 조사한다.

22) 이 일기는 내용이 산만해서 _____ 내용이 무엇인지 모르겠다.

23) _____ 이 길어질수록 내용이 어려워지기 때문에 _____ 을
되도록 짧게 쓰는 것 이 좋다.

24) 중심 문장을 덧붙여 설명하거나 예를 드는 방법으로 도와주는 문장을
_____ 이라고 한다.

25) 아이는 동생들을 돌봐 주며 맏이 _____ 을 톡톡히 하고 있다.

26) 하늘의 _____ 으로 비가 내리고, 땅의 _____ 으로 곡식이 자란다.

27) _____ 는 어느 한곳에 정착하지 못하고 여러 곳을 떠돌아다녔다.

28) 아이들은 코밑이 거무튀튀해지도록 _____ 깡통을 돌리며 진탕 놀다가
집에 늦게 들어왔다.

29) 명절에 할머니 댁에 가면 제사상에 오른 _____ 를 먹을 수 있다.

30) 강정은 찹쌀가루를 반죽해 기름에 튀긴 뒤에 깨, 잣가루, 콩가루와 같은
_____ 을 묻힌 과자이다.

5~8주

칭찬 사과 스티커

하루 공부를 잘 마쳤다면 나에게 칭찬 사과를 선물하세요.
사과 나무에 사과가 주렁주렁 열릴 때까지 열심히 공부합시다!

■ 스티커는 별책 바른답 및 색인 마지막 페이지에 있습니다.

강정	찹쌀가루를 술로 반죽하여 / 손가락 마디만큼씩 썰어 말렸다가 / 기름에 튀기고 꿀과 고물을 묻혀 만든 / 한과
	예 땅콩을 꿀에 버무려 만든 **강정**은 정말 고소하고 달다.

녹말가루(녹말)	감자나 고구마 따위를 갈아서 / 그 *앙금을 말린 / 가루
한자 푸를 녹 綠 끝 말 末	예 **녹말가루**에 달걀을 풀어 넣고 반죽을 만든 후 생선에 입혀서 기름에 튀기세요.
	*앙금 물에 가라앉은 녹말 등의 부드러운 가루. 또는 녹말 따위의 가루가 물에 가라앉아 생긴 층

졸다	국, 찌개, 한약 따위에 / 열을 가하여 / 물의 양이 적어지다
	예 라면을 너무 오래 끓여서 *국물이 다 **졸았다**. 
	*국물 국 · 찌개 · 김치 따위의 음식에서 건더기를 제외한 물

엿	곡식이나 고구마 녹말가루에 / *엿기름을 넣어 달게 졸인 / 한과
	예 **엿**을 만드는 데 쓰이는 곡식으로는 쌀, 찹쌀, 옥수수, 조 따위가 있다.
	*엿기름 보리에 물을 부어 싹이 튼 다음에 말린 것

지지다	*전 따위를 / *부쳐 익히다
	예 잔칫집에서 *부침개를 **지지는** 소리가 경쾌하게 들린다.
	*전 번철(솥뚜껑처럼 생긴 둥글넓적한 무쇠 그릇)에 기름을 두르고, 생선 · 고기 · 채소 따위를 얇게 썰어 밀가루를 묻혀 지진 음식의 총칭 
	*부치다 번철이나 프라이팬 등에 기름을 바르고 빈대떡이나 전 따위의 음식을 익혀 만들다
	*부침개(부침) 기름에 부쳐서 만드는 음식을 통틀어 이르는 말

조청	쌀 · 보리 등의 곡식을 / 엿기름으로 달게 만든 후에 끓여서 만든 / *묽은 엿
한자 지을 조 造 맑을 청 淸	예 *가래떡을 **조청**에 찍어 먹으면 정말 맛있다.
	*가래떡 길고 가늘게 둥글려 뽑은 흰떡
	*묽다 보통 정도에 비하여 물기가 많다

1 문장을 읽고, 알맞은 낱말을 써 넣어 봅시다.

1) 찹쌀가루를 술로 반죽하여 손가락 마디만큼씩 썰어 말렸다가
　 기름에 튀기고 꿀과 고물을 묻혀 만든 한과 ☐☐

2) 감자나 고구마 따위를 갈아서 그 앙금을 말린 가루 ☐☐☐☐

3) 국, 찌개, 한약 따위에 열을 가하여 물의 양이 적어지다 ☐☐

4) 곡식이나 고구마 녹말가루에 엿기름을 넣어 달게 졸인 한과 ☐

5) 전 따위를 부쳐 익히다 ☐☐☐

6) 쌀 · 보리 등의 곡식을 엿기름으로 달게 만든 후에
　 끓여서 만든 묽은 엿 ☐☐

2 밑줄 친 곳에 알맞은 낱말을 써 넣어 문장을 완성해 봅시다.

1) 땅콩을 꿀에 버무려 만든 _____ 은 정말 고소하고 달다.

2) _____ 에 달걀을 풀어 넣고 반죽을 만든 후 생선에 입혀서 기름에 튀기세요.

3) 라면을 너무 오래 끓여서 국물이 다 _____ .

4) _____ 을 만드는 데 쓰이는 곡식으로는 쌀, 찹쌀, 옥수수, 조 따위가 있다.

5) 잔칫집에서 부침개를 _____ 소리가 경쾌하게 들린다.

6) 가래떡을 _____ 에 찍어 먹으면 정말 맛있다.

배다

물기 · *양념 · 냄새 따위가 / 어떤 곳에 / 스며들다

예 돼지고기에 양념이 **배도록** 하루 동안 냉장고에 넣어두었다.

*양념　음식의 맛을 돋우기 위하여 넣는 재료를 통틀어 이르는 말

본뜨다

한자 근본 본 本

이미 있는 것을 *본보기로 삼아 / 그대로 만들다

예 미술 시간에 고흐가 그린 *명화를 **본뜬** 그림을 그렸다.

*본보기　본받을(그대로 따라 할) 만한 대상

*명화　아주 잘 그려서 이름이 난 그림

갸름하다

사람이나 물건이 / 조금 가늘고 긴 듯하다

예 그녀는 얼굴 *윤곽선이 **갸름해서** 부드러운 느낌을 주었다.

*윤곽선　물체의 둘레를 나타내는 선

가락엿(가래엿)

길고 가늘게 둥글려 뽑은 / 엿

예 과자가 귀했던 시절에 **가락엿**은 아이들에게 가장 인기 있는 *간식이었다.

*간식　끼니(아침 · 점심 · 저녁과 같이 날마다 일정한 시간에 먹는 밥)와 끼니 사이에 음식을 먹음. 또는 그 음식

끈기

한자 기운 기 氣

끈적끈적한 / 기운

예 가락엿을 먹을 때면 **끈기**가 심해서 입 안에 찰싹 달라붙는다.

엿치기

*엿가래를 부러뜨려 / 그 속의 구멍 수와 크기를 비교하여 / *승부를 가리는 / 내기

예 옛날 사람들은 엿가래를 부러뜨려, 그 속의 구멍이 더 많고 더 큰 쪽이 이기는 **엿치기**를 즐겨 했다.

*엿가래　여러 가락엿들의 하나하나

*승부　이김과 짐. 승패

오늘의 어휘는 어떤 뜻이 있었는지 떠올려 보아요 | 교과서 74~77쪽 |

1 **문장을 읽고, 알맞은 낱말을 써 넣어 봅시다.**

1) 물기 · 양념 · 냄새 따위가 어떤 곳에 스며들다

2) 이미 있는 것을 본보기로 삼아 그대로 만들다

3) 사람이나 물건이 조금 가늘고 긴 듯하다

4) 길고 가늘게 둥글려 뽑은 엿

5) 끈적끈적한 기운

6) 엿가래를 부러뜨려 그 속의 구멍 수와 크기를 비교하여
   승부를 가리는 내기

2 **밑줄 친 곳에 알맞은 낱말을 써 넣어 문장을 완성해 봅시다.**

1) 돼지고기에 양념이 ＿＿＿＿＿ 하루 동안 냉장고에 넣어두었다.

2) 미술 시간에 고흐가 그린 명화를 ＿＿＿＿＿ 그림을 그렸다.

3) 그녀는 얼굴 윤곽선이 ＿＿＿＿＿ 부드러운 느낌을 주었다.

4) 과자가 귀했던 시절에 ＿＿＿＿＿ 은 아이들에게 가장 인기 있는 간식이었다.

5) 가락엿을 먹을 때면 ＿＿＿＿＿ 가 심해서 입 안에 찰싹 달라붙는다.

6) 옛날 사람들은 엿가래를 부러뜨려, 그 속의 구멍이 더 많고 더 큰 쪽이 이기는
   ＿＿＿＿＿ 를 즐겨 했다.

3. 알맞은 높임 표현

드러나다	그 정도가 / 다른 것보다 *두드러지다	

예 문단에서 중요한 생각이 잘 **드러나게** 중심 문장을 써야 한다.

* 두드러지다　　겉으로 드러나서 뚜렷하다

덧붙이다

먼저 한 말에 / 다른 말을 더 보태어 / 말하다

예 엄마는 "*최선을 다하는 것이 중요하다'고 말씀하시더니, '결과 또한 중요하다'는 말을 **덧붙였다.**

* 최선　　어떤 일에 온 힘(정성)을 다함

대상

한자 대할 대 對
　　코끼리 상 象

*마주 보고 있는 / 사람

예 높임 *표현에는 **대상**을 공경하는 마음이 담겨 있다.

* 표현　　생각, 느낌, 감정 따위를 말이나 행동으로 드러내어 나타냄
* 마주　　서로 똑바로 보이는 정면을 향하여

높임 표현

한자 겉 표 表
　　나타날 현 現

말하는 이가 / 어떤 대상에 대하여 / 높임의 태도를 나타내는 / 표현

예 웃어른과 이야기를 할 때에는 **높임 표현**을 써야 한다.

웃어른

나이, 신분, 지위 등이 / 자기보다 높은 / 사람

예 대화의 대상이 **웃어른**인지 아닌지에 따라 높임 표현이 달라진다.

공경하다

한자 공손할 공 恭
　　공경 경 敬

*예의 바르고 *겸손하게 / 받들어 모시다

예 웃어른께 드리는 인사에는 **공경하는** 마음이 담겨 있어야 한다.

* 예의　　사람 사이의 관계에서 존경·감사·사과 따위의 뜻을 나타내기 위해서 예로써 나타내는 말투나 몸가짐
* 겸손하다　남을 존중하고 자신을 낮추는 태도가 있다

1 문장을 읽고, 알맞은 낱말을 써 넣어 봅시다.

1) 그 정도가 다른 것보다 두드러지다

2) 먼저 한 말에 다른 말을 더 보태어 말하다

3) 마주 보고 있는 사람

4) 말하는 이가 어떤 대상에 대하여 높임의 태도를
나타내는 표현

5) 나이, 신분, 지위 등이 자기보다 높은 사람

6) 예의 바르고 겸손하게 받들어 모시다

2 밑줄 친 곳에 알맞은 낱말을 써 넣어 문장을 완성해 봅시다.

1) 문단에서 중요한 생각이 잘 _____ 중심 문장을 써야 한다.

2) 엄마는 '최선을 다하는 것이 중요하다'고 말씀하시더니, '결과 또한 중요하다'는 말을
_____ .

3) 높임 표현에는 _____ 을 공경하는 마음이 담겨 있다.

4) 웃어른과 이야기를 할 때에는 _____ 을 써야 한다.

5) 대화의 대상이 _____ 인지 아닌지에 따라 높임 표현이 달라진다.

6) 웃어른께 드리는 인사에는 _____ 마음이 담겨 있어야 한다.

3. 알맞은 높임 표현

예절

한자 예도 예 禮
마디 절 節

예의에 관한 / °순서와 방법

예 음식을 만든 사람에게 맛있다는 인사를 하는 것은 °최소한의 **예절**이다.

° **순서**   (무슨 일을 행하거나 무슨 일이 이루어지는) 차례

° **최소한(최소한도)** 더 이상 적게 하거나 줄일 수 없는 정도

해당하다

한자 갖출 해 該
마땅 당 當

어떤 범위나 °조건 따위에 / 정확히 맞다

예 만5세 °미만에 **해당하는** 어린이는 놀이공원 입장료가 °면제된다.

° **조건**   어떤 일이 이루어지게 하기 위하여 갖추어

야 할 것

° **미만**   정한 수나 정도에 차지 못함

° **면제되다** 책임, 의무 따위를 지지 않게 되다

다양하다

한자 많을 다 多
모양 양 樣

종류가 / 여러 가지로 / 많다

예 그 가게에서 파는 아이스크림은 종류가

다양하다.

아마

딱 잘라 말할 수는 없으나 / 어느 정도 짐작하거나 그럴 가능성이 있는 말 앞

에서 / 거의 · 대부분의 뜻으로 쓰이는 말

예 늦잠을 자면 **아마** °지각하게 될 거야.

° **지각하다** 정한 시각보다 늦게 오다

진지

밥의 높임말

예 할머니, **진지** 잡수세요.

여쭈어보다

물어보다의 높임말

예 오늘 체육 수업을 할지 말지 우리끼리 °이러쿵저러쿵 할 게 아니라 선생님

께 직접 **여쭈어보자.**

° **이러쿵저러쿵**   이러하다는 둥 저러하다는 둥 자꾸 말을 늘어놓는 모양

1 문장을 읽고, 알맞은 낱말을 써 넣어 봅시다.

1) 예의에 관한 순서와 방법

2) 어떤 범위나 조건 따위에 정확히 맞다

3) 종류가 여러 가지로 많다

4) 딱 잘라 말할 수는 없으나 어느 정도 짐작하거나
   그럴 가능성이 있는 말 앞에서 거의 · 대부분의 뜻으로 쓰이는 말

5) 밥의 높임말

6) 물어보다의 높임말

2 밑줄 친 곳에 알맞은 낱말을 써 넣어 문장을 완성해 봅시다.

1) 음식을 만든 사람에게 맛있다는 인사를 하는 것은 최소한의 _____ 이다.

2) 만5세 미만에 _____ 어린이는 놀이공원 입장료가 면제된다.

3) 그 가게에서 파는 아이스크림은 종류가 _____ .

4) 늦잠을 자면 _____ 지각하게 될 거야.

5) 할머니, _____ 잡수세요.

6) 오늘 체육 수업을 할지 말지 우리끼리 이러쿵저러쿵 할 게 아니라 선생님께 직접
   _____ .

5일 3. 알맞은 높임 표현

대화
한자 대답할 대 對
말할 화 話

*상대방과 / 이야기를 주고받음
예 그들은 저녁 식사를 하면서 즐거운 **대화**를 나눴다.
*상대방(상대편) 서로 맞서거나 마주하고 있는 맞은편의 사람

며느리

아들의 *아내
예 시아버지는 주변 사람들에게 **며느리** 자랑을 늘어놓았다.
*아내 결혼한 여자를 그 남편에 상대하여 이르는 말

드리다

'하다'를 / 겸손하게 이르는 말. 인사, 부탁, 약속, 축하 따위를 뜻하는 동작을
나타내는 낱말 뒤에 붙어, '그 동작을 공손하게 하다'는 뜻을 더해 준다
예 아이들은 반장의 *구령에 따라 선생님께 인사를 **드렸다**.
*구령 (여러 사람이 어떤 동작을 일제히 하도록) 지휘자가 말로 내리는 간단한 명령

역할
한자 부릴 역 役
나눌 할 割

자신이 마땅히 해야 할 / 맡은 일
예 이어달리기 대표로 뽑힌 아이들은 자신의 **역할**을 다하기 위해 운동장을
*부리나케 뛰었다.
*부리나케 서둘러서 아주 빠르게
비 할일, 구실, 소임

잡수다

먹다의 높임말
예 할아버지, 진지 **잡수세요**.

짐작하다
한자 짐작할 짐 斟
술 부을 작 酌

이미 알고 있는 사실에 비추어 / 무엇이 어찌할 것이라고 / 생각하다
예 성적표를 받아든 친구의 밝은 표정을 보고 점수가
잘 나왔을 거라고 **짐작했다**.
비 어림하다, 추측하다, 헤아리다

1 문장을 읽고, 알맞은 낱말을 써 넣어 봅시다.

1) 상대방과 이야기를 주고받음

2) 아들의 아내

3) '하다'를 겸손하게 이르는 말

4) 자신이 하여야 할 맡은 바의 일

5) 먹다의 높임말

6) 이미 알고 있는 사실에 비추어 무엇이 어찌할
   것이라고 생각하다

2 밑줄 친 곳에 알맞은 낱말을 써 넣어 문장을 완성해 봅시다.

1) 그들은 저녁 식사를 하면서 즐거운 _____ 를 나눴다.

2) 시아버지는 주변 사람들에게 _____ 자랑을 늘어놓았다.

3) 아이들은 반장의 구령에 따라 선생님께 인사를 _____ .

4) 이어달리기 대표로 뽑힌 아이들은 자신의 _____ 을 다하기 위해 운동장을
   부리나케 뛰었다.

5) 할아버지, 진지 _____ .

6) 성적표를 받아든 친구의 밝은 표정을 보고 점수가 잘 나왔을 거라고 _____ .

1 문장을 읽고, 알맞은 낱말을 써 넣어 봅시다.

1) 어떤 범위나 조건 따위에 정확히 맞다 _____

2) 말하는 이가 어떤 대상에 대하여 높임의 태도를
    나타내는 표현 _____

3) 곡식이나 고구마 녹말가루에 엿기름을 넣어 달게 졸인 한과 _____

4) 먼저 한 말에 다른 말을 더 보태어 말하다 _____

5) 쌀 · 보리 등의 곡식을 엿기름으로 달게 만든 후에
    끓여서 만든 묽은 엿 _____

6) 물기 · 양념 · 냄새 따위가 어떤 곳에 스며들다 _____

7) 종류가 여러 가지로 많다 _____

8) 물어보다의 높임말 _____

9) 아들의 아내 _____

10) 감자나 고구마 따위를 갈아서 그 앙금을 말린 가루 _____

11) 엿가래를 부러뜨려 그 속의 구멍 수와 크기를 비교하여
    승부를 가리는 내기 _____

12) 예의에 관한 순서와 방법 _____

13) 딱 잘라 말할 수는 없으나 어느 정도 짐작하거나 그럴
    가능성이 있는 말 앞에서 거의 · 대부분의 뜻으로 쓰이는 말 _____

14) 길고 가늘게 둥글려 뽑은 엿 _____

15) 이미 있는 것을 본보기로 삼아 그대로 만들다 _____

16) 그 정도가 다른 것보다 두드러지다 _____

17) 나이, 신분, 지위 등이 자기보다 높은 사람 _____

18) 마주 보고 있는 사람 _____

19) 찹쌀가루를 술로 반죽하여 손가락 마디만큼씩 썰어 말렸다가
기름에 튀기고 꿀과 고물을 묻혀 만든 한과 _____

20) 먹다의 높임말 _____

21) 전 따위를 부쳐 익히다 _____

22) 밥의 높임말 _____

23) 예의 바르고 겸손하게 받들어 모시다 _____

24) 국, 찌개, 한약 따위에 열을 가하여 물의 양이 적어지다 _____

25) 상대방과 이야기를 주고받음 _____

26) '하다'를 겸손하게 이르는 말 _____

27) 사람이나 물건이 조금 가늘고 긴 듯하다 _____

28) 자신이 하여야 할 맡은 바의 일 _____

29) 이미 알고 있는 사실에 비추어 무엇이 어찌할 것이라고
생각하다 _____

30) 끈적끈적한 기운 _____

2 밑줄 친 곳에 알맞은 낱말을 써 넣어 문장을 완성해 봅시다.

1) 그들은 저녁 식사를 하면서 즐거운 _____ 를 나눴다.

2) 잔칫집에서 부침개를 _____ 소리가 경쾌하게 들린다.

3) 라면을 너무 오래 끓여서 국물이 다 _____ .

4) 아이들은 반장의 구령에 따라 선생님께 인사를 _____ .

5) 문단에서 중요한 생각이 잘 _____ 중심 문장을 써야 한다.

6) 성적표를 받아든 친구의 밝은 표정을 보고 점수가 잘 나왔을 거라고 _____ .

7) 음식을 만든 사람에게 맛있다는 인사를 하는 것은 최소한의 _____ 이다.

8) 시아버지는 주변 사람들에게 _____ 자랑을 늘어놓았다.

9) 늦잠을 자면 _____ 지각하게 될 거야.

10) 미술 시간에 고흐가 그린 명화를 _____ 그림을 그렸다.

11) 이어달리기 대표로 뽑힌 아이들은 자신의 _____ 을 다하기 위해 운동장을 부리나케 뛰었다.

12) 오늘 체육 수업을 할지 말지 우리끼리 이러쿵저러쿵 할 게 아니라 선생님께 직접 _____ .

13) 옛날 사람들은 엿가래를 부러뜨려, 그 속의 구멍이 더 많고 더 큰 쪽이 이기는 _____ 를 즐겨 했다.

14) 엄마는 '최선을 다하는 것이 중요하다'고 말씀하시더니, '결과 또한 중요하다'는 말을 _____ .

15) 웃어른과 이야기를 할 때에는 _____ 을 써야 한다.

16) 그 가게에서 파는 아이스크림은 종류가 _____ .

17) 높임 표현에는 _____ 을 공경하는 마음이 담겨 있다.

18) 대화의 대상이 _____ 인지 아닌지에 따라 높임 표현이 달라진다.

19) 웃어른께 드리는 인사에는 _____ 마음이 담겨 있어야 한다.

20) 돼지고기에 양념이 _____ 하루 동안 냉장고에 넣어두었다.

21) 할아버지, 진지 _____ .

22) 할머니, _____ 잡수세요.

23) 과자가 귀했던 시절에 _____ 은 아이들에게 가장 인기 있는 간식이었다.

24) 가락엿을 먹을 때면 _____ 가 심해서 입 안에 찰싹 달라붙는다.

25) 땅콩을 꿀에 버무려 만든 _____ 은 정말 고소하고 달다.

26) _____ 에 달걀을 풀어 넣고 반죽을 만든 후 생선에 입혀서 기름에 튀기세요.

27) _____ 을 만드는 데 쓰이는 곡식으로는 쌀, 찹쌀, 옥수수, 조 따위가 있다.

28) 그녀는 얼굴 윤곽선이 _____ 부드러운 느낌을 주었다.

29) 가래떡을 _____ 에 찍어 먹으면 정말 맛있다.

30) 만5세 미만에 _____ 어린이는 놀이공원 입장료가 면제된다.

심부름

남의 *지시나 *부탁을 받고 / 일을 대신함

㉺ 학생들은 선생님의 **심부름**으로 과학실에 가서 실험 기구를 가져왔다.

* **지시**　　어떤 일을 일러서 시킴

* **부탁**　　어떤 일을 해 달라고 요청하거나 맡김

투명
한자 통할 투 透
　　밝을 명 明

흐리지 않고 / 속까지 *환히 / *비침

㉺ 수학 시간에 교과서 위에 **투명** 종이를 대고 사각
　형을 본떠서 그렸다.

* **환히**　　가린 것이 없어 잘 드러난 상태에 있게

* **비침**　　투명하거나 얇은 것을 통하여 드러나 보임

대본
한자 대 대 臺
　　근본 본 本

연극을 하거나 · 영화를 만들기 위해 / 무대의 모습, 이야기의 상황과 배경, 배우의 행동과 대사 따위를 / 적은 글

㉺ 아이들은 *학예 발표회에서 *상연할 연극 **대본**을 열심히 암기했다.

* **학예**　　학문과 예능(연극, 영화, 음악, 미술 따위의 예술과 관련된 능력)을 통틀어
　　　　　　이르는 말

* **상연**　　연극을 무대 위에서 펼쳐 보임

축하
한자 빌 축 祝
　　하례할 하 賀

남의 좋은 일에 / 기뻐하고 즐거워하는 마음을 전하기 위해 / 인사함 또는 그런
인사

㉺ 생신을 **축하** 드리는 마음을 담아 할머니께 편지를 썼다.

위로
한자 위로할 위 慰
　　일할 로 勞

따뜻한 말이나 행동으로 / 괴로움을 덜어줌 또는 슬픔을 달래 줌

㉺ 선생님께 꾸중을 들어서 속상해 하는 친구를 **위로**해 주었다.

친절하다
한자 친할 친 親
　　끊을 절 切

말이나 행동이 매우 / *정답고 · 공손하고 · 부드럽다

㉺ 엄마는 백화점 직원의 **친절한** 안내를 받으며 옷을
　골랐다.

* **정답다**　　정이 있어 따뜻하다

1 **문장을 읽고, 알맞은 낱말을 써 넣어 봅시다.**

1) 남의 지시나 부탁을 받고 일을 대신함

2) 흐리지 않고 속까지 환히 비침

3) 연극을 하거나 · 영화를 만들기 위해 무대의 모습,
　　이야기의 상황과 배경, 배우의 행동과 대사 따위를 적은 글

4) 남의 좋은 일에 기뻐하고 즐거워하는 마음을 전하기 위해
　　인사함 또는 그런 인사

5) 따뜻한 말이나 행동으로 괴로움을 덜어 줌 또는 슬픔을 달래 줌

6) 말이나 행동이 매우 정답고 · 공손하고 · 부드럽다

2 **밑줄 친 곳에 알맞은 낱말을 써 넣어 문장을 완성해 봅시다.**

1) 학생들은 선생님의 _____ 으로 과학실에 가서 실험 기구를 가져왔다.

2) 수학 시간에 교과서 위에 _____ 종이를 대고 사각형을 본떠서 그렸다.

3) 아이들은 학예 발표회에서 상연할 연극 _____ 을 열심히 암기했다.

4) 생신을 _____ 드리는 마음을 담아 할머니께 편지를 썼다.

5) 선생님께 꾸중을 들어서 속상해 하는 친구를 _____ 해 주었다.

6) 엄마는 백화점 직원의 _____ 안내를 받으며 옷을 골랐다.

편지를 읽고 마음을 나타내는 말 익히기 | 교과서 114~117쪽 |

제대로　　알맞은 정도로

[예] 늦잠을 자는 바람에 아침밥을 **제대로** 못 먹었더니 배가 너무 고프다.

경주

한자 다툴 경 競
　　달릴 주 走

사람, 자동차, 동물 등이 / 일정한 거리를 달려 / *빠르기를 *겨룸

[예] 체육 시간에 *팀을 나눠서 이어달리기 **경주**를 했다.

* **빠르기**　물체 따위의 움직임이 빠르고 느린 정도
* **겨룸**　서로 맞서 힘이나 승부를 다투는 일
* **팀**　편을 나눠서 하는 운동 경기에서 같은 조(단체)를
　　　　이르는 말

속상하다

한자 다칠 상 傷

화가 나거나 · 걱정이 되어 / 마음이 불편하고 · 괴롭고
· *우울하다

[예] 소중히 여기는 샤프를 잃어버려서 **속상하다**.

* **우울하다**　답답하거나 걱정스러워 기운이 없다

오히려　　생각한 것과 / 반대가 되거나 · 다르게

[예] 나는 그 일이 *전적으로 친구의 잘못이라고 생각하는데, **오히려** 친구는 모
　　든 게 다 내 잘못이라고 *둘러대니 정말 당황스럽다.

* **전적**　　하나도 남김없이 모두 다
* **둘러대다**　(이유나 핑계 따위를) 말로 그럴듯하게 꾸며 대다

아쉽다　　*안타깝고 · *만족스럽지 못하다

[예] 여름 방학을 시작한 게 *엊그제 같은데, 벌써 끝나서 무척 **아쉽다**.

* **안타깝다**　(일이 뜻대로 되지 않아) 속이 타는 듯이 몹시 걱정이 되고 답답하다
* **만족스럽다**　(사람이 어떤 일이나 행위가) 모자람이 없이 마음에 들어 흐뭇한 데가 있다
* **엊그제**　이삼일 전에. 또는 며칠 전에

기특하다

한자 기특할 기 奇
　　특별할 특 特

말이나 행동이 / *대견하고 · *귀염성이 있다

[예] 내 동생은 어리지만, 엄마를 생각하는 마음이 참 **기특하다**.

* **대견하다**　말과 행동이 보기에 만족스럽고 자랑스럽다
* **귀염성**　귀염(예쁘거나 애교가 있어 사랑스러움)을 받을 만한 성질

1 문장을 읽고, 알맞은 낱말을 써 넣어 봅시다.

1) 알맞은 정도로

2) 사람, 자동차, 동물 등이 일정한 거리를 달려 빠르기를 겨룸

3) 화가 나거나 · 걱정이 되어 마음이 불편하고 · 괴롭고 · 우울하다

4) 생각한 것과 반대가 되거나 · 다르게

5) 안타깝고 만족스럽지 못하다

6) 말이나 행동이 대견하고 귀염성이 있다

2 밑줄 친 곳에 알맞은 낱말을 써 넣어 문장을 완성해 봅시다.

1) 늦잠을 자는 바람에 아침밥을 _____ 못 먹었더니 배가 너무 고프다.

2) 체육 시간에 팀을 나눠서 이어달리기 _____ 를 했다.

3) 소중히 여기는 샤프를 잃어버려서 _____ .

4) 나는 그 일이 전적으로 친구의 잘못이라고 생각하는데, _____ 친구는 모든 게 다 내 잘못이라고 둘러대니 정말 당황스럽다.

5) 여름 방학을 시작한 게 엊그제 같은데, 벌써 끝나서 무척 _____ .

6) 내 동생은 어리지만, 엄마를 생각하는 마음이 참 _____ .

꾸준히

쉬거나·중간에 끊어짐이 없이 / 처음부터 끝까지 / 변함없이

예 우등생들은 매일 **꾸준히** 공부하는 습관을 갖고 있다.

실망

한자 잃을 실 失
바랄 망 望

일이 바라는 대로 되지 않아 / 마음이 / 몹시 •상함

예 내 성적표를 본 엄마의 얼굴에는 **실망**의 빛이 •역력했다.

• **상하다**   근심, 슬픔, 노여움 따위로 마음에 들지 않거나
              불쾌하게 여기다

• **역력하다**   훤히 알 수 있게 분명하고 또렷하다

분명

한자 나눌 분 分
밝을 명 明

틀림없이 또는 확실하게

예 책가방에 물감을 **분명** 넣었는데, 교실에 와서 책가방을 열어 보니 물감이
   보이지 않았다.

챙기다

•필요한 물건을 / 빠짐이 없도록 / •살피거나·•갖추다

예 동생은 체험 학습에 가서 먹을 간식을 소풍 가방에 **챙겼다**.

• **필요하다**   반드시 쓸 곳이 있다

• **살피다**   주의하여 두루두루 자세히 보다

• **갖추다**   있어야 할 것을 가지거나 차리다

꾸중(꾸지람)

잘못을 꾸짖는 / 말

예 **꾸중**을 들은 아이는 작은 목소리로 •응얼거렸다.

• **응얼거리다**   (사람이) 남이 알아듣지 못할 말이나 불평
                 따위를 입속말로 자꾸 중얼거리다
                 (남이 잘 알아듣기 어려울 정도로 낮고
                 작은 목소리로 혼잣말을 자꾸 하다)

출근하다

한자 날 출 出
부지런할 근 勤

•직장에 / 일하러 나가다

예 엄마는 **출근하는** 길에 아이를 차에 태워서 학교 근처에 내려 준다.

• **직장**   돈을 받으며 맡은 일을 하는 곳

편지를 읽고 마음을 나타내는 말 익히기 | 교과서 114~117쪽 |

글을 읽고 글쓴이의 마음 짐작하기 | 교과서 118~123쪽 |

1 문장을 읽고, 알맞은 낱말을 써 넣어 봅시다.

1) 쉬거나 · 중간에 끊어짐이 없이 처음부터 끝까지 변함없이

2) 일이 바라는 대로 되지 않아 마음이 몹시 상함

3) 틀림없이 또는 확실하게

4) 필요한 물건을 빠짐이 없도록 살피거나 · 갖추다

5) 잘못을 꾸짖는 말

6) 직장에 일하러 나가다

2 밑줄 친 곳에 알맞은 낱말을 써 넣어 문장을 완성해 봅시다.

1) 우등생들은 매일 _____ 공부하는 습관을 갖고 있다.

2) 내 성적표를 본 엄마의 얼굴에는 _____ 의 빛이 역력했다.

3) 책가방에 물감을 _____ 넣었는데, 교실에 와서 책가방을 열어 보니 물감이 보이지 않았다.

4) 동생은 체험 학습에 가서 먹을 간식을 소풍 가방에 _____ .

5) _____ 을 들은 아이는 작은 목소리로 응얼거렸다.

6) 엄마는 _____ 길에 아이를 차에 태워서 학교 근처에 내려 준다.

4일 4. 내 마음을 편지에 담아

공중전화

한자 공평할 공 公
무리 중 衆
번개 전 電
말할 화 話

여러 사람이 요금을 내고 사용하도록 / *공공장소에 *설치한 / 전화

㉠ 휴대폰이 *보급되면서 **공중전화**를 이용하는 사람이 많이 줄었다.

* **공공장소** 여러 사람이 함께 이용하는 장소
* **설치하다** (기계, 설비 따위를 장소에) 마련하여 갖추다
* **보급되다** (무엇이) 세상에 널리 퍼져 골고루 알려지거나 사용되다

수화기

한자 받을 수 受
말할 화 話
그릇 기 器

전화기에서 / *음성을 받고 보내는 / 부분

㉠ 아이의 전화를 기다렸던 엄마는 전화벨이
울리자마자 **수화기**를 들었다.

* **음성** 사람의 목소리

평소

특별한 일이 없는 / 보통 때

㉠ 나는 뷔페에 가면 *어김없이 **평소**보다 *과식을 한다.

* **어김없이** 어기는 일이 없이. 틀림없이
* **과식** 지나치게 많이 먹음
* 비 평상시, 평시, 평일

단짝

서로 뜻이 맞거나 · 매우 친해서 / 늘 함께 어울리는 사이 또는 그러한 친구

㉠ 오늘은 자리를 바꾸는 날인데, 놀랍게도 **단짝**의 옆자리에 앉게 되었다.

무뚝뚝하다

말, 행동, 표정 따위가 / 부드럽고 상냥스러운 면이 없어 / *정답지 않다

㉠ 그녀는 화난 사람처럼 **무뚝뚝한** 표정을 지었다.

* **정답다** 정이 있어 마음이 따뜻하고 포근하다

틈틈이

*겨를이 / 있을 때마다

㉠ 학교와 학원을 오가는 길에 **틈틈이** 영어 단어를 외웠다.

* **겨를** 일을 하다가 쉬게 되는 잠깐의 시간
* 비 짬짬이

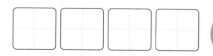

1 문장을 읽고, 알맞은 낱말을 써 넣어 봅시다.

1) 여러 사람이 요금을 내고 사용하도록
   공공장소에 설치한 전화

2) 전화기에서 음성을 받고 보내는 부분

3) 특별한 일이 없는 보통 때

4) 서로 뜻이 맞거나·매우 친해서 늘 함께 어울리는 사이
   또는 그러한 친구

5) 말, 행동, 표정 따위가 부드럽고
   상냥스러운 면이 없어 정답지 않다

6) 겨를이 있을 때마다

2 밑줄 친 곳에 알맞은 낱말을 써 넣어 문장을 완성해 봅시다.

1) 휴대폰이 보급되면서 _____ 를 이용하는 사람이 많이 줄었다.

2) 아이의 전화를 기다렸던 엄마는 전화벨이 울리자마자 _____ 를 들었다.

3) 나는 뷔페에 가면 어김없이 _____ 보다 과식을 한다.

4) 오늘은 자리를 바꾸는 날인데, 놀랍게도 _____ 의 옆자리에 앉게 되었다.

5) 그녀는 화난 사람처럼 _____ 표정을 지었다.

6) 학교와 학원을 오가는 길에 _____ 영어 단어를 외웠다.

4. 내 마음을 편지에 담아

옥상

한자 집 옥 屋
윗 상 上

지붕 위에 / *편평하게 만든 / 곳

예 옥상에 올라 밤하늘을 바라보면 별이 더 가깝게 느껴진다.

* 편평하다 (무엇의 바닥이나 표면이) 높낮이가 없이 넓고 고르다

뒤덮이다

일정한 지역이나 *공간이 / 어떤 사물로 / 남김없이 *모조리 / 덮여서 가려지다

예 밤새 함박눈이 내려서 온 세상이 새하얀 눈으로 **뒤덮였다.**

* 공간   물질 · 물체가 존재할 수 있거나 어떤 일이

일어날 수 있는 자리

* 모조리   하나도 빠지지 않고 모두

감격하다

한자 느낄 감 感
격할 격 激

마음에 깊이 느껴 / 크게 *감동하다

예 엄마는 내 편지를 읽으시더니 **감격하여** 눈물을 흘리셨다.

* 감동하다 (어떤 사람이 일이나 말, 다른 사람에게) 깊고 강하게 느껴 마음이 움직이다

비 감동하다

쿵쿵거리다

심장이나 가슴이 / 세게 자꾸 뛰다

예 *발표할 차례가 되자 심장이 마구 **쿵쿵거렸다.**

* 발표하다   어떤 사실이나 내용을 드러내어 널리 알리다

휴업

한자 쉴 휴 休
업 업 業

*일시적으로 *중단하고 / 한동안 쉼

예 오늘은 학교가 **휴업**을 해서 하루 종일 집에 있었다.

* 일시적   잠시 동안의 짧은 때나 한동안만 일어나거나 나타나는 (것)

* 중단하다   일이 끝나지 않고 진행되는 중간에 멈추거나 그만두다

팻말

한자 패 패 牌

어떤 내용을 알리기 위해 / 글 따위를 써 놓은 / 네모난 조각

예 복도에 우측통행이라고 적힌 **팻말**이 붙어 있었지만

아이들은 *아랑곳하지 않고 *사방으로 뛰어다녔다.

* 아랑곳하다   (어떤 일에 대하여) 관심을 갖거나 참견하다

* 사방   모든 곳 또는 여러 곳을 비유적으로 이르는 말

마음이 잘 드러나게 편지 쓰기 | 평범한 곳 속 이야기 | 교과서 124~130쪽

1 　문장을 읽고, 알맞은 낱말을 써 넣어 봅시다.

1) 지붕 위에 편평하게 만든 곳

2) 일정한 지역이나 공간이 어떤 사물로 남김없이 모조리 덮여서 가려지다

3) 마음에 깊이 느껴 크게 감동하다

4) 심장이나 가슴이 세게 자꾸 뛰다

5) 일시적으로 중단하고 한동안 쉼

6) 어떤 내용을 알리기 위해하여 글 따위를 써 놓은 네모난 조각

2 　밑줄 친 곳에 알맞은 낱말을 써 넣어 문장을 완성해 봅시다.

1) _____ 에 올라 밤하늘을 바라보면 별이 더 가깝게 느껴진다.

2) 밤새 함박눈이 내려서 온 세상이 새하얀 눈으로 _____ .

3) 엄마는 내 편지를 읽으시더니 _____ 눈물을 흘리셨다.

4) 발표할 차례가 되자 심장이 마구 _____ .

5) 오늘은 학교가 _____ 을 해서 하루 종일 집에 있었다.

6) 복도에 우측통행이라고 적힌 _____ 이 붙어 있었지만 아이들은 아랑곳하지 않고 사방으로 뛰어다녔다.

1 문장을 읽고, 알맞은 낱말을 써 넣어 봅시다.

1) 안타깝고 만족스럽지 못하다 _____

2) 일시적으로 중단하고 한동안 쉼 _____

3) 지붕 위에 편평하게 만든 곳 _____

4) 알맞은 정도로 _____

5) 말이나 행동이 매우 정답고 공손하고 부드럽다 _____

6) 연극을 하거나 · 영화를 만들기 위해 무대의 모습, 이야기의
   상황과 배경, 배우의 행동과 대사 따위를 적은 글 _____

7) 전화기에서 음성을 받고 보내는 부분 _____

8) 심장이나 가슴이 세게 자꾸 뛰다 _____

9) 직장에 일하러 나가다 _____

10) 흐리지 않고 속까지 환히 비침 _____

11) 말이나 행동이 대견하고 귀염성이 있다 _____

12) 일정한 지역이나 공간이 어떤 사물로 남김없이
    모조리 덮여서 가려지다 _____

13) 여러 사람이 요금을 내고 사용하도록 공공장소에 설치한 전화_____

14) 틀림없이 또는 확실하게 _____

15) 말, 행동, 표정 따위가 부드럽고 상냥스러운 면이 없어
    정답지 않다 _____

16) 특별한 일이 없는 보통 때 ＿＿＿＿＿＿＿

17) 겨를이 있을 때마다 ＿＿＿＿＿＿＿

18) 마음에 깊이 느껴 크게 감동하다 ＿＿＿＿＿＿＿

19) 쉬거나ㆍ중간에 끊어짐이 없이 처음부터 끝까지 변함없이 ＿＿＿＿＿＿＿

20) 일이 바라는 대로 되지 않아 마음이 몹시 상함 ＿＿＿＿＿＿＿

21) 남의 지시나 부탁을 받고 일을 대신함 ＿＿＿＿＿＿＿

22) 서로 뜻이 맞거나ㆍ매우 친해서 늘 함께 어울리는 사이
    또는 그러한 친구 ＿＿＿＿＿＿＿

23) 잘못을 꾸짖는 말 ＿＿＿＿＿＿＿

24) 사람, 자동차, 동물 등이 일정한 거리를 달려 빠르기를 겨룸 ＿＿＿＿＿＿＿

25) 남의 좋은 일에 기뻐하고 즐거워하는 마음을 전하기 위해
    인사함 또는 그런 인사 ＿＿＿＿＿＿＿

26) 화가 나거나ㆍ걱정이 되어 마음이 불편하고ㆍ괴롭고ㆍ
    우울하다 ＿＿＿＿＿＿＿

27) 따뜻한 말이나 행동으로 괴로움을 덜어 줌 또는
    슬픔을 달래 줌 ＿＿＿＿＿＿＿

28) 생각한 것과 반대가 되거나ㆍ다르게 ＿＿＿＿＿＿＿

29) 필요한 물건을 빠짐이 없도록 살피거나 갖추다 ＿＿＿＿＿＿＿

30) 어떤 내용을 알리기 위해 글 따위를 써 놓은 네모난 조각 ＿＿＿＿＿＿＿

2 밑줄 친 곳에 알맞은 낱말을 써 넣어 문장을 완성해 봅시다.

1) 그녀는 화난 사람처럼 _____ 표정을 지었다.

2) 학생들은 선생님의 _____ 으로 과학실에 가서 실험 기구를 가져왔다.

3) 책가방에 물감을 _____ 넣었는데, 교실에 와서 책가방을 열어 보니 물감이 보이지 않았다.

4) 생신을 _____ 드리는 마음을 담아 할머니께 편지를 썼다.

5) 엄마는 내 편지를 읽으시더니 _____ 눈물을 흘리셨다.

6) 동생은 체험 학습에 가서 먹을 간식을 소풍 가방에 _____ .

7) 늦잠을 자는 바람에 아침밥을 _____ 못 먹었더니 배가 너무 고프다.

8) 소중히 여기는 샤프를 잃어버려서 _____ .

9) 오늘은 학교가 _____ 을 해서 하루 종일 집에 있었다.

10) 나는 뷔페에 가면 어김없이 _____ 보다 과식을 한다.

11) 내 동생은 어리지만, 엄마를 생각하는 마음이 참 _____ .

12) 우등생들은 매일 _____ 공부하는 습관을 갖고 있다.

13) 아이들은 학예 발표회에서 상연할 연극 _____ 을 열심히 암기했다.

14) 내 성적표를 본 엄마의 얼굴에는 _____ 의 빛이 역력했다.

15) _____ 을 들은 아이는 작은 목소리로 응얼거렸다.

16) 체육 시간에 팀을 나눠서 이어달리기 _____ 를 했다.

17) 휴대폰이 보급되면서 _____ 를 이용하는 사람이 많이 줄었다.

18) 선생님께 꾸중을 들어서 속상해 하는 친구를 _____ 해 주었다.

19) 오늘은 자리를 바꾸는 날인데, 놀랍게도 _____ 의 옆자리에 앉게 되었다.

20) 학교와 학원을 오가는 길에 _____ 영어 단어를 외웠다.

21) _____ 에 올라 밤하늘을 바라보면 별이 더 가깝게 느껴진다.

22) 아이의 전화를 기다렸던 엄마는 전화벨이 울리자마자 _____ 를 들었다.

23) 밤새 함박눈이 내려서 온 세상이 새하얀 눈으로 _____ .

24) 엄마는 _____ 길에 아이를 차에 태워서 학교 근처에 내려 준다.

25) 발표할 차례가 되자 심장이 마구 _____ .

26) 엄마는 백화점 직원의 _____ 안내를 받으며 옷을 골랐다.

27) 복도에 우측통행이라고 적힌 _____ 이 붙어 있었지만 아이들은 아랑곳하지 않고 사방으로 뛰어다녔다.

28) 수학 시간에 교과서 위에 _____ 종이를 대고 사각형을 본떠서 그렸다.

29) 여름 방학을 시작한 게 엊그제 같은데, 벌써 끝나서 무척 _____ .

30) 나는 그 일이 전적으로 친구의 잘못이라고 생각하는데, _____ 친구는 모든 게 다 내 잘못이라고 둘러대니 정말 당황스럽다.

| 마음이 잘 드러나게 편지 쓰기 / 이야기를 읽고 받는 사람에게 마음 전하기 | 교과서 124~130쪽 |

걸다
물체를 / 벽이나 · 못 따위에 / 매달아 올려놓다
예) 선생님은 학생들이 미술 시간에 그린 그림들을 교실 뒤에 **걸었다**.

굉장하다
한자 클 굉 宏
씩씩할 장 壯
아주 *훌륭하고 · *뛰어나다
예) 아이의 수학 실력은 소문대로 **굉장했다**.
*훌륭하다 (썩 좋아서) 나무랄 곳이 없다
*뛰어나다 여럿 중에서 두드러지게 낫거나 앞서 있다
비 엄청나다, 대단하다, 상당하다

취직(취업)
한자 나아갈 취 就
직분 직 職
직업을 얻어 / 직장에 나감
예) 대학을 졸업한 이모가 **취직**을 해서 어제부터 직장에 출근했다.

형식
한자 모양 형 形
법 식 式
설명문, 일기, 편지 따위의 / 글을 쓰는 / 일정한 방법
예) 편지를 **형식**에 맞게 쓰기 위해서는 '받을 사람, 첫인사, 전하고 싶은 말, 끝인사, 쓴 날짜, 쓴 사람'이 편지의 내용에 들어 있어야 한다.

유쾌하다
한자 즐거울 유 愉
쾌할 쾌 快
즐겁고 · 상쾌하다
예) 친구들과 함께 노는 시간은 정말 **유쾌하다**.

되풀이하다
같은 말이나 일을 / 계속해서 / 하고 또 하다
예) 문제를 푸는데 똑같은 실수를 자꾸 **되풀이해서** 정말 짜증난다.
비 반복하다, 거듭하다

1　문장을 읽고, 알맞은 낱말을 써 넣어 봅시다.

1) 물체를 벽이나·못 따위에 매달아 올려놓다

2) 아주 훌륭하고·뛰어나다

3) 직업을 얻어 직장에 나감

4) 설명문, 일기, 편지 따위의 글을 쓰는 일정한 방법

5) 즐겁고·상쾌하다

6) 같은 말이나 일을 계속해서 하고 또 하다

2　밑줄 친 곳에 알맞은 낱말을 써 넣어 문장을 완성해 봅시다.

1) 선생님은 학생들이 미술 시간에 그린 그림들을 교실 뒤에 _____ .

2) 아이의 수학 실력은 소문대로 _____ .

3) 대학을 졸업한 이모가 _____ 을 해서 어제부터 직장에 출근했다.

4) 편지를 _____ 에 맞게 쓰기 위해서는 '받을 사람, 첫인사, 전하고 싶은 말, 끝인사, 쓴 날짜, 쓴 사람'이 편지의 내용에 들어 있어야 한다.

5) 친구들과 함께 노는 시간은 정말 _____ .

6) 문제를 푸는데 똑같은 실수를 자꾸 _____ 정말 짜증난다.

풍부하다
한자 풍년 풍 豊
부유할 부 富

경험 · 지식 · 감정 따위가 / 폭넓고 깊다
예 한 낱말을 되풀이해서 쓰기보다는 쓰임에 따라 뜻이 비슷한 다른 낱말로
바꾸어 사용하면 내용을 더 **풍부하게** 할 수 있다.

대단하다

수준이나 정도가 / 매우 특별하고 · 뛰어나다
예 아이의 축구 실력은 초등학생이라고 믿을 수 없을 만큼 **대단했다.**

엄청나다

양이나 정도가 / 생각보다 / 많다 또는 아주 심하다
예 오늘 숙제가 **엄청나게** 많아서 잠을 늦게 자야 할 것 같다.

근사하다
한자 가까울 근 近
닮을 사 似

무엇이 / 그럴듯하게 괜찮다 또는 썩 훌륭하다
예 ˚무심코 들어간 음식점의 분위기가 꽤 **근사했다.**
˚**무심코**　아무런 생각이나 뜻이 없이

산골짜기
(산골, 골짜기)
한자 메 산 山

산과 산 사이의 / ˚우묵하게 들어간 / 곳
예 산골짜기에 자리잡은 작은 산동네는 산그늘에
덮여 햇빛도 들지 않았다.
˚**우묵하다**　가운데가 둥그스름하게 푹 패거나 들어가
있는 상태이다

산울림(메아리)
한자 메 산 山

울려 퍼져 가던 소리가 / 산이나 절벽 따위에 부딪쳐 / ˚다시 울림 또는 다시
˚울려오는 소리
예 산 정상에 올라 "야호!"라고 외치자 **메아리**가 온 산에 울려 퍼졌다.
˚**다시**　　이전 상태나 행동이 그쳤다가 이어지면서 새로이 또
˚**울려오다**　좀 떨어진 곳으로부터 퍼져서 들려오다

1 문장을 읽고, 알맞은 낱말을 써 넣어 봅시다.

1) 경험 · 지식 · 감정 따위가 폭넓고 깊다

2) 수준이나 정도가 매우 특별하고 · 뛰어나다

3) 양이나 정도가 생각보다 많다 또는 아주 심하다

4) 무엇이 그럴듯하게 괜찮다 또는 썩 훌륭하다

5) 산과 산 사이의 우묵하게 들어간 곳

6) 울려 퍼져 가던 소리가 산이나 절벽 따위에 부딪쳐 다시 울림 또는 다시 울려오는 소리

7주 2일

2 밑줄 친 곳에 알맞은 낱말을 써 넣어 문장을 완성해 봅시다.

1) 한 낱말을 되풀이해서 쓰기보다는 쓰임에 따라 뜻이 비슷한 다른 낱말로 바꾸어 사용하면 내용을 더 _____ 할 수 있다.

2) 아이의 축구 실력은 초등학생이라고 믿을 수 없을 만큼 _____ .

3) 오늘 숙제가 _____ 많아서 잠을 늦게 자야 할 것 같다.

4) 무심코 들어간 음식점의 분위기가 꽤 _____ .

5) _____ 에 자리잡은 작은 산동네는 산그늘에 덮여 햇빛도 들지 않았다.

6) 산 정상에 올라 "야호!"라고 외치자 _____ 가 온 산에 울려 퍼졌다.

벌떡벌떡

맥박이나 심장이 / 거칠고 크게 / 자꾸 뛰는 모양

예 무단횡단을 하다가 차에 부딪힐 뻔해서 심장이 **벌떡벌떡** 뛰었다.

주변

한자 두루 주 周
가 변 邊

어떤 대상의 / °둘레

예 학생들은 학교 **주변**에 버려진 쓰레기를 줍는 봉사 활동을 했다.

° 둘레   사물의 테두리나 바깥 언저리(둘레의 경계가 되는 부분이나 그 가까이)

비 둘레, 언저리, 주위, 가장자리

메모

영어 memo

어떤 사실을 / 짤막하게 °요점만 글로 적음 또는 그렇게 적은 글

예 나는 동생에게 **메모**를 남기기 위해 공책 한 장을 뜯었다.

° 요점   가장 중요한 내용

대강
(대강령)

한자 큰 대 大
벼리 강 綱

자세하지 않은 / 기본적인 부분만을 따 낸 / °줄거리

예 지금 시간이 별로 없으니 자세히 말고 **대강**의 내용만 말해 주세요.

° 줄거리   군더더기(쓸데없이 덧붙은 것)를 다 떼어 버리고, 핵심만 담은 내용

비 요지, 줄거리

자료

한자 재물 자 資
헤아릴 료 料

연구나 조사 따위의 / °바탕이 되는 / 재료

예 지난 주 토요일에 친구들과 함께 수업 시간에 발표할 **자료**를 만들었다.

° 바탕   (무엇이나 어떤 일의) 뼈대나 틀, 근본을 이루는 기초가 되는 부분

간단히

한자 대쪽 간 簡
홑 단 單

짧고 단순하게

예 학부모 공개 수업이라 °긴장을 했는지 아이들은 °저마다 발표를 **간단히** 마쳤다.

° 긴장   (마음을 늦추지 않고) 정신을 바짝 차림

° 저마다   각각의 사람이나 사물마다

세로 탭: 마음을 담아 편지 쓰기 | 교과서 131~133쪽 | 글의 핵심 정리 나누기 | 교과서 134~139쪽 |

1 **문장을 읽고, 알맞은 낱말을 써 넣어 봅시다.**

1) 맥박이나 심장이 거칠고 크게 자꾸 뛰는 모양

2) 어떤 대상의 둘레

3) 어떤 사실을 짤막하게 요점만 글로 적음 또는 그렇게 적은 글

4) 자세하지 않은 기본적인 부분만을 따 낸 줄거리

5) 연구나 조사 따위의 바탕이 되는 재료

6) 짧고 단순하게

7주
3일

2 **밑줄 친 곳에 알맞은 낱말을 써 넣어 문장을 완성해 봅시다.**

1) 무단횡단을 하다가 차에 부딪힐 뻔해서 심장이 _____ 뛰었다.

2) 학생들은 학교 _____ 에 버려진 쓰레기를 줍는 봉사 활동을 했다.

3) 나는 동생에게 _____ 를 남기기 위해 공책 한 장을 뜯었다.

4) 지금 시간이 별로 없으니 자세히 말고 _____ 의 내용만 말해 주세요.

5) 지난 주 토요일에 친구들과 함께 수업 시간에 발표할 _____ 를 만들었다.

6) 학부모 공개 수업이라 긴장을 했는지 아이들은 저마다 발표를 _____ 마쳤다.

5. 중요한 내용을 적어요

견학

한자 볼 견 見
배울 학 學

어떤 장소를 *방문하여 / 지식을 배움

예 학생들은 박물관에 가서 **견학**을 했다.

*방문하다 사람을 찾아가 만나거나, 장소를 찾아가서 보다

과제

한자 공부할 과 課
제목 제 題

교사나 교수가 학생들에게 내어 주는 / 연구 문제

예 학생들은 고장에서 자랑할 만한 장소를 소개하는 **과제**를 *수행하기 위해
고장과 관련된 누리집을 *조사했다.

*수행하다 (사람이 기대되거나 지정된 일을) 적절히 해내다

*조사하다 (일이나 사실 따위를 확실히 알기 위하여) 자세히 살펴보거나 찾아보다

해결하다

한자 풀 해 解
결단할 결 決

얽힌 일을 풀어서 / 잘 *처리하다 또는 문제를 풀어서 / *결말을 짓다

예 친구와 사이가 멀어진 문제를 어떻게 **해결하면** 좋을지 모르겠다.

*처리하다 일을 정해진 차례와 방법에 따라 정리하다. 또는 끝맺다

*결말 어떤 일이 마무리되는 끝

비 풀다

안내하다

한자 책상 안 案
안 내 內

어떤 내용을 *소개하여 / 알려 주다

예 문화유산 해설사는 관람객들에게 박물관 곳곳에 무엇이
있는지 **안내했다.**

*소개 잘 알려지지 않았거나, 모르는 내용이나 사실을
사람들에게 알리는 일

분명히

한자 나눌 분 分
밝을 명 明

어떤 사실이 / 틀림없이 확실하다

예 교실을 나올 때 문을 **분명히** 잠갔는데, 문이 열려 있다니 참 이상하네.

비 명백히, 확실히, 명확히

전시관

한자 펼 전 展
보일 시 示
집 관 館

무엇을 *전시하기 위하여 세운 / 건물

예 공룡 **전시관**에는 *관람객들로 가득했다.

*전시 여러 가지 물품 따위를 벌여 놓고 사람들에게 보임

*관람객 공연이나 전시회 따위를 구경하는 사람

1　문장을 읽고, 알맞은 낱말을 써 넣어 봅시다.

1)　어떤 장소를 방문하여 지식을 배움

2)　교사나 교수가 학생들에게 내어 주는 연구 문제

3)　얽힌 일을 풀어서 잘 처리하다 또는 문제를 풀어서 결말을 짓다

4)　어떤 내용을 소개하여 알려 주다

5)　어떤 사실이 틀림없이 확실하다

6)　무엇을 전시하기 위하여 세운 건물

7주
4일

2　밑줄 친 곳에 알맞은 낱말을 써 넣어 문장을 완성해 봅시다.

1)　학생들은 박물관에 가서 _____ 을 했다.

2)　학생들은 고장에서 자랑할 만한 장소를 소개하는 _____ 를 수행하기 위해 고장과 관련된 누리집을 조사했다.

3)　친구와 사이가 멀어진 문제를 어떻게 _____ 좋을지 모르겠다.

4)　문화유산 해설사는 관람객들에게 박물관 곳곳에 무엇이 있는지 _____ .

5)　교실을 나올 때 문을 _____ 잠갔는데, 문이 열려 있다니 참 이상하네.

6)　공룡 _____ 에는 관람객들로 가득했다.

도움

어떤 일이 잘되도록 / 곁에서 남을 도와주는 일

예 다리를 다쳤지만 친구의 **도움**으로 1층까지 *무사히 내려올 수 있었다.

* 무사히   아무 탈(뜻밖에 일어난 걱정할 만한 사고) 없이 편안하게. 아무런 일이 없이

한살이

태어나서 죽을 때**까지의 / *동안**

예 식물의 씨가 싹 터서 자라며, 꽃이 피고 열매를 맺어 *다시 씨가
만들어지는 과정을 식물의 **한살이**라고 한다.

* 동안   어느 때부터 어느 때까지의 시간의 길이

* 다시   이전 상태나 행동을 되풀이해서

비 일생, 평생

자손

한자 아들 자 子
손자 손 孫

자식과 *손자를 / 아울러 이르는 말

예 동물이 태어나서 어린 시절을 보내고 성장해서 **자손**을 남기고 죽을 때까지의 과정을 동물의 한살이라고 한다.

* 손자   자녀의 아들

간추리다

글 따위에서 / 중요한 점만을 골라서 / 짧고 간단하게 / 가려 뽑다

예 동화책을 다 읽고 나서 독서 기록장에 줄거리를
간추렸다.

비 요약하다, 개괄하다

복

한자 복 복 福

삶에서 누리는 / 행운과 행복

예 우리 조상들은 제비가 **복**과 재물을 가져다준다고 믿었다.

강남

한자 강 강 江
남녘 남 南

중국 양쯔 강의 남쪽 지방. 흔히 '남쪽의 먼 곳' 이라는 뜻으로 쓰임

예 **강남** 갔던 제비가 돌아온 것을 보니 이제 정말 봄인가보다.

1 문장을 읽고, 알맞은 낱말을 써 넣어 봅시다.

1) 어떤 일이 잘되도록 곁에서 남을 도와주는 일 ☐☐

2) 태어나서 죽을 때까지의 동안 ☐☐☐

3) 자식과 손자를 아울러 이르는 말 ☐☐

4) 글 따위에서 중요한 점만을 골라서 간단하게 가려 뽑다 ☐☐☐☐

5) 삶에서 누리는 행운과 행복 ☐

6) 중국 양쯔 강의 남쪽 지방. 흔히 '남쪽의 먼 곳'이라는 뜻으로 쓰임 ☐☐

2 밑줄 친 곳에 알맞은 낱말을 써 넣어 문장을 완성해 봅시다.

1) 다리를 다쳤지만 친구의 _____ 으로 1층까지 무사히 내려올 수 있었다.

2) 식물의 씨가 싹 터서 자라며, 꽃이 피고 열매를 맺어 다시 씨가 만들어지는 과정을 식물의 _____ 라고 한다.

3) 동물이 태어나서 어린 시절을 보내고 성장해서 _____ 을 남기고 죽을 때까지의 과정을 동물의 한살이라고 한다.

4) 동화책을 다 읽고 나서 독서 기록장에 줄거리를 _____ .

5) 우리 조상들은 제비가 _____ 과 재물을 가져다준다고 믿었다.

6) _____ 갔던 제비가 돌아온 것을 보니 이제 정말 봄인가보다.

1 문장을 읽고, 알맞은 낱말을 써 넣어 봅시다.

1) 어떤 장소를 방문하여 지식을 배움 _____

2) 물체를 벽이나 못 따위에 매달아 올려놓다 _____

3) 중국 양쯔 강의 남쪽 지방. 흔히 '남쪽의 먼 곳'이라는
   뜻으로 쓰임 _____

4) 아주 훌륭하고 뛰어나다 _____

5) 어떤 내용을 소개하여 알려 주다 _____

6) 울려 퍼져 가던 소리가 산이나 절벽 따위에 부딪쳐
   다시 울림 또는 다시 울려오는 소리 _____

7) 설명문, 일기, 편지 따위의 글을 쓰는 일정한 방법 _____

8) 자식과 손자를 아울러 이르는 말 _____

9) 같은 말이나 일을 계속해서 하고 또 하다 _____

10) 경험 · 지식 · 감정 따위가 폭넓고 깊다 _____

11) 글 따위에서 중요한 점만을 골라서 짧고 간단하게 가려 뽑다 _____

12) 짧고 단순하게 _____

13) 어떤 사실을 짤막하게 요점만 글로 적음 또는 그렇게 적은 글 _____

14) 삶에서 누리는 행운과 행복 _____

15) 양이나 정도가 생각보다 많다 또는 아주 심하다 _____

16)　연구나 조사 따위의 바탕이 되는 재료　　　_____

17)　무엇이 그럴듯하게 괜찮다 또는 썩 훌륭하다　　_____

18)　산과 산 사이의 우묵하게 들어간 곳　　_____

19)　맥박이나 심장이 거칠고 크게 자꾸 뛰는 모양　　_____

20)　수준이나 정도가 매우 특별하고 뛰어나다　　_____

21)　자세하지 않은 기본적인 부분만을 따 낸 줄거리　　_____

22)　어떤 일이 잘되도록 곁에서 남을 도와주는 일　　_____

23)　직업을 얻어 직장에 나감　　_____

24)　태어나서 죽을 때까지의 동안　　_____

25)　교사나 교수가 학생들에게 내어 주는 연구 문제　　_____

26)　얽힌 일을 풀어서 잘 처리하다 또는 문제를 풀어서
　　결말을 짓다　　_____

27)　어떤 사실이 틀림없이 확실하다　　_____

28)　즐겁고 상쾌하다　　_____

29)　어떤 대상의 둘레　　_____

30)　무엇을 전시하기 위하여 세운 건물　　_____

2 밑줄 친 곳에 알맞은 낱말을 써 넣어 문장을 완성해 봅시다.

1) 아이의 수학 실력은 소문대로 _____ .

2) 지금 시간이 별로 없으니 자세히 말고 _____ 의 내용만 말해 주세요.

3) 식물의 씨가 싹 터서 자라며, 꽃이 피고 열매를 맺어 다시 씨가 만들어지는 과정을 식물의 _____ 라고 한다.

4) 동물이 태어나서 어린 시절을 보내고 성장해서 _____ 을 남기고 죽을 때까지의 과정을 동물의 한살이라고 한다.

5) 지난 주 토요일에 친구들과 함께 수업 시간에 발표할 _____ 를 만들었다.

6) 동화책을 다 읽고 나서 독서 기록장에 줄거리를 _____ .

7) 문제를 푸는데 똑같은 실수를 자꾸 _____ 정말 짜증난다.

8) 우리 조상들은 제비가 _____ 과 재물을 가져다준다고 믿었다.

9) 대학을 졸업한 이모가 _____ 을 해서 어제부터 직장에 출근했다.

10) _____ 갔던 제비가 돌아온 것을 보니 이제 정말 봄인가보다.

11) 학생들은 박물관에 가서 _____ 을 했다.

12) 학생들은 고장에서 자랑할 만한 장소를 소개하는 _____ 를 수행하기 위해 고장과 관련된 누리집을 조사했다.

13) 선생님은 학생들이 미술 시간에 그린 그림들을 교실 뒤에 _____ .

14) 친구와 사이가 멀어진 문제를 어떻게 _____ 좋을지 모르겠다.

15) 문화유산 해설사는 관람객들에게 박물관 곳곳에 무엇이 있는지 _____ .

16) 친구들과 함께 노는 시간은 정말 _____ .

17) 교실을 나올 때 문을 _____ 잠갔는데, 문이 열려 있다니 참 이상하네.

18) 아이의 축구 실력은 초등학생이라고 믿을 수 없을 만큼 _____ .

19) 공룡 _____ 에는 관람객들로 가득했다.

20) 무단횡단을 하다가 차에 부딪힐 뻔해서 심장이 _____ 뛰었다.

21) 다리를 다쳤지만 친구의 _____ 으로 1층까지 무사히 내려올 수 있었다.

22) 한 낱말을 되풀이해서 쓰기보다는 쓰임에 따라 뜻이 비슷한 다른 낱말로 바꾸어
사용하면 내용을 더 _____ 할 수 있다.

23) 나는 동생에게 _____ 를 남기기 위해 공책 한 장을 뜯었다.

24) 오늘 숙제가 _____ 많아서 잠을 늦게 자야 할 것 같다.

25) 학부모 공개 수업이라 긴장을 했는지 아이들은 저마다 발표를 _____
마쳤다.

26) 편지를 _____ 에 맞게 쓰기 위해서는 '받을 사람, 첫인사, 전하고 싶은 말,
끝인사, 쓴 날짜, 쓴 사람'이 편지의 내용에 들어 있어야 한다.

27) 무심코 들어간 음식점의 분위기가 꽤 _____ .

28) _____ 에 자리잡은 작은 산동네는 산그늘에 덮여 햇빛도 들지 않았다.

29) 학생들은 학교 _____ 에 버려진 쓰레기를 줍는 봉사 활동을 했다.

30) 산 정상에 올라 "야호!"라고 외치자 _____ 가 온 산에 울려 퍼졌다.

홀수
한자 셈 수 數

1, 3, 5, 7, 9처럼 / 2로 나눌 **때** / 1이 남는 / 수
예 우리 반은 *인원이 홀수라서 한 명은 짝 없이 혼자 앉는다.
*인원　　단체를 이루고 있는 사람들. 또는 그 수효(사물의 낱낱의 수)

겹치다

둘 이상의 일이 / *동시에 일어나다
예 여름 방학과 부모님의 *휴가가 **겹치는** 시기에 가족 *여행을 떠나기로 했다.
*동시　　같은 때. 또는 같은 시기
*휴가　　학교 또는 직장 따위에서 일정한 기간 동안 쉬는 일
*여행　　자기가 사는 곳을 떠나 다른 고장이나 외국에 가서 아름다운 경치나 이름난
　　　　장소를 돌아다니며 구경함

영리하다
한자 영리할 영 怜
영리할 리 悧

*눈치가 / 빠르고 · 똑똑하다
예 고양이는 주인의 발소리를 알아챌 수 있을 만큼 **영리하다**.
*눈치　　일의 정황이나 남의 마음 따위를 상황으로부터 미루어 알아내는 힘

재물
한자 재물 재 財
물건 물 物

돈 또는 *값나가는 물건
예 스마트폰은 초등학생인 내가 갖고 있는 가장 비싼 **재물**이다.
*값나가다　(물건이 귀하거나 좋아서) 값이 많은 액수에 이르다

둥지

풀이나 나뭇가지 따위를 / 바구니처럼 엮어서 만든 / 새의 *보금자리
예 제비는 지푸라기와 흙으로 부지런히 둥지를 꾸몄다.
*보금자리　새가 알을 낳거나 사는 곳

특징
한자 특별할 특 特
부를 징 徵

다른 것과 비교했을 때 / 특별히 눈에 띄는 / 점
예 내 친구는 키가 아주 크다는 **특징**을 갖고 있다.
비 특색

1 문장을 읽고, 알맞은 낱말을 써 넣어 봅시다.

1) 1, 3, 5, 7, 9처럼 2로 나눌 때 1이 남는 수

2) 둘 이상의 일이 동시에 일어나다

3) 눈치가 빠르고 · 똑똑하다

4) 돈 또는 값나가는 물건

5) 풀이나 나뭇가지 따위를 바구니처럼 엮어서 만든 새의 보금자리

6) 다른 것과 비교했을 때 특별히 눈에 띄는 점

8주
1일

2 밑줄 친 곳에 알맞은 낱말을 써 넣어 문장을 완성해 봅시다.

1) 우리 반은 인원이 _____ 라서 한 명은 짝 없이 혼자 앉는다.

2) 여름 방학과 부모님의 휴가가 _____ 시기에 가족 여행을 떠나기로 했다.

3) 고양이는 주인의 발소리를 알아챌 수 있을 만큼 _____ .

4) 스마트폰은 초등학생인 내가 갖고 있는 가장 비싼 _____ 이다.

5) 제비는 지푸라기와 흙으로 부지런히 _____ 를 꾸몄다.

6) 내 친구는 키가 아주 크다는 _____ 을 갖고 있다.

내용을 간추리며 듣기 | 교과서 140~143쪽 |

치료하다

한자 다스릴 치 治
병 고칠 료 療

병이나 상처를 다스려 / 낫게 하다

예 학교를 마치고 치과에 가서 *충치를 **치료했다**.

*충치   (벌레가 파먹어서 썩은 것처럼) 녹은 이

직업

한자 벼슬 직 職
업 업 業

생활하는 데 필요한 돈을 벌기 위해 / 일정 기간 동안 계속하여 하는 / 일

예 요즘은 대학을 졸업하고도 **직업**을 구하지 못하는 사람들이 많다.

비 업, 직, 생업

글을 읽고 내용을 간추리는 방법 알기 | 교과서 144~150쪽 |

악기

한자 노래 악 樂
그릇 기 器

음악을 *연주하는 데 쓰는 / 기구

예 **악기**는 타악기, 현악기, 관악기로 나눌 수 있다.

*연주하다   여러 사람 앞에서 악기를 다루어 들려주다

타악기

한자 칠 타 打

두드리거나 · 때려서 / 소리를 내는 악기

예 사람들은 북이나 장구 같은 **타악기**를 두들기며 축제의 흥을 돋우었다.

현악기

한자 악기줄 현 絃

줄을 *퉁겨서 / 소리를 내는 악기

예 **현악기**에는 거문고, 가야금, 바이올린,
첼로 등이 있다.

*퉁기다   줄을 당겼다 놓아 소리가 나게 하다

관악기

한자 대롱 관 管

*관을 입으로 불어서 / 소리를 내는 악기

예 **관악기**는 관에 공기를 불어넣어서 소리 내는
악기를 말한다.

*관   몸 둘레가 둥글고 길며 속이 빈 물건

1 문장을 읽고, 알맞은 낱말을 써 넣어 봅시다.

1) 병이나 상처를 다스려 낫게 하다

2) 생활하는 데 필요한 돈을 벌기 위해 일정 기간 동안 계속하여 하는 일

3) 음악을 연주하는 데 쓰는 기구

4) 두드리거나 · 때려서 소리를 내는 악기

5) 줄을 퉁겨서 소리를 내는 악기

6) 관을 입으로 불어서 소리를 내는 악기

8주
2일

2 밑줄 친 곳에 알맞은 낱말을 써 넣어 문장을 완성해 봅시다.

1) 학교를 마치고 치과에 가서 충치를 _____ .

2) 요즘은 대학을 졸업하고도 _____ 을 구하지 못하는 사람들이 많다.

3) _____ 는 타악기, 현악기, 관악기로 나눌 수 있다.

4) 사람들은 북이나 장구 같은 _____ 를 두들기며 축제의 흥을 돋우었다.

5) _____ 에는 거문고, 가야금, 바이올린, 첼로 등이 있다.

6) _____ 는 관에 공기를 불어넣어서 소리 내는 악기를 말한다.

민화
한자 백성 민 民
그림 화 畵

조선 시대에 / *서민들의 생활 모습이나 · *민간 전설 등을 소재로 하여 그린 / 그림

예 *화랑에서 호랑이와 까치를 주제로 한 **민화** 전시회가 열리고 있다.

* 서민 (아무 벼슬이 없는) 일반 사람
* 민간 보통 서민들의 사회
* 화랑 그림 따위의 미술품을 걸어 전시하는 장소

널리

범위가 / 넓게

예 조선 시대에는 일반 서민들이 그린 민화가 **널리** *유행하였다.

* 유행하다 (사람들 사이에) 널리 퍼지다

신앙
한자 믿을 신 信
우러를 앙 仰

신과 같은 *존재를 / 믿고 받드는 일 또는 그러한 종교

예 옛날 사람들은 귀신을 막기 위해 마을 입구에 장승을 세운다거나, 도깨비, 처녀 귀신, 총각 귀신 같은 귀신을 모시는 민간 **신앙**을 믿었다.

* 존재 사람들의 주목을 받을 만한 사람이나 대상

깃들다

감정 · 생각 · 노력 따위가 / 담겨 있다

예 엄마가 *손수 만들어 주는 음식에는 정성이 **깃들어** 있다.

* 손수 직접 자기 손으로

여느

*보통 또는 *예사로운

예 오늘은 어린이날이라서 **여느** 날과 다르게 학원에 안 가고 극장에 왔다.

* 보통 (특별하지 아니하고) 흔히 있음. 또는 흔히 볼 수 있음
* 예사롭다 흔히 있을 만하다

실용적인
한자 열매 실 實
쓸 용 用
과녁 적 的

*실생활에 / 쓰이는

예 민화는 조선 시대에 서민들 사이에서 유행한 **실용적인** 그림으로, 그 속에는 행복하고 건강하게 오래 살고 싶은 서민들의 *바람이 담겨 있다.

* 실생활 실제의 생활
* 바람 어떤 일이 이루어지기를 기다리는 간절한 마음

1 문장을 읽고, 알맞은 낱말을 써 넣어 봅시다.

1) 조선 시대에 서민들의 생활 모습이나 · 민간 전설 등을
   소재로 하여 그린 그림

2) 범위가 넓게

3) 신과 같은 존재를 믿고 받드는 일 또는 그러한 종교

4) 감정 · 생각 · 노력 따위가 담겨 있다

5) 보통 또는 예사로운

6) 실생활에 쓰이는

2 밑줄 친 곳에 알맞은 낱말을 써 넣어 문장을 완성해 봅시다.

1) 화랑에서 호랑이와 까치를 주제로 한 _____ 전시회가 열리고 있다.

2) 조선 시대에는 일반 서민들이 그린 민화가 _____ 유행하였다.

3) 옛날 사람들은 귀신을 막기 위해 마을 입구에 장승을 세운다거나, 도깨비, 처녀 귀신, 총각 귀신 같은 귀신을 모시는 민간 _____ 을 믿었다.

4) 엄마가 손수 만들어 주는 음식에는 정성이 _____ 있다.

5) 오늘은 어린이날이라서 _____ 날과 다르게 학원에 안 가고 극장에 왔다.

6) 민화는 조선 시대에 서민들 사이에서 유행한 _____ 그림으로, 그 속에는 행복하고 건강하게 오래 살고 싶은 서민들의 바람이 담겨 있다.

5. 중요한 내용을 적어요

선비

*학문을 닦은 사람을 / *예스럽게 이르는 말

예 옛날 어느 고을에 글공부만 하는 가난한 **선비**가 살았다.

* 학문　　어떤 분야를 체계적으로 배워서 익힘. 또는 그런 지식
* 예스럽다　옛날의 것 같은 느낌이 있다

산수화

한자 메 산 山
물 수 水
그림 화 畵

산과 물이 어우러진 / 아름다운 *풍경을 그린 / 그림

예 미술관에 아름다운 산 풍경을 그린 **산수화** 그림들이 걸려 있었다.

* 풍경(경치)　산, 들, 강, 바다 따위의 자연이나 지역의 모습

솜씨

손을 놀려 / 무엇을 만들거나 · 어떤 일을 하는 / *재주

예 그림 **솜씨**가 좋은 친구는 대회에 나가면 *매번 상을 탄다.

* 재주　　무엇을 잘할 수 있는 타고난 능력
* 매번　　어느 때에나 다. 번번이
비 손재주

화원

한자 그림 화 畵
인원 원 員

조선 시대에 *도화서에서 / 그림을 그리던 / 사람

예 도화서의 **화원**들은 여러 가지 그림을 그렸다.

* 도화서　조선 시대에, 그림에 관한 일을 맡아보던 관아
　　　　　(벼슬아치들이 모여 나랏일을 보던 곳)

감상하다

한자 거울 감 鑑
상줄 상 賞

예술 작품이나 · *경치 따위를 / 즐기고 *평가하다

예 곱게 물든 단풍을 **감상하며** 산길을 걸었다.

* 경치(풍경)　(산, 들, 강, 바다 따위의) 아름다운 풍경
* 평가하다　(사물의 좋고 나쁨, 잘하고 못함, 옳고 그름 따위를) 가르고 정하다

특별하다

한자 특별할 특 特
나눌 별 別

보통과 / 아주 다르다

예 생일은 일 년 중 가장 **특별한** 날이다.

비 다르다, 특이하다, 독특하다, 별나다, 비범하다, 각별하다, 자별하다

1 **문장을 읽고, 알맞은 낱말을 써 넣어 봅시다.**

1) 학문을 닦은 사람을 예스럽게 이르는 말

2) 산과 물이 어우러진 아름다운 풍경을 그린 그림

3) 손을 놀려 무엇을 만들거나 · 어떤 일을 하는 재주

4) 조선 시대에 도화서에서 그림을 그리던 사람

5) 예술 작품이나 · 경치 따위를 즐기고 평가하다

6) 보통과 아주 다르다

8주
4일

2 **밑줄 친 곳에 알맞은 낱말을 써 넣어 문장을 완성해 봅시다.**

1) 옛날 어느 고을에 글공부만 하는 가난한 _____ 가 살았다.

2) 미술관에 아름다운 산 풍경을 그린 _____ 그림들이 걸려 있었다.

3) 그림 _____ 가 좋은 친구는 대회에 나가면 매번 상을 탄다.

4) 도화서의 _____ 들은 여러 가지 그림을 그렸다.

5) 곱게 물든 단풍을 _____ 산길을 걸었다.

6) 생일은 일 년 중 가장 _____ 날이다.

목적 한자 눈 목 目 과녁 적 的	행동을 취해서 / 이루려고 하는 것
	예 내가 시험공부를 열심히 하는 **목적**은 백점을 받아서 스마트폰을 선물받기 위해서다.

쓰임새

물건 따위가 / 쓰이는 곳 또는 쓰이는 방식

예 자르는 칼과 붙이는 풀은 그 **쓰임새**가 •정반대이다.

• 정반대　완전히 반대되는 것

비 용도, 쓸모

혼례식(결혼식)

한자 혼인할 혼 婚
예도 례 禮
법 식 式

부부가 됨을 •약속하는 / •의식

예 오늘은 이모가 **혼례식**을 올리는 날이다.

• 약속　다른 사람과 앞으로의 일을 어떻게 할 것인가를 미리 정해 둠. 또는 그리 정한 내용

• 의식　정해진 방법에 따라 치르는 일

잔치

기쁜 일이나 축하할 일 따위가 있을 때 / 음식을 차려놓고 / 여러 사람이 모여 / 즐기는 일

예 친구의 생일 축하 **잔치**에 초대를 받았다.

비 연찬, 연회, 파티(party)

치르다

사람이 손님 따위를 받아 / •대접하여 보내다

예 손님을 **치르고** 나서 •뒤걷이를 하느라 정신이 없다.

• 대접하다　(사람이 손님에게) 음식을 차려 모시거나 시중을 들다

• 뒤걷이　뒷일을 수습하고 정리하는 일

병풍

한자 병풍 병 屛
바람 풍 風

바람을 막거나 · 무엇을 가리거나 · •장식용으로 / 방 안에 둘러치는 / 직사각형의 물건

예 그 집의 거실에는 •오색실로 아름답게 수놓은 **병풍**이 펼쳐져 있다.

• 장식용　겉모양을 아름답게 꾸미는 데 씀. 또는 그런 물건

• 오색실　청색 · 황색 · 적색 · 백색 · 흑색의 다섯 가지 빛깔의 실

왼쪽 세로: 글을 읽고 내용을 간추려요 [교과서 149~150쪽]

1 문장을 읽고, 알맞은 낱말을 써 넣어 봅시다.

1) 행동을 취해서 이루려고 하는 것 ☐☐

2) 물건 따위가 쓰이는 곳 또는 쓰이는 방식 ☐☐☐

3) 부부가 됨을 약속하는 의식 ☐☐☐

4) 기쁜 일이나 축하할 일 따위가 있을 때 음식을 차려놓고
여러 사람이 모여 즐기는 일 ☐☐

5) 사람이 손님 따위를 받아 대접하여 보내다 ☐☐☐

6) 바람을 막거나·무엇을 가리거나·장식용으로 방 안에
둘러치는 직사각형의 물건 ☐☐

8주
5일

2 밑줄 친 곳에 알맞은 낱말을 써 넣어 문장을 완성해 봅시다.

1) 내가 시험공부를 열심히 하는 _____ 은 백점을 받아서 스마트폰을 선물받기
위해서다.

2) 자르는 칼과 붙이는 풀은 그 _____ 가 정반대이다.

3) 오늘은 이모가 _____ 을 올리는 날이다.

4) 친구의 생일 축하 _____ 에 초대를 받았다.

5) 손님을 _____ 나서 뒤걷이를 하느라 정신이 없다.

6) 그 집의 거실에는 오색실로 아름답게 수놓은 _____ 이 펼쳐져 있다.

1 문장을 읽고, 알맞은 낱말을 써 넣어 봅시다.

1) 감정 · 생각 · 노력 따위가 담겨 있다 _____

2) 1, 3, 5, 7, 9처럼 2로 나눌 때 1이 남는 수 _____

3) 예술 작품이나 · 경치 따위를 즐기고 평가하다 _____

4) 조선 시대에 서민들의 생활 모습이나 · 민간 전설 등을
   소재로 하여 그린 그림 _____

5) 둘 이상의 일이 동시에 일어나다 _____

6) 실생활에 쓰이는 _____

7) 눈치가 빠르고 똑똑하다 _____

8) 학문을 닦은 사람을 예스럽게 이르는 말 _____

9) 돈이나 · 값나가는 물건 _____

10) 풀이나 나뭇가지 따위를 바구니처럼 엮어서
    만든 새의 보금자리 _____

11) 범위가 넓게 _____

12) 다른 것과 비교했을 때 특별히 눈에 띄는 점 _____

13) 병이나 상처를 다스려 낫게 하다 _____

14) 두드리거나 때려서 소리를 내는 악기 _____

15) 부부가 됨을 약속하는 의식 _____

16)　음악을 연주하는 데 쓰는 기구　　　_____

17)　신과 같은 존재를 믿고 받드는 일 또는 그러한 종교　　　_____

18)　사람이 손님 따위를 받아 대접하여 보내다　　　_____

19)　산과 물이 어우러진 아름다운 풍경을 그린 그림　　　_____

20)　보통과 아주 다르다　　　_____

21)　어떤 물건이 쓰이는 곳　　　_____

22)　손을 놀려 무엇을 만들거나 · 어떤 일을 하는 재주　　　_____

23)　줄을 퉁겨서 소리를 내는 악기　　　_____

24)　보통 또는 예사로운　　　_____

25)　관을 입으로 불어서 소리를 내는 악기　　　_____

26)　생활하는 데 필요한 돈을 벌기 위해 일정 기간 동안
　　　계속하여 하는 일　　　_____

27)　행동을 취해서 이루려고 하는 것　　　_____

28)　바람을 막거나 · 무엇을 가리거나 · 장식용으로 방 안에
　　　둘러치는 직사각형의 물건　　　_____

29)　조선 시대에 도화서에서 그림을 그리던 사람　　　_____

30)　기쁜 일이나 축하할 일 따위가 있을 때 음식을 차려놓고
　　　여러 사람이 모여 즐기는 일　　　_____

2 밑줄 친 곳에 알맞은 낱말을 써 넣어 문장을 완성해 봅시다.

1) 조선 시대에는 일반 서민들이 그린 민화가 _____ 유행하였다.

2) 내가 시험공부를 열심히 하는 _____ 은 백점을 받아서 스마트폰을
    선물받기 위해서다.

3) 요즘은 대학을 졸업하고도 _____ 을 구하지 못하는 사람들이 많다.

4) 스마트폰은 초등학생인 내가 갖고 있는 가장 비싼 _____ 이다.

5) 제비는 지푸라기와 흙으로 부지런히 _____ 를 꾸몄다.

6) 오늘은 이모가 _____ 을 올리는 날이다.

7) _____ 는 타악기, 현악기, 관악기로 나눌 수 있다.

8) 학교를 마치고 치과에 가서 충치를 _____ .

9) 고양이는 주인의 발소리를 알아챌 수 있을 만큼 _____ .

10) 손님을 _____ 나서 뒤걷이를 하느라 정신이 없다.

11) 자르는 칼과 붙이는 풀은 그 _____ 가 정반대이다.

12) 그 집의 거실에는 오색실로 아름답게 수놓은 _____ 이 펼쳐져 있다.

13) 옛날 어느 고을에 글공부만 하는 가난한 _____ 가 살았다.

14) 옛날 사람들은 귀신을 막기 위해 마을 입구에 장승을 세운다거나, 도깨비, 처녀
    귀신, 총각 귀신 같은 귀신을 모시는 민간 _____ 을 믿었다.

15) _____ 는 관에 공기를 불어넣어서 소리 내는 악기를 말한다.

16) _____ 에는 거문고, 가야금, 바이올린, 첼로 등이 있다.

17) 그림 _____ 가 좋은 친구는 대회에 나가면 매번 상을 탄다.

18) 도화서의 _____ 들은 여러 가지 그림을 그렸다.

19) 곱게 물든 단풍을 _____ 산길을 걸었다.

20) 미술관에 아름다운 산 풍경을 그린 _____ 그림들이 걸려 있었다.

21) 생일은 일 년 중 가장 _____ 날이다.

22) 화랑에서 호랑이와 까치를 주제로 한 _____ 전시회가 열리고 있다.

23) 엄마가 손수 만들어 주는 음식에는 정성이 _____ 있다.

24) 여름 방학과 부모님의 휴가가 _____ 시기에 가족 여행을 떠나기로 했다.

25) 오늘은 어린이날이라서 _____ 날과 다르게 학원에 안 가고 극장에 왔다.

26) 친구의 생일 축하 _____ 에 초대를 받았다.

27) 민화는 조선 시대에 서민들 사이에서 유행한 _____ 그림으로, 그 속에는 행복하고 건강하게 오래 살고 싶은 서민들의 바람이 담겨 있다.

28) 우리 반은 인원이 _____ 라서 한 명은 짝 없이 혼자 앉는다.

29) 내 친구는 키가 아주 크다는 _____ 을 갖고 있다.

30) 사람들은 북이나 장구 같은 _____ 를 두들기며 축제의 흥을 돋우었다.

1 문장을 읽고, 알맞은 낱말을 써 넣어 봅시다.

1) 전 따위를 부쳐 익히다 ( )

2) 이미 있는 것을 본보기로 삼아 그대로 만들다 ( )

3) 그 정도가 다른 것보다 두드러지다 ( )

4) 마주 보고 있는 사람 ( )

5) 예의 바르고 겸손하게 받들어 모시다 ( )

6) 예의에 관한 순서와 방법 ( )

7) 어떤 범위나 조건 따위에 정확히 맞다 ( )

8) 자신이 하여야 할 맡은 바의 일 ( )

9) 따뜻한 말이나 행동으로 괴로움을 덜어 줌 또는
   슬픔을 달래 줌 ( )

10) 생각한 것과 반대가 되거나 · 다르게 ( )

11) 틀림없이 또는 확실하게 ( )

12) 겨를이 있을 때마다 ( )

13) 일정한 지역이나 공간이 어떤 사물로 남김없이
    모조리 덮여서 가려지다 ( )

14) 일시적으로 중단하고 한동안 쉼 ( )

15) 설명문, 일기, 편지 따위의 글을 쓰는 일정한 방법 ( )

16) 경험 · 지식 · 감정 따위가 폭넓고 깊다 (   )

17) 어떤 대상의 둘레 (   )

18) 연구나 조사 따위의 바탕이 되는 재료 (   )

19) 얽힌 일을 풀어서 잘 처리하다 또는 문제를 풀어서
결말을 짓다 (   )

20) 무엇을 전시하기 위하여 세운 건물 (   )

21) 태어나서 죽을 때까지의 동안 (   )

22) 글 따위에서 중요한 점만을 골라서 짧고 간단하게 가려 뽑다 (   )

23) 다른 것과 비교했을 때 특별히 눈에 띄는 점 (   )

24) 두드리거나 때려서 소리를 내는 악기 (   )

25) 조선 시대에 서민들의 생활 모습이나 · 민간 전설 등을
소재로 하여 그린 그림 (   )

26) 감정 · 생각 · 노력 따위가 담겨 있다 (   )

27) 실생활에 쓰이는 (   )

28) 예술 작품이나·경치 따위를 즐기고 평가하다 (   )

29) 행동을 취해서 이루려고 하는 것 (   )

30) 사람이 손님 따위를 받아 대접하여 보내다 (   )

2 밑줄 친 곳에 알맞은 낱말을 써 넣어 문장을 완성해 봅시다.

1)   라면을 너무 오래 끓여서 국물이 다 _____.

2)   돼지고기에 양념이 _____ 하루 동안 냉장고에 넣어두었다.

3)   가락엿을 먹을 때면 _____ 가 심해서 입 안에 찰싹 달라붙는다.

4)   대화의 대상이 _____ 인지 아닌지에 따라 높임 표현이 달라진다.

5)   늦잠을 자면 _____ 지각하게 될 거야.

6)   성적표를 받아든 친구의 밝은 표정을 보고 점수가 잘 나왔을 거라고
      _____ .

7)   늦잠을 자는 바람에 아침밥을 _____ 못 먹었더니 배가 너무 고프다.

8)   소중히 여기는 샤프를 잃어버려서 _____.

9)   여름 방학을 시작한 게 엊그제 같은데, 벌써 끝나서 무척 _____ .

10)   아이의 전화를 기다렸던 엄마는 전화벨이 울리자마자 _____ 를 들었다.

11)   나는 뷔페에 가면 어김없이 _____ 보다 과식을 한다.

12)   그녀는 화난 사람처럼 _____ 표정을 지었다.

13)   엄마는 내 편지를 읽으시더니 _____ 눈물을 흘리셨다

14)   친구들과 함께 노는 시간은 정말 _____.

15)   아이의 축구 실력은 초등학생이라고 믿을 수 없을 만큼 _____.

16) 오늘 숙제가 _____ 많아서 잠을 늦게 자야 할 것 같다.

17) 무심코 들어간 음식점의 분위기가 꽤 _____ .

18) 지금 시간이 별로 없으니 자세히 말고 _____ 의 내용만 말해 주세요.

19) 학생들은 박물관에 가서 _____ 을 했다

20) 학생들은 고장에서 자랑할 만한 장소를 소개하는 _____ 를 수행하기 위해 고장과 관련된 누리집을 조사했다.

21) 문화유산 해설사는 관람객들에게 박물관 곳곳에 무엇이 있는지 _____ .

22) 동물이 태어나서 어린 시절을 보내고 성장해서 _____ 을 남기고 죽을 때까지 의 과정을 동물의 한살이라고 한다.

23) 여름 방학과 부모님의 휴가가 _____ 시기에 가족 여행을 떠나기로 했다.

24) 고양이는 주인의 발소리를 알아챌 수 있을 만큼 _____ .

25) _____ 에는 거문고, 가야금, 바이올린, 첼로 등이 있다.

26) 조선 시대에는 일반 서민들이 그린 민화가 _____ 유행하였다.

27) 어린이날인 오늘은 _____ 날과 다르게 학원에 안 가고 극장에 왔다.

28) 도화서의 _____ 들은 여러 가지 그림을 그렸다.

29) 생일은 일 년 중 가장 _____ 날이다.

30) 자르는 칼과 붙이는 풀은 그 _____ 가 정반대이다.

9~12주

칭찬 사과 스티커

하루 공부를 잘 마쳤다면 나에게 칭찬 사과를 선물하세요.
사과 나무에 사과가 주렁주렁 열릴 때까지 열심히 공부합시다!

■ 스티커는 별책 바른답 및 색인 마지막 페이지에 있습니다.

부적

한자 부호 부 符
문서 적 籍

•악귀를 쫓고 •재앙을 물리치기 위해 / 붉은색으로 글씨를 쓰거나 · 그림을 그려 / 몸에 지니거나 · 집에 붙이는 / 종이

예 할머니께서는 현관문 위에 행운의 **부적**을 붙여 두셨다.

• 악귀   사람에게 몹쓸 짓을 하는 나쁜 귀신

• 재앙   갑작스럽게 일어난 좋지 않은 일

불로초

한자 아닐 불 不
늙을 로 老
풀 초 草

먹으면 늙지 않는다는 / 상상의 •약초

예 진시황은 **불로초**를 구하기 위해 •방방곡곡에 사람들을 보냈다.

• 약초   약으로 쓰는 식물

• 방방곡곡   한 군데도 빠짐이 없는 모든 곳

소재

한자 본디 소 素
재목 재 材

예술 작품을 만드는 데 / 바탕이 되는 / •재료

예 민화는 •일상생활 속에서 항상 접하는 해와 달, 나무, 꽃, 호랑이, 까치, 닭, 개 뱀, 물고기 등을 **소재**로 •사용했다.

• 재료   어떤 물건을 만드는 데 쓰인(사용된) 것

• 일상생활   날마다의 생활. 평소의 생활

• 사용하다   (사물을 목적 · 기능에 맞게) 쓰다

비 원료, 재료

해태

한자 해태 해 獬
해태 태 豸

옳고 그름과 · 착하고 나쁨을 / 판단해 안다는 / 상상의 동물

예 조상들은 옳고 그름과 착하고 나쁨을 안다는 **해태**를 •신비한 동물로 여겨 왔다.

• 신비하다   (일이나 현상 따위가) 도저히 이해할 수 없을 만큼 신기하고 묘하다

기원하다

한자 빌 기 祈
원할 원 願

바라는 일이 / 이루어지기를 / 빌다

예 선수들은 이번 대회에서 •우승을 **기원했다.**

• 우승   경기 · 경주 따위에서 이겨 첫째를 차지함

비 바라다, 빌다, 소원하다, 기도하다, 기구하다, 발원하다

몰아내다

•몰아서 밖으로 / 쫓다 또는 나가게 하다

예 주인아저씨는 시끄럽게 떠드는 아이들을 가게에서 **몰아냈다.**

• 몰다   어떤 대상을 바라는 방향으로 움직여 가게 하다

1 **문장을 읽고, 알맞은 낱말을 써 넣어 봅시다.**

1) 악귀를 쫓고 재앙을 물리치기 위해 붉은색으로 글씨를 쓰거나·
   그림을 그려 몸에 지니거나·집에 붙이는 종이

2) 먹으면 늙지 않는다는 상상의 약초

3) 예술 작품을 만드는 데 바탕이 되는 재료

4) 옳고 그름과·착하고 나쁨을 판단해 안다는 상상의 동물

5) 바라는 일이 이루어지기를 빌다

6) 몰아서 밖으로 쫓다 또는 나가게 하다

2 **밑줄 친 곳에 알맞은 낱말을 써 넣어 문장을 완성해 봅시다.**

1) 할머니께서는 현관문 위에 행운의 _____ 을 붙여 두셨다.

2) 진시황은 _____ 를 구하기 위해 방방곡곡에 사람들을 보냈다.

3) 민화는 일상생활 속에서 항상 접하는 해와 달, 나무, 꽃, 호랑이, 까치, 닭, 개 뱀,
   물고기 등을 _____ 로 사용했다.

4) 조상들은 옳고 그름과 착하고 나쁨을 안다는 _____ 를 신비한 동물로 여겨 왔다.

5) 선수들은 이번 대회에서 우승을 _____ .

6) 주인아저씨는 시끄럽게 떠드는 아이들을 가게에서 _____ .

생물
한자 날 생 生
만물 물 物

생명을 가지고 스스로 살아가는 / 동물, 식물, •미생물 따위의 것

예 **생물**은 크게 동물과 식물로 나눌 수 있는데, 스스로 움직일 수 있는 **생물**을 동물이라고 하고, 스스로 움직일 수 없는 **생물**을 식물이라고 한다.

• **미생물**   현미경이 아니면 볼 수 없는 아주 작은 생물

유지하다
한자 밧줄 유 維
가질 지 持

어떤 상태를 / 변함없이 계속 / 이어 가다

예 물은 생명을 **유지하는** 데 가장 중요한 •요소이다.

• **요소**   (어떤 것을 만드는 데 없어서는 안 될) 중요한 조건이나 성분

반드시

틀림없이 꼭

예 선수들은 이번 시합에서 **반드시** 승리하겠다는 강한 의지를 보였다.

물질
한자 물건 물 物
바탕 질 質

•물체를 이루는 / •본바탕

예 모든 **물질**은 그 상태에 따라 •고체, •액체, •기체로 나눌 수 있다.

• **물체**   구체적인 모습을 가지고 있는 것

• **본바탕**   (어떤 사람이나 사물이) 본래부터 가지고 있는 성질

• **고체**   일정한 모양과 부피가 있으며, 쉽게 그 모양이 변하지 않는 물질

• **액체**   모양이 일정하지 않고 담는 그릇에 따라 변하는 상태의 물질

• **기체**   모양과 부피가 일정하지 않고, 액체처럼 흐르는 성질이 있는 물질

고이다

물이나 눈물 따위의 액체가 / 낮은 곳이나 · 우묵한 곳에 / 흐르지 않고 / 모이다

예 •밤새 비가 내려서 화분에 빗물이 •가들막가들막 **고여** 있다.

• **밤새**   밤이 지나는 동안

• **가들막가들막**   거의 다 찰 정도로 가득한 모양

웅덩이

가운데가 움푹 패어 / 물이 •고어 있는 / 곳

예 밤새 내린 비로 운동장에 •군데군데 **웅덩이**가 생겼다.

• **고이다**   (물 따위의 액체나 가스, 냄새 따위가) 우묵한 곳에 모이다

• **군데군데** 여기저기 여러 곳

1 문장을 읽고, 알맞은 낱말을 써 넣어 봅시다.

1) 생명을 가지고 스스로 살아가는 동물, 식물, 미생물 따위의 것 ☐☐

2) 어떤 상태를 변함없이 계속 이어 가다 ☐☐☐☐

3) 틀림없이 꼭 ☐☐☐

4) 물체를 이루는 본바탕 ☐☐

5) 물이나 눈물 따위의 액체가 낮은 곳이나 · 우묵한 곳에
　　흐르지 않고 모이다 ☐☐☐

6) 가운데가 움푹 패어 물이 고어 있는 곳 ☐☐☐

2 밑줄 친 곳에 알맞은 낱말을 써 넣어 문장을 완성해 봅시다.

1) _____ 은 크게 동물과 식물로 나눌 수 있는데, 스스로 움직일 수 있는
　　_____ 을 동물이라고 하고, 스스로 움직일 수 없는 _____ 을 식물이라고
　　한다.

2) 물은 생명을 _____ 데 가장 중요한 요소이다.

3) 선수들은 이번 시합에서 _____ 승리하겠다는 강한 의지를 보였다.

4) 모든 _____ 은 그 상태에 따라 고체, 액체, 기체로 나눌 수 있다.

5) 밤새 비가 내려서 화분에 빗물이 가득막가득막 _____ 있다.

6) 밤새 내린 비로 운동장에 군데군데 _____ 가 생겼다.

5. 중요한 내용을 적어요

혹시

그러할 리는 없지만 / 만일에

예 혹시 *로토에 당첨된다면 무엇을 하고 싶니?

* 로토(Lotto)　　　1부터 45까지의 숫자 중 6개를 자신이 직접 선택하여, 그것이 당첨 번호와 일치하면 당첨금을 받는 제도

비 만일, 만약, 행여나, 혹

맨눈

안경, 망원경, 현미경 따위를 쓰지 않고 / 직접 보는 / 눈

예 옛사람들은 *새벽에 **맨눈**으로 볼 수 있는 금성을 *샛별이라고 불렀다.

* 새벽　　　날이 밝을 무렵

* 샛별　　　새벽 동쪽 하늘에 반짝이는 금성

비 나안, 육안

바닥

평평한 면을 이룬 / 부분

예 쉬는 시간에 교실 **바닥**에 앉아서 친구들과 공기놀이를 했다.

떠다니다

물 위 또는 *공중에 / 떠서 오가다

예 최근에 수영을 배워서 물 위를 **떠다닐** 수 있게 되었다.

* 공중　　　하늘과 땅 사이의 빈 곳

둥둥

물 위 또는 공중에 / 떠서 움직이는 모양

예 수영을 배우기 전에는 몸에 튜브를 끼고 물 위를 **둥둥** 떠다녔다.

통틀다

있는 대로 모두 / 한곳으로 묶다

예 전교생을 **통틀어서** 백 점을 맞은 사람은 그 아이 하나뿐이었다.

1 문장을 읽고, 알맞은 낱말을 써 넣어 봅시다.

1) 그러할 리는 없지만 만일에 ☐☐

2) 안경, 망원경, 현미경 따위를 쓰지 않고 직접 보는 눈 ☐☐

3) 평평한 면을 이룬 부분 ☐☐

4) 물 위 또는 공중에 떠서 오가다 ☐☐☐☐

5) 물 위 또는 공중에 떠서 움직이는 모양 ☐☐

6) 있는 대로 모두 한곳으로 묶다 ☐☐☐

2 밑줄 친 곳에 알맞은 낱말을 써 넣어 문장을 완성해 봅시다.

1) _____ 로토에 당첨된다면 무엇을 하고 싶니?

2) 옛사람들은 새벽에 _____ 으로 볼 수 있는 금성을 샛별이라고 불렀다.

3) 쉬는 시간에 교실 _____ 에 앉아서 친구들과 공기놀이를 했다.

4) 최근에 수영을 배워서 물 위를 _____ 수 있게 되었다.

5) 수영을 배우기 전에는 몸에 튜브를 끼고 물 위를 _____ 떠다녔다.

6) 전교생을 _____ 백 점을 맞은 사람은 그 아이 하나뿐이었다.

5. 중요한 내용을 적어요

플랑크톤
영어 plankton

물속에 떠다니는 / 작은 생물을 / 통틀어 이르는 말

예 물고기는 *미소한 *식물성 플랑크톤을 먹는다.

* **미소하다** (무엇이) 아주 작다

* **식물성** 식물에서 얻어지는 것

가만히

움직임 따위가 드러나지 않도록 / 조용히

예 숙제를 하느라 밤늦게 잠든 아이는 수업 시간에 **가만히** 앉아서 졸고 있다.

흐름

물이나 · 기체 따위가 / 흐르는 것

예 이 강은 물의 **흐름**이 빨라서 물속에 들어가면 *위험하다.

* **위험하다** (무엇이) 생명이나 신체를 위태롭게 하여 안전하지 않다

거스르다

자연스러운 흐름을 따르지 않고 / 반대 방향으로 가다

예 *연어는 알을 낳기 위해 강물의 흐름을 **거슬러서** 헤엄쳤다.

* **연어** 연어과의 바닷물고기로 가을에 강을 거슬러 올라와 모랫바닥에 알을 낳고 죽음

워낙

사물이나 현상이 / 만들어지거나 · 생겨난 / 처음부터

예 아이는 운동 능력이 **워낙** 떨어져서 달리기를 할 때마다 매번 꼴찌를 한다.

비 본디, 원래, 본래, 본시

분류하다
한자 나눌 분 分
무리 류 類

사물을 / *공통되는 성질에 따라 / *종류별로 *가르다

예 냉장고 안에 넣을 음식들을 곡식, 과일, 채소로 **분류했다.**

* **공통** 여럿 사이에 두루 통하고 관계됨

* **종류별** 종류에 따라 각각 갈라놓은 구별

* **가르다** 따로따로 나누어 서로 구분을 짓다

1 문장을 읽고, 알맞은 낱말을 써 넣어 봅시다.

1) 물속에 떠다니는 작은 생물을 통틀어 이르는 말

2) 움직임 따위가 드러나지 않도록 조용히

3) 물이나 · 기체 따위가 흐르는 것

4) 자연스러운 흐름을 따르지 않고 반대 방향으로 가다

5) 사물이나 현상이 만들어지거나 · 생겨난 처음부터

6) 사물을 공통되는 성질에 따라 종류별로 가르다

2 밑줄 친 곳에 알맞은 낱말을 써 넣어 문장을 완성해 봅시다.

1) 물고기는 미소한 식물성 _____ 을 먹는다.

2) 숙제를 하느라 밤늦게 잠든 아이는 수업 시간에 _____ 앉아서 졸고 있다.

3) 이 강은 물의 _____ 이 빨라서 물속에 들어가면 위험하다.

4) 연어는 알을 낳기 위해 강물의 흐름을 _____ 헤엄쳤다.

5) 아이는 운동 능력이 _____ 떨어져서 달리기를 할 때마다 매번 꼴찌를 한다.

6) 냉장고 안에 넣을 음식들을 곡식, 과일, 채소로 _____ .

5. 중요한 내용을 적어요

학 교 진 도 시 기

4월 3, 4주

전달하다

한자 전할 전 傳
통달할 달 達

어떤 사람이 다른 사람에게 / °의미나 지식, 감정 따위를 전하여 / 알게 하다

예 친구에게 편지를 건네며 °화해의 뜻을 **전달했다**.

° **의미**　말이나 글의 뜻

° **화해**　안 좋은 감정을 풀어 없앰

정보

한자 뜻 정 情
알릴 보 報

여러 가지 사실이나 자료를 / 문제 해결에 도움이 될 수 있는 형태로 °정리한
/ 지식과 자료

예 **정보**를 전달하는 글을 읽으면 궁금한
내용이나 새로운 사실을 알 수 있다.

° **정리하다**　일정한 순서나 체계(낱낱의 부분이
잘 짜여서 조화를 이룬 전체)를 가진 상태가 되게 하다

최근

한자 가장 최 最
가까울 근 近

얼마 되지 않은 / 지나간 날

예 이번 기말시험을 잘 봐서 **최근**에 스마트폰을 샀다.

비 요즈음, 근래

끊임없이

계속하거나 · 이어져 있던 것이 / 끊어지지 않게

예 물은 모양을 바꾸며 세상 곳곳을 **끊임없이** 돌아다니며 여행한다.

비 간단없이, 부단히, 부절히, 면면히

걸치다

일이나 현상 따위가 / 일정한 시간 · 공간 · 횟수를 거쳐 / 끊어지지 않고 /
계속되다

예 그 성당은 °무려 100년에 **걸쳐서** °건축되었다.

° **무려**　(수량을 나타내는 말 앞에 쓰여) 그 수가 생각했던 것보다 훨씬 많음

° **건축되다**　(건물이나 구조물이) 세워지거나 쌓아 만들어지다

담그다

신체나 사물을 / 액체 속에 / 넣다

예 시냇물에 발을 **담그니** 기분이 상쾌해졌다.

144 / 국단어 완전 정복

1 문장을 읽고, 알맞은 낱말을 써 넣어 봅시다.

1) 어떤 사람이 다른 사람에게 의미나 지식, 감정
   따위를 전하여 알게 하다

2) 여러 가지 사실이나 자료를 문제 해결에 도움이 될 수 있는
   형태로 정리한 지식과 자료

3) 얼마 되지 않은 지나간 날

4) 계속하거나 · 이어져 있던 것이 끊어지지 않게

5) 일이나 현상 따위가 일정한 시간 · 공간 · 횟수를 거쳐
   끊어지지 않고 계속되다

6) 신체나 사물을 액체 속에 넣다

2 밑줄 친 곳에 알맞은 낱말을 써 넣어 문장을 완성해 봅시다.

1) 친구에게 편지를 건네며 화해의 뜻을 _____ .

2) _____ 를 전달하는 글을 읽으면 궁금한 내용이나 새로운 사실을 알 수 있다.

3) 이번 기말시험을 잘 봐서 _____ 에 스마트폰을 샀다.

4) 물은 모양을 바꾸며 세상 곳곳을 _____ 돌아다니며 여행한다.

5) 그 성당은 무려 100년에 _____ 건축되었다.

6) 시냇물에 발을 _____ 기분이 상쾌해졌다.

1 문장을 읽고, 알맞은 낱말을 써 넣어 봅시다.

1) 그러할 리는 없지만 만일에 _____

2) 몰아서 밖으로 쫓다 또는 나가게 하다 _____

3) 움직임 따위가 드러나지 않도록 조용히 _____

4) 먹으면 늙지 않는다는 상상의 약초 _____

5) 물위 또는 공중에 떠서 움직이는 모양 _____

6) 있는 대로 모두 한곳으로 묶다 _____

7) 악귀를 쫓고 재앙을 물리치기 위해 붉은색으로 글씨를
쓰거나 · 그림을 그려 몸에 지니거나 · 집에 붙이는 종이 _____

8) 자연스러운 흐름을 따르지 않고 반대 방향으로 가다 _____

9) 물속에 떠다니는 작은 생물을 통틀어 이르는 말 _____

10) 물이나 기체 따위가 흐르는 것 _____

11) 일이나 현상 따위가 일정한 시간 · 공간 · 횟수를 거쳐
끊어지지 않고 계속되다 _____

12) 예술 작품을 만드는 데 바탕이 되는 재료 _____

13) 옳고 그름과 · 착하고 나쁨을 판단해 안다는 상상의 동물 _____

14) 생명을 가지고 스스로 살아가는 동물, 식물, 미생물 따위의 것 _____

15) 사물을 공통되는 성질에 따라 종류별로 가르다 _____

16) 틀림없이 꼭 ＿＿＿＿＿

17) 물이나 눈물 따위의 액체가 낮은 곳이나 우묵한 곳에
흐르지 않고 모이다 ＿＿＿＿＿

18) 가운데가 움푹 패어 물이 고여 있는 곳 ＿＿＿＿＿

19) 바라는 일이 이루어지기를 빌다 ＿＿＿＿＿

20) 어떤 사람이 다른 사람에게 의미나 지식, 감정
따위를 전하여 알게 하다 ＿＿＿＿＿

21) 안경, 망원경, 현미경 따위를 쓰지 않고 직접 보는 눈 ＿＿＿＿＿

22) 여러 가지 사실이나 자료를 문제 해결에 도움이 될 수 있는
형태로 정리한 지식과 자료 ＿＿＿＿＿

23) 사물이나 현상이 만들어지거나·생겨난 처음부터 ＿＿＿＿＿

24) 얼마 되지 않은 지나간 날 ＿＿＿＿＿

25) 물 위 또는 공중에 떠서 오가다 ＿＿＿＿＿

26) 계속하거나·이어져 있던 것이 끊어지지 않게 ＿＿＿＿＿

27) 어떤 상태를 변함없이 계속 이어 가다 ＿＿＿＿＿

28) 평평한 면을 이룬 부분 ＿＿＿＿＿

29) 신체나 사물을 액체 속에 넣다 ＿＿＿＿＿

30) 물체를 이루는 본바탕 ＿＿＿＿＿

2 밑줄 친 곳에 알맞은 낱말을 써 넣어 문장을 완성해 봅시다.

1)   밤새 비가 내려서 화분에 빗물이 가득막가득막 _____ 있다.

2)   할머니께서는 현관문 위에 행운의 _____ 을 붙여 두셨다.

3)   물은 생명을 _____ 데 가장 중요한 요소이다.

4)   쉬는 시간에 교실 _____ 에 앉아서 친구들과 공기놀이를 했다.

5)   민화는 일상생활 속에서 항상 접하는 해와 달, 나무, 꽃, 호랑이, 까치, 닭, 개 뱀, 물고기 등을 _____ 로 사용했다.

6)   밤새 내린 비로 운동장에 군데군데 _____ 가 생겼다.

7)   이 강은 물의 _____ 이 빨라서 물속에 들어가면 위험하다.

8)   _____ 로토에 당첨된다면 무엇을 하고 싶니?

9)   친구에게 편지를 건네며 화해의 뜻을 _____ .

10)   _____ 를 전달하는 글을 읽으면 궁금한 내용이나 새로운 사실을 알 수 있다.

11)   연어는 알을 낳기 위해 강물의 흐름을 _____ 헤엄쳤다.

12)   냉장고 안에 넣을 음식들을 곡식, 과일, 채소로 _____ .

13)   물은 모양을 바꾸며 세상 곳곳을 _____ 돌아다니며 여행한다.

14)   그 성당은 무려 100년에 _____ 건축되었다.

15)   시냇물에 발을 _____ 기분이 상쾌해졌다.

16) 옛사람들은 새벽에 _____ 으로 볼 수 있는 금성을 샛별이라고 불렀다.

17) 전교생을 _____ 백 점을 맞은 사람은 그 아이 하나뿐이었다.

18) 주인아저씨는 시끄럽게 떠드는 아이들을 가게에서 _____ .

19) 진시황은 _____ 를 구하기 위해 방방곡곡에 사람들을 보냈다.

20) _____ 은 크게 동물과 식물로 나눌 수 있는데, 스스로 움직일 수 있는 _____ 을 동물이라고 하고, 스스로 움직일 수 없는 _____ 을 식물이라고 한다.

21) 조상들은 옳고 그름과 착하고 나쁨을 안다는 _____ 를 신비한 동물로 여겨 왔다.

22) 선수들은 이번 시합에서 _____ 승리하겠다는 강한 의지를 보였다.

23) 모든 _____ 은 그 상태에 따라 고체, 액체, 기체로 나눌 수 있다.

24) 최근에 수영을 배워서 물위를 _____ 수 있게 되었다.

25) 물고기는 미소한 식물성 _____ 을 먹는다.

26) 이번 기말시험을 잘 봐서 _____ 에 스마트폰을 샀다.

27) 숙제를 하느라 밤늦게 잠든 아이는 수업 시간에 _____ 앉아서 졸고 있다.

28) 수영을 배우기 전에는 몸에 튜브를 끼고 물 위를 _____ 떠다녔다.

29) 선수들은 이번 대회에서 우승을 _____ .

30) 아이는 운동 능력이 _____ 떨어져서 달리기를 할 때마다 매번 꼴찌를 한다.

6. 일이 일어난 까닭

쓰레기 정거장 | 교과서 168~173쪽 |

원인
한자 언덕 원 原
인할 인 因

어떤 결과(일 · 사건 · 현상 따위)를 / °벌어지게 만든 / 일

예 감기에 걸린 **원인**은 °간밤에 이불을
덮지 않았기 때문이다.

° **벌어지다** 어떤 일이 일어나다
° **간밤** 지난밤

결과
한자 맺을 결 結
실과 과 果

어떤 원인(일 · 사건 · 현상 따위)으로 °말미암아 / 일어난 / 일

예 어떤 일이 일어난 까닭을 원인이라고 하고,
그 때문에 일어난 일을 **결과**라고 한다.

° **말미암다** 원인이나 이유가 되다

깔끔하다

모습이나 차림새가 / 환하고 · 깨끗하다

예 이곳저곳을 쓸고 닦고 치웠더니 교실이 무척 **깔끔해졌다**.

정거장
한자 머무를 정 停
수레 거 車
마당 장 場

버스나 기차 등의 탈것이 / 멈춰 서는 곳

예 길을 걷다가 **정거장**에서 버스를 기다리는 친구를 만났다.

비 터미널(terminal), 정류소, 정류장

벌써

생각보다 / 일찍

예 방학이 **벌써** 끝나다니, 정말 믿을 수 없다.

한꺼번에

모두 다 / °동시에 또는 몰아서 °한때에

예 좁은 장소에 쓰레기를 **한꺼번에** 버리니까 몹시 지저분하다.

° **동시** 같은 때
° **한때** 어느 한 시기

1 문장을 읽고, 알맞은 낱말을 써 넣어 봅시다.

1) 어떤 결과(일·사건·현상 따위)를 벌어지게 만든 일

2) 어떤 원인(일·사건·현상 따위)으로 말미암아 일어난 일

3) 모습이나 차림새가 환하고·깨끗하다

4) 버스나 기차 등의 탈것이 멈춰서는 곳

5) 생각보다 일찍

6) 모두 다 동시에 또는 몰아서 한때에

2 밑줄 친 곳에 알맞은 낱말을 써 넣어 문장을 완성해 봅시다.

1) 감기에 걸린 _____ 은 간밤에 이불을 덮지 않았기 때문이다.

2) 어떤 일이 일어난 까닭을 원인이라고 하고, 그 때문에 일어난 일을 _____ 라고 한다.

3) 이곳저곳을 쓸고 닦고 치웠더니 교실이 무척 _____ .

4) 길을 걷다가 _____ 에서 버스를 기다리는 친구를 만났다.

5) 방학이 _____ 끝나다니, 정말 믿을 수 없다.

6) 좁은 장소에 쓰레기를 _____ 버리니까 몹시 지저분하다.

몹시

더할 수 없이 / 심하게

㈜ 최근에 구입한 휴대폰을 잃어버려서 기분이 **몹시** 우울하다.

지저분하다

사물이 가지런하지 않고 / 마구 *헝클어져 있다

㈜ 동생이 벗어 놓은 옷들이 방바닥에 **지저분하게** 널려 있다.

* 헝클어지다   어떤 물건 따위가 한데 뒤섞여 몹시 어지럽게 되다

게다가

그러한 데다가. 뒤 내용에서 앞 내용보다 *한층 더한 사실을 덧붙일 때 쓰는 말

㈜ 가방을 잃어버렸다. **게다가** 가방 안에 있던 휴대폰까지 잃어버렸다.

* 한층   (일정한 정도에서) 한 단계 더

비 더구나, 더욱이, 더군다나

으스스하다

*섬뜩한 느낌을 받아서 / *소름이 돋는 듯하다

㈜ 비가 *부슬부슬 내리는 밤길을 걷다가 갑자기 **으스스한** 느낌이 들었다.

* 섬뜩하다   갑자기 소름이 끼칠 만큼 무섭고 끔찍한 느낌이 들다

* 소름   살갗이 오그라들며 겉에 좁쌀 같은 것이 도톨도톨하게 돋는 것

* 부슬부슬   눈이나 비가 조용히 약하게 내리는 모양

뒤죽박죽

이것저것이 함께 섞여 엉망인 / 모양 또는 그 상태

㈜ 가방이 대체 어디에 있을까, 누가 가져갔을까, *다시 찾을 수 있을까, 이런 저런 생각에 머릿속이 **뒤죽박죽** 혼란스러웠다.

* 다시   이전 상태대로

재활용품

한자 두 재 再
살 활 活
쓸 용 用
물건 품 品

*다시 쓸 수 있는 / *폐품 또는 폐품을 써서 다시 만든 / *물품

㈜ 우리 학교는 매주 목요일에 **재활용품**을 *분리수거한다.

* 다시   (방법이나 방향을 달리 고쳐서) 새로이 또

* 폐품   못 쓰게 되어 버린 물품

* 물품   쓸 만한 값어치가 있는 물건

* 분리수거하다   (쓰레기나 재활용품 따위를) 종류별로 나누어 거두어 가다

1 **문장을 읽고, 알맞은 낱말을 써 넣어 봅시다.**

1) 더할 수 없이 심하게

2) 사물이 가지런하지 않고 마구 헝클어져 있다

3) 그러한 데다가. 뒤 내용에서 앞 내용보다 한층 더한 사실을
　　덧붙일 때 쓰는 말

4) 섬뜩한 느낌을 받아서 소름이 돋는 듯하다

5) 이것저것이 함께 섞여 엉망인 모양 또는 그 상태

6) 다시 쓸 수 있는 폐품 또는 폐품을 써서
　　다시 만든 물품

2 **밑줄 친 곳에 알맞은 낱말을 써 넣어 문장을 완성해 봅시다.**

1) 최근에 구입한 휴대폰을 잃어버려서 기분이 ＿＿＿＿＿ 우울하다.

2) 동생이 벗어 놓은 옷들이 방바닥에 ＿＿＿＿＿ 널려 있다.

3) 가방을 잃어버렸다. ＿＿＿＿＿ 가방 안에 있던 휴대폰까지 잃어버렸다.

4) 비가 부슬부슬 내리는 밤길을 걷다가 갑자기 ＿＿＿＿＿ 느낌이 들었다.

5) 가방이 대체 어디에 있을까, 누가 가져갔을까, 다시 찾을 수 있을까, 이런저런 생각
　　에 머릿속이 ＿＿＿＿＿ 혼란스러웠다.

6) 우리 학교는 매주 목요일에 ＿＿＿＿＿ 을 분리수거한다.

쓰레기 점거장 | 교과서 168~173쪽 |

마련하다

필요한 것을 / •**갖추다**

㉠ 최근에 가방을 잃어버려서 새 가방을 **마련했다.**

• **갖추다**　있어야 할 것을 가지거나 차리다

비 장만하다, 준비하다

원인과 결과에 따라 이야기의 흐름 파악해 읽기 | 교과서 174~177쪽 |

놓아주다

갇히거나 · 잡힌 상태에서 / 자유롭게 해 주다

㉠ •새장 문을 열어서 •갇혀 있던 새들을 **놓아주었다.**

• **새장**　새를 넣어 기르는 장(물건을 넣어 두는 가구를 통틀어 이르는 말)

• **갇히다**　어디에 넣어져 마음대로 밖으로 나오지 못하게 되다

겪다

힘든 또는 **경험될 만한** / 일을 치르다

㉠ 최근에 **겪은** 가방 •분실 사건을 친구들에게
　들려주셨다.

• **분실**　물건 따위를 잃어버림

비 경험하다, 체험하다

때문(에)

일의 / 원인 또는 •**까닭**

㉠ 아이는 배가 너무 아팠기 **때문에** 학교에 가지 못했다.

• **까닭**　어떤 일이 생기게 된 이유

그래서

앞뒤 문장을 이어 주는 말로 / 앞 내용이 / 뒤 내용의 원인일 때 쓰임

㉠ 가방을 잃어버렸다. 그래서 새 가방을 샀다.

왜냐하면

앞뒤 문장을 이어 주는 말로 / 앞 내용에 대한 원인이나 이유를 / 뒤 내용에서
말할 때 쓰임

㉠ 엄마는 내 형편없는 수학 점수를 보고도 혼내지 않으셨다. **왜냐하면** 내가
　최선을 다했다는 사실을 아셨기 때문이다.

1 문장을 읽고, 알맞은 낱말을 써 넣어 봅시다.

1) 필요한 것을 준비하다

2) 갇히거나·잡힌 상태에서 자유롭게 해 주다

3) 힘든 또는 경험될 만한 일을 치르다

4) 일의 원인 또는 까닭

5) 앞뒤 문장을 이어 주는 말로 앞 내용이 뒤 내용의 원인일 때 쓰임

6) 앞뒤 문장을 이어 주는 말로 앞 내용에 대한 원인이나 이유를 뒤 내용에서 말할 때 쓰임

2 밑줄 친 곳에 알맞은 낱말을 써 넣어 문장을 완성해 봅시다.

1) 최근에 가방을 잃어버려서 새 가방을 _____ .

2) 새장 문을 열어서 갇혀 있던 새들을 _____ .

3) 최근에 _____ 가방 분실 사건을 친구들에게 들려주셨다.

4) 아이는 배가 너무 아팠기 _____ 학교에 가지 못했다.

5) 가방을 잃어버렸다. _____ 새 가방을 샀다.

6) 엄마는 내 형편없는 수학 점수를 보고도 혼내지 않으셨다. _____ 내가 최선을 다했다는 사실을 아셨기 때문이다.

놀리다

장난스럽게 괴롭히거나 · 함부로 대하여 / °웃음거리로 만들다

예 친구가 자꾸 내 별명을 부르며 **놀려서** 선생님께 일렀다.

° 웃음거리 남으로부터 비웃음이나 놀림을 당하게 되는 일. 또는 그런 사람

꾸미다

글 따위를 / °지어서 만들다

예 동화책에 나오는 등장인물의 성격을 바꿔서 이야기를 다시 **꾸몄다.**

° 짓다 (시, 소설, 편지, 노래 가사 따위와 같은) 글을 쓰다

품삯(품값)

어떤 일을 하고 나서 / 받거나 · 주는 / 돈 또는 물품

예 고구마 밭에서 일한 **품삯**으로 고구마 다섯 상자를 받았다.

공통

한자 한가지 공 共
통할 통 通

여럿 사이에 / 널리 통하고 °관계됨

예 영어는 세계 사람들이 **공통**으로
사용하는 언어이다.

° 관계 (둘 이상의 사람 · 사물 · 현상 따위가) 서로
관련을 맺거나 관련이 있음

덧붙이다

원래 있는 것 위에 / 다른 것을 / °겹치어 붙이다

예 태극기를 만들기 위해 도화지 위에 빨강, 파랑, 검정 색종이를 **덧붙였다.**

° 겹치다 (어떤 것이 다른 것에, 또는 둘 이상의 것이)
서로 포개지거나 덧놓이다

비 덧대다, 덧보태다

싣다

책이나 신문 따위에 / 글 · 그림 등을 / 내다

예 국어사전이라는 이름은 공통으로 쓰지만, 국어사전에 **싣는** 내용에 따라
다른 이름을 덧붙이기도 한다.

1 문장을 읽고, 알맞은 낱말을 써 넣어 봅시다.

1) 장난스럽게 괴롭히거나 · 함부로 대하여 웃음거리로 만들다 ☐☐☐

2) 글 따위를 지어서 만들다 ☐☐☐

3) 어떤 일을 하고 나서 받거나 주는 돈 또는 물품 ☐☐

4) 여럿 사이에 널리 통하고 관계됨 ☐☐

5) 원래 있는 것 위에 다른 것을 겹치어 붙이다 ☐☐☐

6) 책이나 신문 따위에 글 · 그림 등을 내다 ☐☐

2 밑줄 친 곳에 알맞은 낱말을 써 넣어 문장을 완성해 봅시다.

1) 친구가 자꾸 내 별명을 부르며 _____ 선생님께 일렀다.

2) 동화책에 나오는 등장인물의 성격을 바꿔서 이야기를 다시 _____ .

3) 고구마 밭에서 일한 _____ 으로 고구마 다섯 상자를 받았다.

4) 영어는 세계 사람들이 _____ 으로 사용하는 언어이다.

5) 태극기를 만들기 위해 도화지 위에 빨강, 파랑, 검정 색종이를 _____ .

6) 국어사전이라는 이름은 공통으로 쓰지만, 국어사전에 _____ 내용에 따라 다른 이름을 덧붙이기도 한다.

7. 반갑다, 국어사전

국어사전에 대해 배워 읽기 | 교과서 186~191쪽 |

달리하다

입장이나 생각을 / 다르게 가지다

예 *자기중심에서 벗어나 생각을 **달리하면** 다른 사람을 더 잘 *이해할 수 있다.

* **자기중심** 자기 일만을 생각하고, 남의 일은 생각하지 않는 일

* **이해하다(양해하다)** 다른 사람의 처지를 잘 헤아려 너그럽게 받아들이다

표시하다

한자 겉 표 表
보일 시 示

사실이나 내용을 / 문자나 *기호로 나타내 / 보이다

예 문제집을 채점하면서 실수로 틀린 문제에 세모를 **표시했다.**

* **기호** 어떠한 뜻을 나타내기 위하여 쓰는
그림, 문자 따위를 통틀어 이르는 말

국어사전에서 낱말의 뜻을 찾는 방법 읽기 | 교과서 192~196쪽 |

활용하다

한자 살 활 活
쓸 용 用

무엇을 / 이리저리 잘 *이용하다

예 미술 시간에 상자와 알루미늄 캔을 **활용해서** 자동차를 만들었다.

* **이용하다** (대상을 필요에 따라) 이롭거나 쓸모 있게 쓰다

비 사용하다, 이용하다, 써먹다

따개

병이나 깡통 따위의 뚜껑을 따는 / 물건

예 음료수 병뚜껑을 따려고 **따개**를 찾았는데, *도무지 찾을 수 없었다.

* **도무지** 아무리 해도

문학

한자 글월 문 文
배울 학 學

생각과 감정을 / 글로 *표현한 / 예술 또는 그런 작품

예 **문학**의 종류에는 시, 소설, *희곡 따위가 있다.

* **표현하다** (생각, 감정 따위를) 글이나 음악, 그림 따위를 통해 구체적으로 드러내어
나타내다

* **희곡** 무대 위에서 공연하는 것을 목적으로 쓰인 연극 대본

싸리문

한자 문 문 門

*싸릿가지를 엮어 만든 / 문

예 한밤중에 **싸리문**이 찌걱 하고 열리는 소리에 놀라 잠에서 깼다.

* **싸릿가지** 싸리(넓고 큰 잎사귀를 가진 콩과에
속하는 나무)의 가지나 줄기

1 문장을 읽고, 알맞은 낱말을 써 넣어 봅시다.

1) 입장이나 생각을 다르게 가지다

2) 사실이나 내용을 문자나 기호로 나타내 보이다

3) 무엇을 이리저리 잘 이용하다

4) 병이나 깡통 따위의 뚜껑을 따는 물건

5) 생각과 감정을 글로 표현한 예술 또는 그런 작품

6) 싸릿가지를 엮어 만든 문

2 밑줄 친 곳에 알맞은 낱말을 써 넣어 문장을 완성해 봅시다.

1) 자기중심에서 벗어나 생각을 _____ 다른 사람을 더 잘 이해할 수 있다.

2) 문제집을 채점하면서 실수로 틀린 문제에 세모를 _____ .

3) 미술 시간에 상자와 알루미늄 캔을 _____ 자동차를 만들었다.

4) 음료수 병뚜껑을 따려고 _____ 를 찾았는데, 도무지 찾을 수 없었다.

5) _____ 의 종류에는 시, 소설, 희곡 따위가 있다.

6) 한밤중에 _____ 이 찌걱 하고 열리는 소리에 놀라 잠에서 깼다.

1 문장을 읽고, 알맞은 낱말을 써 넣어 봅시다.

1) 갇히거나·잡힌 상태에서 자유롭게 해 주다 _____

2) 더할 수 없이 심하게 _____

3) 어떤 일을 하고 나서 받거나·주는 돈 또는 물품 _____

4) 사물이 가지런하지 않고 마구 헝클어져 있다 _____

5) 병이나 깡통 따위의 뚜껑을 따는 물건 _____

6) 어떤 결과(일·사건·현상 따위)를 벌어지게 만든 일 _____

7) 앞뒤 문장을 이어 주는 말로 앞 내용이 뒤 내용의
    원인일 때 쓰임 _____

8) 버스나 기차 등의 탈것이 멈춰 서는 곳 _____

9) 다시 쓸 수 있는 폐품 또는 폐품을 써서 다시 만든 물품 _____

10) 장난스럽게 괴롭히거나·함부로 대하여 웃음거리로 만들다 _____

11) 섬뜩한 느낌을 받아서 소름이 돋는 듯하다 _____

12) 생각보다 일찍 _____

13) 힘든 또는 경험될 만한 일을 치르다 _____

14) 무엇을 이리저리 잘 이용하다 _____

15) 책이나 신문 따위에 글·그림 등을 내다 _____

16) 생각과 감정을 글로 표현한 예술 또는 그런 작품 _____

17) 어떤 원인(일·사건·현상 따위)으로 말미암아 일어난 일 _____

18) 원래 있는 것 위에 다른 것을 겹치어 붙이다 _____

19) 모습이나 차림새가 환하고 깨끗하다 _____

20) 그러한 데다가. 뒤 내용에서 앞 내용보다 한층 더한 사실을 덧붙일 때 쓰는 말 _____

21) 앞뒤 문장을 이어 주는 말로 앞 내용에 대한 원인이나 이유를 뒤 내용에서 말할 때 쓰임 _____

22) 입장이나 생각을 다르게 가지다 _____

23) 여럿 사이에 널리 통하고 관계됨 _____

24) 사실이나 내용을 문자나 기호로 나타내 보이다 _____

25) 싸릿가지를 엮어 만든 문 _____

26) 글 따위를 지어서 만들다 _____

27) 모두 다 동시에 또는 몰아서 한때에 _____

28) 필요한 것을 갖추다 _____

29) 이것저것이 함께 섞여 엉망인 모양 또는 그 상태 _____

30) 일의 원인 또는 까닭 _____

2 밑줄 친 곳에 알맞은 낱말을 써 넣어 문장을 완성해 봅시다.

1) 문제집을 채점하면서 실수로 틀린 문제에 세모를 _____ .

2) 자기중심에서 벗어나 생각을 _____ 다른 사람을 더 잘 이해할 수 있다.

3) 좁은 장소에 쓰레기를 _____ 버리니까 몹시 지저분하다.

4) 친구가 자꾸 내 별명을 부르며 _____ 선생님께 일렀다.

5) 동화책에 나오는 등장인물의 성격을 바꿔서 이야기를 다시 _____ .

6) 가방이 대체 어디에 있을까, 누가 가져갔을까, 다시 찾을 수 있을까, 이런저런
생각에 머릿속이 _____ 혼란스러웠다.

7) 이곳저곳을 쓸고 닦고 치웠더니 교실이 무척 _____ .

8) 엄마는 내 형편없는 수학 점수를 보고도 혼내지 않으셨다. _____ 내가
최선을 다했다는 사실을 아셨기 때문이다.

9) 영어는 세계 사람들이 _____ 으로 사용하는 언어이다.

10) 최근에 구입한 휴대폰을 잃어버려서 기분이 _____ 우울하다.

11) 최근에 _____ 가방 분실 사건을 친구들에게 들려주셨다.

12) 동생이 벗어 놓은 옷들이 방바닥에 _____ 널려 있다.

13) 고구마 밭에서 일한 _____ 으로 고구마 다섯 상자를 받았다.

14) 가방을 잃어버렸다. _____ 가방 안에 있던 휴대폰까지 잃어버렸다.

15) 가방을 잃어버렸다. _____ 새 가방을 샀다.

16) 길을 걷다가 _____ 에서 버스를 기다리는 친구를 만났다.

17) 우리 학교는 매주 목요일에 _____ 을 분리수거한다.

18) 국어사전이라는 이름은 공통으로 쓰지만, 국어사전에 _____ 내용에 따라 다른 이름을 덧붙이기도 한다.

19) 미술 시간에 상자와 알루미늄 캔을 _____ 자동차를 만들었다.

20) 음료수 병뚜껑을 따려고 _____ 를 찾았는데, 도무지 찾을 수 없었다.

21) 비가 부슬부슬 내리는 밤길을 걷다가 갑자기 _____ 느낌이 들었다.

22) _____ 의 종류에는 시, 소설, 희곡 따위가 있다.

23) 태극기를 만들기 위해 도화지 위에 빨강, 파랑, 검정 색종이를 _____ .

24) 한밤중에 _____ 이 찌걱 하고 열리는 소리에 놀라 잠에서 깼다.

25) 최근에 가방을 잃어버려서 새 가방을 _____ .

26) 새장 문을 열어서 갇혀 있던 새들을 _____ .

27) 감기에 걸린 _____ 은 간밤에 이불을 덮지 않았기 때문이다.

28) 어떤 일이 일어난 까닭을 원인이라고 하고, 그 때문에 일어난 일을 _____ 라고 한다.

29) 방학이 _____ 끝나다니, 정말 믿을 수 없다.

30) 아이는 배가 너무 아팠기 _____ 학교에 가지 못했다.

국어사전에서 낱말을 찾는 방법 알기 | 교과서 192~196쪽 |

저울질 서로 *비교하여 *이해득실 따위를 / 이리저리 *헤아려 보는 / 일

(예) 엄마는 내게 휴대폰을 다시 사줄지 말지 *한동안 **저울질** 하셨다.

*비교하다 두 개 이상의 사물을 견주어 비슷한 점이나 다른 점, 우열(나음과 못함)을 살
피다

*이해득실 이로움과 해로움과 얻음과 잃음을 아울러 이르는 말

*헤아리다 (사람의 마음이나 일의 속뜻을) 짐작으로 가늠하거나 미루어 생각하다

*한동안 꽤 오랫동안

차림새 옷 따위를 / 입거나 · 꾸민 / 모양

(예) *배우의 화려한 **차림새**가 사람들의 *눈길을 끌었다.

*배우 연극 · 영화 등에서 어떤 역을 맡아 연기하는 사람

*눈길을 끌다(모으다) (어떤 대상이 다른 대상의) 관심을 끌다

칸막이 칸을 나누기 위해 / 공간 사이사이를 막음 또는 그 막은 물건

(예) 행사장의 *체험 부스들이 **칸막이**로 *구분되어 있다.

*체험 부스 행사 따위에서 어떤 일을 몸소 경험해 볼 수
있도록 칸막이하여 설치한 공간

*구분되다 성질이나 종류에 따라 나누어지다

포구 강이나 바닷가에서 / 배가 들어오고 나가는 / 곳

(한자) 개 포 浦
입 구 口

(예) **포구**가 보이기 시작하자 빠르게 움직이던
배가 천천히 *속도를 줄였다.

*속도 물체가 움직일 때, 그 빠른 정도

형태가 바뀌는 낱말을 국어사전에서 찾기 | 교과서 197~202쪽 |

형태 모양이나 생김새

(한자) 모양 형 形
모습 태 態

(예) '잡다'는 **형태**가 바뀌는 낱말이고, '동생'은 **형태**가 바뀌지 않는 낱말이다.

성질(성분) 어떤 사물이나 현상이 / *본디부터 *특별히 / 갖고 있는 것

(한자) 성품 성 性
바탕 질 質

(예) 물과 기름은 서로 섞이지 않는 **성질**이 있다.

*본디 사물이 전하여 내려온 그 처음

*특별히 보통과 아주 다르게

1 문장을 읽고, 알맞은 낱말을 써 넣어 봅시다.

1) 서로 비교하여 이해득실 따위를 이리저리 헤아려 보는 일

2) 옷 따위를 입거나 · 꾸민 모양

3) 칸을 나누기 위해 공간 사이사이를 막음 또는 그 막은 물건

11주
1일

4) 강이나 바닷가에서 배가 들어오고 나가는 곳

5) 모양이나 생김새

6) 어떤 사물이나 현상이 본디부터 특별히 갖고 있는 것

2 밑줄 친 곳에 알맞은 낱말을 써 넣어 문장을 완성해 봅시다.

1) 엄마는 내게 휴대폰을 다시 사줄지 말지 한동안 _____ 하셨다.

2) 배우의 화려한 _____ 가 사람들의 눈길을 끌었다.

3) 행사장의 체험 부스들이 _____ 로 구분되어 있다.

4) _____ 가 보이기 시작하자 빠르게 움직이던 배가 천천히 속도를 줄였다.

5) '잡다'는 _____ 가 바뀌는 낱말이고, '동생'은 _____ 가 바뀌지 않는 낱말이다.

6) 물과 기름은 서로 섞이지 않는 _____ 이 있다.

상황

한자 형상 상 狀
상황 황 況

일이나 현상 따위가 / 벌어지거나 · •처해 있는 / 일정한 때의 / 모습 또는 •형편

예 휴대폰을 잃어버린 친구가 몹시 •곤란한 **상황**이다.

- • 처하다   어떤 형편이나 처지에 놓이다
- • 형편   일이 되어 가는 모양 · 순서 · 결과
- • 곤란하다   (일이나 형편이) 몹시 딱하고 어렵다
- 비 형편, 모양, 형세, 정세

상태

한자 형상 상 狀
모습 태 態

사물이나 현상 따위가 / 일정한 때에 놓여 있는 / 모양 또는 형편

예 운동장을 다섯 바퀴 돌아서 거의 •탈진 **상태**가 되었다.

- • 탈진   몸의 기운이 다 빠져 없어짐

기후

한자 기운 기 氣
기후 후 候

기온 · 비 · 눈 · 바람 따위의 / •대기 상태

예 우리나라의 **기후**는 봄, 여름, 가을, 겨울의 구분이 •뚜렷하다.

- • 대기   지구를 둘러싸고 있는 공기층
- • 뚜렷하다(또렷하다)   무엇이 (흐리지 않고) 분명하다

성기다

빈 •공간이 / 많다

예 창밖에 **성긴** 눈발이 •희끗희끗 날리고 있었다.

- • 공간   아무것도 없는 빈 곳
- • 희끗희끗 흰 빛깔이 여기저기 나타난 모양

까슬까슬하다

물체의 •표면이나 살결이 / •윤기가 없고 · 매우 거칠다

예 날씨가 •건조해진 탓인지 피부가 **까슬까슬하다**.

- • 표면   사물의 가장 바깥쪽. 또는 가장 윗부분
- • 윤기   (물체의 표면에 나타나는) 반질반질하고 매끄러운 기운
- • 건조하다   말라서 습기(물기가 많아 젖은 듯한 축축한 기운)가 없다

스며들다

바람이나 냄새 따위의 기체가 / 속으로 배어들다

예 옷 속으로 **스며드**는 쌀쌀한 저녁 바람에 정신이 번쩍 들었다.

형태가 바뀌는 낱말을 국어사전에서 찾기 | 교과서 197~202쪽 |

1 **문장을 읽고, 알맞은 낱말을 써 넣어 봅시다.**

1) 일이나 현상 따위가 벌어지거나 · 처해 있는 일정한 때의 모습 또는 형편 ☐☐

2) 사물이나 현상 따위가 일정한 때에 놓여 있는 모양 또는 형편 ☐☐

3) 기온 · 비 · 눈 · 바람 따위의 대기 상태 ☐☐

4) 빈 공간이 많다 ☐☐☐

5) 물체의 표면이나 살결이 윤기가 없고 · 매우 거칠다 ☐☐☐☐☐

6) 바람이나 냄새 따위의 기체가 속으로 배어들다 ☐☐☐☐

2 **밑줄 친 곳에 알맞은 낱말을 써 넣어 문장을 완성해 봅시다.**

1) 휴대폰을 잃어버린 친구가 몹시 곤란한 _____ 이다.

2) 운동장을 다섯 바퀴 돌아서 거의 탈진 _____ 가 되었다.

3) 우리나라의 _____ 는 봄, 여름, 가을, 겨울의 구분이 뚜렷하다.

4) 창밖에 _____ 눈발이 희끗희끗 날리고 있었다.

5) 날씨가 건조해진 탓인지 피부가 _____ .

6) 옷 속으로 _____ 쌀쌀한 저녁 바람에 정신이 번쩍 들었다.

삼짇날
[한자] 석 삼 三

•음력 3월 •초사흗날

[예] 옛날 시골에서는 **삼짇날**에 꽃잎을 따서 전을 부쳐 먹으며 춤추고 노는 화전놀이 •풍속이 있었다.

• 음력   달이 지구를 한 바퀴 도는 시간을 기준으로 만든 달력

• 초사흗날(초사흘)   그 달의 셋째 날

• 풍속   옛날부터 그 사회에 전해 오는 생활 전반의 습관이나 버릇 따위를 이르는 말

둥글납작하다

생김새가 / 둥글고 · 납작하다

[예] 화전이란 찹쌀가루를 반죽하여 진달래 꽃잎을 얹고 **둥글납작하게** 만들어 •참기름으로 부친 음식이다.

• 참기름   참깨로 짠 기름

번철
[한자] 불사를 번 燔
쇠 철 鐵

음식을 지지거나 볶을 때 쓰는 / 솥뚜껑처럼 생긴 둥글넓적한 / 무쇠 그릇

[예] •아낙은 솥뚜껑처럼 생긴 **번철**에 참기름을 바르고 화전을 부쳤다.

• 아낙(아낙네)   남의 집 부녀자(결혼한 여자와 성숙한 여자)를 부르는 말

부치다

번철이나 프라이팬 등에 / 기름을 바르고 / 음식을 익혀 만들다

[예] 삼짇날에 마을의 아낙들이 모여서 번철에다가 화전과 김치전을 **부쳤다.**

화전
[한자] 꽃 화 花
달일 전 煎

찹쌀가루를 반죽하여 / 진달래, 개나리, 국화 등의 꽃잎을 붙여서 / 기름에 지진 / 떡

[예] 삼짇날에 마을 사람들은 진달래꽃으로 **화전**을 부쳐 먹고 춤을 췄다.

화채
[한자] 꽃 화 花
나물 채 菜

꿀물이나 설탕물에 / 과일이나 꽃을 넣고 / 잣을 띄운 / •음료

[예] 여름에는 수박으로 시원한 **화채**를 만들어 먹곤 하였다.

• 음료   물, 차, 술 따위와 같이 사람이 마실 수 있도록 만든 액체를 통틀어 이르는 말

1 문장을 읽고, 알맞은 낱말을 써 넣어 봅시다.

1) 음력 3월 초사흗날

2) 생김새가 둥글고 납작하다

3) 음식을 지지거나 볶을 때 쓰는 솥뚜껑처럼 생긴 둥글넓적한 무쇠 그릇

4) 번철이나 프라이팬 등에 기름을 바르고 음식을 익혀 만들다

5) 찹쌀가루를 반죽하여 진달래, 개나리, 국화 등의 꽃잎을 붙여서 기름에 지진 떡

6) 꿀물이나 설탕물에 과일이나 꽃을 넣고 잣을 띄운 음료

2 밑줄 친 곳에 알맞은 낱말을 써 넣어 문장을 완성해 봅시다.

1) 옛날 시골에서는 _____ 에 꽃잎을 따서 전을 부쳐 먹으며 춤추고 노는 화전 놀이 풍속이 있었다.

2) 화전이란 찹쌀가루를 반죽하여 진달래 꽃잎을 얹고 _____ 만들어 참기름 으로 부친 음식이다.

3) 아낙은 솥뚜껑처럼 생긴 _____ 에 참기름을 바르고 화전을 부쳤다.

4) 삼짇날에 마을의 아낙들이 모여서 번철에다가 화전과 김치전을 _____ .

5) 삼짇날에 마을 사람들은 진달래꽃으로 _____ 을 부쳐 먹고 춤을 췄다.

6) 여름에는 수박으로 시원한 _____ 를 만들어 먹곤 하였다.

살짝

아주 약간

㉔ 선생님의 칭찬이 부끄러웠는지 친구의 얼굴이 **살짝** 붉어졌다.

담그다

김치 · 술 · 간장 · 젓갈 따위를 만드는 재료를 / 뒤섞은 후에 / 익도록 / 그릇에 넣다

㉔ 주말에 친척들이 우리집에 모여서 °김장을 **담갔다**.

° 김장　　김치를 한꺼번에 많이 담그는 일.
　　　　　　또는 그렇게 담근 김치

알레르기

영어 Allergie

어떤 물질을 / °섭취하거나 · 접촉했을 때 / 보통 사람과 다르게 나타나는 / 몸의 °과민 반응

㉔ 나는 꽃가루 **알레르기**가 있어 봄이면 재채기를 심하게 한다.

° 섭취하다　(생물이 영양소나 양분 따위를) 몸 안으로 흡수하다

° 과민　　　감각, 신경, 감정 등이 자극에 지나치게 반응을 보이거나 쉽게 영향을 받음

농약

한자 농사 농 農
　　약 약 藥

농작물에 °해로운 벌레 · 병균 · 잡초 등을 / 없애는 약 또는 농작물이 / 잘 자라게 하는 약

㉔ 사과나무에 **농약**을 뿌렸더니 잎을 갉아먹는 벌레들이 없어졌다.

° 해롭다　　해가 되는 점이 있다

독성

한자 독 독 毒
　　성품 성 性

건강이나 생명에 °해가 되는 / 독이 있는 / °성분

㉔ 콜레라균은 사람을 죽일 수 있는 무서운 **독성**을 가진 미생물이다.

° 해　　　　이롭지 않게 하거나 손상(병이 들거나 다침)을 입히는 것

° 성분　　　물질을 이루는 낱낱의 요소

제거하다

한자 덜 제 除
　　갈 거 去

없어지게 하다

㉔ 학생들은 운동장에 돋아난 잡초를 **제거하는**
　°봉사 활동을 했다.

° 봉사　　　국가, 사회, 다른 사람을 돕기 위해 힘써 일하다

매일 꽃 수 있는 문리 교과서 203~206쪽

1 문장을 읽고, 알맞은 낱말을 써 넣어 봅시다.

1) 아주 약간

2) 김치·술·간장·젓갈 따위를 만드는 재료를 뒤섞은 후에
   익도록 그릇에 넣다

3) 어떤 물질을 섭취하거나·접촉했을 때 보통 사람과
   다르게 나타나는 몸의 과민 반응

4) 농작물에 해로운 벌레·병균·잡초 등을 없애는 약
   또는 농작물이 잘 자라게 하는 약

5) 건강이나 생명에 해가 되는 독이 있는 성분

6) 없어지게 하다

2 밑줄 친 곳에 알맞은 낱말을 써 넣어 문장을 완성해 봅시다.

1) 선생님의 칭찬이 부끄러웠는지 친구의 얼굴이 _____ 붉어졌다.

2) 주말에 친척들이 우리집에 모여서 김장을 _____ .

3) 나는 꽃가루 _____ 가 있어 봄이면 재채기를 심하게 한다.

4) 사과나무에 _____ 을 뿌렸더니 잎을 갉아먹는 벌레들이 없어졌다.

5) 콜레라균은 사람을 죽일 수 있는 무서운 _____ 을 가진 미생물이다.

6) 학생들은 운동장에 돋아난 잡초를 _____ 봉사 활동을 했다.

재배하다

한자 심을 재 栽
북을 돋울 배 培

식물을 / 심어서 기르다

㉮ 엄마는 화분에 상추를 심어서 직접 **재배하신다.**

함부로

마음 내키는 대로 마구 또는 **생각 없이** 아무렇게나

㉮ 과일에는 농약의 독성이 남아 있을 수 있으므로 **함부로** 먹으면 안 된다.

식용

한자 밥 식 食
쓸 용 用

먹을 것으로 / 씀 또는 먹을 것으로 쓰는 / 물건

㉮ 할머니는 도시에 사는 자식들이 •고향에 내려올 때면 **식용**으로 기르던 닭
　을 한 마리씩 •잡아 주었다.

• 고향　　　자기가 태어나서 자란 곳

• 잡다　　　(고기를 얻기 위해) 짐승을 죽이다

배탈

한자 탈날 탈 頉

설사나 복통 따위의 / 뱃속 병을 / 통틀어 이르는 말

㉮ 상한 음식을 먹고 **배탈**이 나서 밤새도록 화장실을 •들락거렸다.

• 들락거리다　　　자꾸 들어왔다 나갔다 하다

고생

한자 쓸 고 苦
날 생 生

힘들고 괴로운 일을 / 겪음 또는 그런 생활

㉮ **고생** 끝에 •낙이 온다는 속담은 어려운 일이나 •고된 일을
　겪은 뒤에는 반드시 즐겁고 좋은 일이 생긴다는
　뜻이다.

• 낙　　　살아가는 데 있어서의 재미나 즐거움

• 고되다　　　(하는 일이) 몹시 힘들다

따로

다른 것과 / •한데 섞이거나 · 함께 하지 않고 / 혼자 떨어져서

㉮ 아이는 친구들과 어울리지 못하고 늘 **따로** 놀았다.

• 한데　　　한곳. 한군데

교과서 연계 꼭 알아 두어야 할 | 동화 교과서 203~206쪽 |

1 문장을 읽고, 알맞은 낱말을 써 넣어 봅시다.

1) 식물을 심어서 기르다

2) 마음 내키는 대로 마구 또는 생각 없이 아무렇게나

3) 먹을 것으로 씀 또는 먹을 것으로 쓰는 물건

4) 설사나 복통 따위의 뱃속 병을 통틀어 이르는 말

5) 힘들고 괴로운 일을 겪음 또는 그런 생활

6) 다른 것과 한데 섞이거나 · 함께 하지 않고 혼자 떨어져서

2 밑줄 친 곳에 알맞은 낱말을 써 넣어 문장을 완성해 봅시다.

1) 엄마는 화분에 상추를 심어서 직접 _____ .

2) 과일에는 농약의 독성이 남아 있을 수 있으므로 _____ 먹으면 안 된다.

3) 할머니는 도시에 사는 자식들이 고향에 내려올 때면 _____ 으로 기르던 닭을 한 마리씩 잡아 주었다.

4) 상한 음식을 먹고 _____ 이 나서 밤새도록 화장실을 들락거렸다.

5) _____ 끝에 낙이 온다는 속담은 어려운 일이나 고된 일을 겪은 뒤에는 반드시 즐겁고 좋은 일이 생긴다는 뜻이다.

6) 아이는 친구들과 어울리지 못하고 늘 _____ 놀았다.

1 문장을 읽고, 알맞은 낱말을 써 넣어 봅시다.

1) 생김새가 둥글고 납작하다 _____

2) 서로 비교하여 이해득실 따위를 이리저리 헤아려 보는 일 _____

3) 강이나 바닷가에서 배가 들어오고 나가는 곳 _____

4) 설사나 복통 따위의 뱃속 병을 통틀어 이르는 말 _____

5) 아주 약간 _____

6) 음식을 지지거나 볶을 때 쓰는 솥뚜껑처럼 생긴
둥글넓적한 무쇠 그릇 _____

7) 기온·비·눈·바람 따위의 대기 상태 _____

8) 사물이나 현상 따위가 일정한 때에 놓여 있는 모양 또는 형편 _____

9) 빈 공간이 많다 _____

10) 꿀물이나 설탕물에 과일이나 꽃을 넣고 잣을 띄운 음료 _____

11) 물체의 표면이나 살결이 윤기가 없고
매우 거칠다 _____

12) 김치·술·간장·젓갈 따위를 만드는 재료를 뒤섞은 후에
익도록 그릇에 넣다 _____

13) 바람이나 냄새 따위의 기체가 속으로 배어들다 _____

14) 옷 따위를 입거나 꾸민 모양 _____

15) 칸을 나누기 위해 공간 사이사이를 막음 또는 그 막은 물건 _____

16) 음력 3월 초사흗날　　　　　　　　　　＿＿＿＿＿＿

17) 마음 내키는 대로 마구 또는 생각 없이 아무렇게나　　＿＿＿＿＿＿

18) 없어지게 하다　　　　　　　　　　＿＿＿＿＿＿

19) 찹쌀가루를 반죽하여 진달래, 개나리, 국화 등의
　　꽃잎을 붙여서 기름에 지진 떡　　　＿＿＿＿＿＿

20) 어떤 물질을 섭취하거나 접촉했을 때 보통 사람과
　　다르게 나타나는 몸의 과민 반응　　＿＿＿＿＿＿

21) 번철이나 프라이팬 등에 기름을 바르고 음식을 익혀 만들다　＿＿＿＿＿＿

22) 모양이나 생김새　　　　　　　　　＿＿＿＿＿＿

23) 농작물에 해로운 벌레·병균·잡초 등을 없애는 약
　　또는 농작물이 잘 자라게 하는 약　　＿＿＿＿＿＿

24) 식물을 심어서 기르다　　　　　　　＿＿＿＿＿＿

25) 일이나 현상 따위가 벌어지거나·처해 있는 일정한
　　때의 모습 또는 형편　　　　　　　＿＿＿＿＿＿

26) 힘들고 괴로운 일을 겪음 또는 그런 생활　＿＿＿＿＿＿

27) 먹을 것으로 씀 또는 먹을 것으로 쓰는 물건　＿＿＿＿＿＿

28) 다른 것과 한데 섞이거나·함께 하지 않고 혼자 떨어져서　＿＿＿＿＿＿

29) 어떤 사물이나 현상이 본디부터 특별히 갖고 있는 것　＿＿＿＿＿＿

30) 건강이나 생명에 해가 되는 독이 있는 성분　＿＿＿＿＿＿

2 밑줄 친 곳에 알맞은 낱말을 써 넣어 문장을 완성해 봅시다.

1) 선생님의 칭찬이 부끄러웠는지 친구의 얼굴이 _____ 붉어졌다.

2) 아이는 친구들과 어울리지 못하고 늘 _____ 놀았다.

3) 여름에는 수박으로 시원한 _____ 를 만들어 먹곤 하였다.

4) 화전이란 찹쌀가루를 반죽하여 진달래 꽃잎을 얹고 _____ 만들어 참기름으로 부친 음식이다.

5) 날씨가 건조해진 탓인지 피부가 _____ .

6) 주말에 친척들이 우리집에 모여서 김장을 _____ .

7) _____ 가 보이기 시작하자 빠르게 움직이던 배가 천천히 속도를 줄였다.

8) 운동장을 다섯 바퀴 돌아서 거의 탈진 _____ 가 되었다.

9) _____ 끝에 낙이 온다는 속담은 어려운 일이나 고된 일을 겪은 뒤에는 반드시 즐겁고 좋은 일이 생긴다는 뜻이다.

10) 콜레라균은 사람을 죽일 수 있는 무서운 _____ 을 가진 미생물이다.

11) 상한 음식을 먹고 _____ 이 나서 밤새도록 화장실을 들락거렸다.

12) 학생들은 운동장에 돋아난 잡초를 _____ 봉사 활동을 했다.

13) 엄마는 화분에 상추를 심어서 직접 _____ .

14) 나는 꽃가루 _____ 가 있어 봄이면 재채기를 심하게 한다.

15) 과일에는 농약의 독성이 남아 있을 수 있으므로 _____ 먹으면 안 된다.

16) 사과나무에 _____ 을 뿌렸더니 잎을 갉아먹는 벌레들이 없어졌다.

17) 할머니는 도시에 사는 자식들이 고향에 내려올 때면 _____ 으로 기르던 닭을 한 마리씩 잡아 주었다.

18) 창밖에 _____ 눈발이 희끗희끗 날리고 있었다.

19) 옛날 시골에서는 _____ 에 꽃잎을 따서 전을 부쳐 먹으며 춤추고 노는 화전놀이 풍속이 있었다.

20) 아낙은 솥뚜껑처럼 생긴 _____ 에 참기름을 바르고 화전을 부쳤다.

21) 엄마는 내게 휴대폰을 다시 사줄지 말지 한동안 _____ 하셨다.

22) 삼짇날에 마을의 아낙들이 모여서 번철에다가 화전과 김치전을 _____ .

23) 행사장의 체험 부스들이 _____ 로 구분되어 있다.

24) 물과 기름은 서로 섞이지 않는 _____ 이 있다.

25) 삼짇날에 마을 사람들은 진달래꽃으로 _____ 을 부쳐 먹고 춤을 췄다.

26) 배우의 화려한 _____ 가 사람들의 눈길을 끌었다.

27) '잡다'는 _____ 가 바뀌는 낱말이고, '동생'은 _____ 가 바뀌지 않는 낱말이다.

28) 휴대폰을 잃어버린 친구가 몹시 곤란한 _____ 이다.

29) 우리나라의 _____ 는 봄, 여름, 가을, 겨울의 구분이 뚜렷하다.

30) 옷 속으로 _____ 쌀쌀한 저녁 바람에 정신이 번쩍 들었다.

색소
한자 빛 색 色
본디 소 素

물체에 색깔을 내는 데에 있어서 / 바탕이 되는 / 물질
㉠ 아이는 보라색 색소가 든 음료수를 마시고 보라색으로 변한 혀를 •날름 내밀었다.
• 날름　　 혀나 손 따위를 날쌔게 내밀었다 들이는 모양

순수하다
한자 순수할 순 純
순수할 수 粹

어떤 물질에 / 다른 것의 섞임이 / 전혀 없다
㉠ 순수한 물은 색소가 들어 있지 않기 때문에 맑고 투명한데, 이 음료수에는 색소가 들어 있어서 보라색 빛이 •돈다.
• 돌다　　 (어떤 기운, 빛 따위가) 겉으로 나타나다

물들이다

빛깔이 옮아서 묻거나 · •스미게 하다
㉠ 엄마와 아이는 손톱에 봉숭아물을 들였다.
• 스미다　　 물이나 기름 따위의 액체가 배어들다

영양
한자 경영할 영 營
기를 양 養

생물의 / 생명을 유지하고 · 몸을 •성장시키기 위해 / 필요한 성분 또는 그것을 •함유한 음식물
㉠ 영양을 충분히 •섭취하려면 밥을 잘 먹고 반찬도 골고루 먹어야 한다.
• 성장　　 사람이나 동물 따위가 자라서 점점 커짐
• 함유　　 물질이 어떤 성분을 포함하고 있음
• 섭취하다 (좋은 영양이 되는 성분을) 몸속에 빨아들이다

천연
한자 하늘 천 天
그럴 연 然

사람의 힘을 가하지 않고 / 저절로 •이루어진 / 자연 그대로의 상태
㉠ 소금은 바닷물에서 얻을 수 있는 천연 •조미료이다.
• 이루어지다　　 일정한 상태나 결과가 생기거나 만들어지다
• 조미료　　 음식의 맛을 맞추는 데 쓰는 재료

파악하다
한자 잡을 파 把
쥘 악 握

내용을 충분히 이해하여 / 확실하게 알다
㉠ '먹을 수 있는 꽃 요리'를 읽고 글의 내용을 파악하기 위해 문제를 풀었다.

1 문장을 읽고, 알맞은 낱말을 써 넣어 봅시다.

1) 물체에 색깔을 내는 데에 있어서 바탕이 되는 물질

2) 어떤 물질에 다른 것의 섞임이 전혀 없다

3) 빛깔이 옮아서 묻거나·스미게 하다

4) 생물의 생명을 유지하고·몸을 성장시키기 위해
   필요한 성분 또는 그것을 함유한 음식물

5) 사람의 힘을 가하지 않고 저절로 이루어진 자연 그대로의 상태

6) 내용을 충분히 이해하여 확실하게 알다

12주
1일

2 밑줄 친 곳에 알맞은 낱말을 써 넣어 문장을 완성해 봅시다.

1) 아이는 보라색 _____ 가 든 음료수를 마시고 보라색으로 변한 혀를
   날름 내밀었다.

2) _____ 물은 색소가 들어 있지 않기 때문에 맑고 투명한데, 이 음료수에는
   색소가 들어 있어서 보라색 빛이 돈다.

3) 엄마와 아이는 손톱에 봉숭아 _____ .

4) _____ 을 충분히 섭취하려면 밥을 잘 먹고 반찬도 골고루 먹어야 한다.

5) 소금은 바닷물에서 얻을 수 있는 _____ 조미료이다.

6) '먹을 수 있는 꽃 요리'를 읽고 글의 내용을 _____ 위해 문제를 풀었다.

7. 반갑다, 국어사전

과정
한자 지날 과 過
한도 정 程

일이 *진행되는 / *순서

예 학생들은 동물의 한살이 **과정**을 알아보기 위해 배추흰나비를 *사육 상자에 길렀다.

* **진행되다** (일이) 처리되어 나가게 되다
* **순서** (무슨 일을 행하거나 무슨 일이 이루어지는) 차례
* **사육** 동물, 곤충 따위를 기름(키움)

그윽하다

어떤 장소가 / 깊숙하여 포근하게 감싸 안기듯 / 편안하고 · 조용하고 · 평화롭다

예 마을은 깊은 산속에 **그윽하게** 자리잡고 있었다.

누리

*세상을 / 예스럽게 이르는 말

예 밤새 내린 눈으로 *온 **누리**가 새하얗게 되었다.

* **세상(누리, 천하)** 사람이 살고 있는 모든 사회를 통틀어 이르는 말
* **온** 전부의. 모두의

지게

사람이 등에 지고 / 그 위에 짐을 실어 옮기도록 만든 / 기구

예 산을 내려오던 *사내는 **지게**를 내려놓고 잠시 쉬었다.

* **사내(사나이)** 한창때(기운, 의욕 따위가 가장 왕성한 때)의 젊고 씩씩한 남자

햇귀

*사방으로 뻗친 / *햇살 또는 해가 처음 솟아오를 때의 / 빛

예 한여름에 내리쬐는 **햇귀**는 따가울 정도로 뜨겁다.

* **사방** 모든 곳 또는 여러 곳
* **햇살(볕살)** 해에서 나오는 빛의 줄기. 해가 내쏘는 광선

희나리

덜 마른 / *장작

예 **희나리**에 불을 *지폈는데, 잘 붙지 않았다.

* **장작** 통나무를 길쭉하게 쪼갠 땔나무
* **지피다** (땔나무와 장작 따위에) 불을 붙여서 타게 하다

1 문장을 읽고, 알맞은 낱말을 써 넣어 봅시다.

1) 일이 진행되는 순서

2) 어떤 장소가 깊숙하여 포근하게 감싸 안기듯
   편안하고·조용하고·평화롭다

3) 세상을 예스럽게 이르는 말

4) 사람이 등에 지고 그 위에 짐을 실어 옮기도록 만든 기구

5) 사방으로 뻗친 햇살 또는 해가 처음 솟아오를 때의 빛

6) 덜 마른 장작

12주
2일

2 밑줄 친 곳에 알맞은 낱말을 써 넣어 문장을 완성해 봅시다.

1) 학생들은 동물의 한살이 _____ 을 알아보기 위해 배추흰나비를 사육 상자에
   길렀다.

2) 마을은 깊은 산속에 _____ 자리잡고 있었다.

3) 밤새 내린 눈으로 온 _____ 가 새하얗게 되었다.

4) 산을 내려오던 사내는 _____ 를 내려놓고 잠시 쉬었다.

5) 한여름에 내리쬐는 _____ 는 따가울 정도로 뜨겁다.

6) _____ 에 불을 지폈는데, 잘 붙지 않았다.

1단원 전체으로 탄탄히

고리

긴 쇠붙이 또는 끈 따위를 / 둥글게 구부려 / 끝을 맞붙여 만든 / 물건

예 **고리**로 묶은 책 모양으로 나만의 국어사전을 만들었다.

탐스럽다

한자 탐낼 탐 貪

마음이 끌리도록 / 보기에 좋은 데가 있다

예 감나무에 크고 **탐스러운** 감들이 *주렁주렁 달려 있다.

* **주렁주렁(조롱조롱)**　　열매 따위가 많이 매달려 있는 모양

열리다

식물의 가지에 / 열매가 / 생겨나다

예 감나무에 빨간 감들이 탐스럽게 **열려** 있다.

뻗다(벋다)

가지 · *덩굴 · 뿌리 따위가 / 길게 자라나다

예 감나무 가지가 담 너머 옆집 마당까지 **뻗어** 있다.

* **덩굴(넝쿨)**　　길게 뻗어서 땅바닥으로 퍼지거나 다른 것을 감아 오르는 식물의 줄기

알아채다

*눈치나 *짐작으로 / 일이 생기기 전에 / 먼저 알다

예 나는 순간적으로 그들이 *속임수를 쓴다는 것을 **알아챘다.**

* **눈치**　　남의 마음이나 일의 낌새를 알아채는 힘
* **짐작**　　(이미 알고 있는 사실에 비추어) 무엇이 어찌할 것이라고 생각함
* **속임수**　　남을 꾀어서 속이는 행위. 또는 속이는 수단

하인

한자 아래 하 下
사람 인 人

주인의 집에 *매여 살면서 / 주인집의 일을 맡아서 하는 / 사람

예 *초인종을 누르자 **하인**이 허리를 *꿉실거리며 문을 열고 나왔다.

* **매이다**　　남에게 딸려 있어서 자유로운 행동을 할 수 없게 되다
* **초인종**　　사람을 부르는 신호로 울리는 종
* **꿉(굽)실거리다**　비위를 맞추느라고 자꾸 비굴하게 행동하다

| 교과서 212~219쪽 | 음성과 한눈

1 문장을 읽고, 알맞은 낱말을 써 넣어 봅시다.

1) 긴 쇠붙이 또는 끈 따위를 둥글게 구부려 끝을 맞붙여 만든 물건

2) 마음이 끌리도록 보기에 좋은 데가 있다

3) 식물의 가지에 열매가 생겨나다

4) 가지 · 덩굴 · 뿌리 따위가 길게 자라나다

5) 눈치나 짐작으로 일이 생기기 전에 먼저 알다

6) 주인의 집에 매여 살면서 주인집의 일을 맡아서 하는 사람

2 밑줄 친 곳에 알맞은 낱말을 써 넣어 문장을 완성해 봅시다.

1) _____ 로 묶은 책 모양으로 나만의 국어사전을 만들었다.

2) 감나무에 크고 _____ 감들이 주렁주렁 달려 있다.

3) 감나무에 빨간 감들이 탐스럽게 _____ 있다.

4) 감나무 가지가 담 너머 옆집 마당까지 _____ 있다.

5) 나는 순간적으로 그들이 속임수를 쓴다는 것을 _____ .

6) 초인종을 누르자 _____ 이 허리를 꿈실거리며 문을 열고 나왔다.

8. 의견이 있어요

우기다

제 의견을 / *고집스럽게 *내세우다

예 아이들은 서로 자기 말이 맞다며 *박박 **우겼다.**

* **고집** 　　자기 의견을 바꾸지 않고 굳게 지켜서 우김

* **내세우다**　의견을 내놓아 여럿에게 알리다

* **박박** 　　자꾸 기를 쓰거나 우기는 모양

경우

한자 지경 경 境
만날 우 遇

사람이 어떤 입장에서 / 마땅히 지키고 행해야 할 / 바른길

예 자신의 잘못을 사과하지 않는 것은 **경우**에 어긋나는 행동이다.

맞대다

신체 일부를 서로 가깝게 / *마주 대하다

예 두 친구가 서로 머리를 **맞대고** 무언가 이야기를 하다가
　　내가 들어가니까 *흠칫 놀라는 것 같았다.

* **마주** 　　어떤 대상에 대해 정면으로(똑바로 마주 보이는
　　　　　　면) 향하여

* **흠칫** 　　몸을 움츠리며 갑작스럽게 놀라는 모양

궁리하다

한자 다할 궁 窮
다스릴 리 理

마음속으로 이리저리 따져 / 깊이 생각하다

예 오성과 한음은 서로 머리를 맞대고 무슨 좋은
　　방법이 없을까 **궁리했다.**

인기척

한자 사람 인 人

사람이 있음을 알 수 있게 하는 / 소리나 *기색

예 **인기척**에 놀란 들고양이가 재빨리 도망쳤다.

* **기색** 　　앞으로 일어날 현상이나 행동 따위를 미리 알 수 있게 해 주는 눈치나 낌새

무례

한자 없을 무 無
예도 례 禮

태도나 말에 / *예의가 / 없음

예 웃어른이 말씀하실 때 갑자기 끼어드는 것은 **무례**한 짓이다.

* **예의** 　　(존경의 뜻을 표하기 위해) 예로써 나타내는 말투나 몸가짐

1 문장을 읽고, 알맞은 낱말을 써 넣어 봅시다.

1) 제 의견을 고집스럽게 내세우다

2) 사람이 어떤 입장에서 마땅히 지키고 행해야 할 바른 길

3) 신체 일부를 서로 가깝게 마주 대하다

4) 마음속으로 이리저리 따져 깊이 생각하다

5) 사람이 있음을 알 수 있게 하는 소리나 기색

6) 태도나 말에 예의가 없음

12주
4일

2 밑줄 친 곳에 알맞은 낱말을 써 넣어 문장을 완성해 봅시다.

1) 아이들은 서로 자기 말이 맞다며 박박 _____ .

2) 자신의 잘못을 사과하지 않는 것은 _____ 에 어긋나는 행동이다.

3) 두 친구가 서로 머리를 _____ 무언가 이야기를 하다가 내가 들어가니까 흠칫 놀라는 것 같았다.

4) 오성과 한음은 서로 머리를 맞대고 무슨 좋은 방법이 없을까 _____ .

5) _____ 에 놀란 들고양이가 재빨리 도망쳤다.

6) 웃어른이 말씀하실 때 갑자기 끼어드는 것은 _____ 한 짓이다.

창호지
한자 창 창 窓
집 호 戶
종이 지 紙

문을 바르는 데 쓰는 / 얇고 *질긴 / 흰 종이
예 새로 바른 **창호지**가 햇살을 받아 하얗게
빛나고 있다.
* **질기다**　(쉽게 닳거나 끊어지지 않고) 견디는 힘이 세다

바르다

종이 따위에 / 풀칠을 하여 / 다른 물건에 붙이다
예 집 안이 들여다보이지 않도록 베란다 유리창에 창호지를 **발랐다**.

쑥

안으로 깊이 들어가거나 · 밖으로 불룩하게 내미는 / 모양
예 두더지는 햇빛이 들자 다시 구멍 속으로 **쑥** 들어가 버렸다.

들이밀다

안쪽으로 / 밀어 넣다
예 오성은 창호지를 바른 방문 안으로 팔을 쑥 **들이밀었다**.

뚫다

구멍을 / 내다
예 아이들은 손가락으로 창호지 문에 구멍을 **뚫었다**.

정중히
한자 정나라 정 鄭
무거울 중 重

태도나 분위기가 / *점잖고 *진지하게
예 아이는 친구에게 자신의 잘못을 **정중히** 사과했다.
* **점잖다**　(말 · 행동 · 몸가짐이) 의젓하고 예의 바르다
* **진지하다**　태도나 행동 따위가 진실하고 올바르며 차분하고
정성을 다하다

오성과 한음 | 교과서 212~219쪽 |

1 문장을 읽고, 알맞은 낱말을 써 넣어 봅시다.

1) 문을 바르는 데 쓰는 얇고 질긴 흰 종이

2) 종이 따위에 풀칠을 하여 다른 물건에 붙이다

3) 안으로 깊이 들어가거나 · 밖으로 불룩하게 내미는 모양

4) 안쪽으로 밀어 넣다

5) 구멍을 내다

6) 태도나 분위기가 점잖고 진지하게

12주
5일

2 밑줄 친 곳에 알맞은 낱말을 써 넣어 문장을 완성해 봅시다.

1) 새로 바른 _____ 가 햇살을 받아 하얗게 빛나고 있다.

2) 집 안이 들여다보이지 않도록 베란다 유리창에 창호지를 _____ .

3) 두더지는 햇빛이 들자 다시 구멍 속으로 _____ 들어가 버렸다.

4) 오성은 창호지를 바른 방문 안으로 팔을 쑥 _____ .

5) 아이들은 손가락으로 창호지 문에 구멍을 _____ .

6) 아이는 친구에게 자신의 잘못을 _____ 사과했다.

1 문장을 읽고, 알맞은 낱말을 써 넣어 봅시다.

1) 사람이 어떤 입장에서 마땅히 지키고 행해야 할 바른길 _____

2) 일이 진행되는 순서 _____

3) 사방으로 뻗친 햇살 또는 해가 처음 솟아오를 때의 빛 _____

4) 태도나 말에 예의가 없음 _____

5) 어떤 물질에 다른 것의 섞임이 전혀 없다 _____

6) 가지 · 덩굴 · 뿌리 따위가 길게 자라나다 _____

7) 사람이 등에 지고 그 위에 짐을 실어 옮기도록 만든 기구 _____

8) 빛깔이 옮아서 묻거나 · 스미게 하다 _____

9) 세상을 예스럽게 이르는 말 _____

10) 마음속으로 이리저리 따져 깊이 생각하다 _____

11) 내용을 충분히 이해하여 확실하게 알다 _____

12) 덜 마른 장작 _____

13) 물체에 색깔을 내는 데에 있어서 바탕이 되는 물질 _____

14) 생물의 생명을 유지하고 · 몸을 성장시키기 위해 필요한
성분 또는 그것을 함유한 음식물 _____

15) 제 의견을 고집스럽게 내세우다 _____

16) 어떤 장소가 깊숙하여 포근하게 감싸 안기듯 편안하고 ·
　　 조용하고 · 평화롭다　　　　　　　　　　　　　　 _____

17) 주인의 집에 매여 살면서 주인집의 일을 맡아서 하는 사람 _____

18) 긴 쇠붙이 또는 끈 따위를 둥글게 구부려 끝을
　　 맞붙여 만든 물건　　　　　　　　　　　　　　　　 _____

19) 신체 일부를 서로 가깝게 마주 대하다　　　　　　　 _____

20) 문을 바르는 데 쓰는 얇고 질긴 흰 종이　　　　　　 _____

21) 사람이 있음을 알 수 있게 하는 소리나 기색　　　　 _____

22) 종이 따위에 풀칠을 하여 다른 물건에 붙이다　　　 _____

23) 눈치나 짐작으로 일이 생기기 전에 먼저 알다　　　 _____

24) 안으로 깊이 들어가거나 · 밖으로 불룩하게 내미는 모양 _____

25) 안쪽으로 밀어 넣다　　　　　　　　　　　　　　　 _____

26) 마음이 끌리도록 보기에 좋은 데가 있다　　　　　　 _____

27) 구멍을 내다　　　　　　　　　　　　　　　　　　 _____

28) 식물의 가지에 열매가 생겨나다　　　　　　　　　 _____

29) 태도나 분위기가 점잖고 진지하게　　　　　　　　 _____

30) 사람의 힘을 가하지 않고 저절로 이루어진 자연 그대로의 상태 _____

2 밑줄 친 곳에 알맞은 낱말을 써 넣어 문장을 완성해 봅시다.

1) 감나무에 빨간 감들이 탐스럽게 _____ 있다.

2) 새로 바른 _____ 가 햇살을 받아 하얗게 빛나고 있다.

3) 아이들은 서로 자기 말이 맞다며 박박 _____ .

4) 감나무 가지가 담 너머 옆집 마당까지 _____ 있다.

5) 엄마와 아이는 손톱에 봉숭아 _____ .

6) 초인종을 누르자 _____ 이 허리를 꿈실거리며 문을 열고 나왔다.

7) 오성과 한음은 서로 머리를 맞대고 무슨 좋은 방법이 없을까 _____ .

8) 소금은 바닷물에서 얻을 수 있는 _____ 조미료이다.

9) 웃어른이 말씀하실 때 갑자기 끼어드는 것은 _____ 한 짓이다.

10) 밤새 내린 눈으로 온 _____ 가 새하얗게 되었다.

11) 두더지는 햇빛이 들자 다시 구멍 속으로 _____ 들어가 버렸다.

12) 집 안이 들여다보이지 않도록 베란다 유리창에 창호지를 _____ .

13) _____ 로 묶은 책 모양으로 나만의 국어사전을 만들었다.

14) 두 친구가 서로 머리를 _____ 무언가 이야기를 하다가 내가 들어가니까 흠칫 놀라는 것 같았다.

15) 감나무에 크고 _____ 감들이 주렁주렁 달려 있다.

16) 아이는 친구에게 자신의 잘못을 _____ 사과했다.

17) 한여름에 내리쬐는 _____ 는 따가울 정도로 뜨겁다.

18) _____ 에 놀란 들고양이가 재빨리 도망쳤다.

19) 오성은 창호지를 바른 방문 안으로 팔을 쑥 _____ .

20) 자신의 잘못을 사과하지 않는 것은 _____ 에 어긋나는 행동이다.

21) _____ 물은 색소가 들어 있지 않기 때문에 맑고 투명한데, 이 음료수에는 색소가 들어 있어서 보라색 빛이 돈다.

22) 아이들은 손가락으로 창호지 문에 구멍을 _____ .

23) 학생들은 동물의 한살이 _____ 을 알아보기 위해 배추흰나비를 사육 상자에 길렀다.

24) 나는 순간적으로 그들이 속임수를 쓴다는 것을 _____ .

25) 마을은 깊은 산속에 _____ 자리잡고 있었다.

26) 아이는 보라색 _____ 가 든 음료수를 마시고 보라색으로 변한 혀를 날름 내밀었다.

27) _____ 을 충분히 섭취하려면 밥을 잘 먹고 반찬도 골고루 먹어야 한다.

28) '먹을 수 있는 꽃 요리'를 읽고 글의 내용을 _____ 위해 문제를 풀었다.

29) 산을 내려오던 사내는 _____ 를 내려놓고 잠시 쉬었다.

30) _____ 에 불을 지폈는데, 잘 붙지 않았다.

1 문장을 읽고, 알맞은 낱말을 써 넣어 봅시다.

1) 예술 작품을 만드는 데 바탕이 되는 재료 ( )

2) 바라는 일이 이루어지기를 빌다 ( )

3) 생명을 가지고 스스로 살아가는 동물, 식물, 미생물 따위의 것 ( )

4) 물체를 이루는 본바탕 ( )

5) 그러할 리는 없지만 만일에 ( )

6) 있는 대로 모두 한곳으로 묶다 ( )

7) 물속에 떠다니는 작은 생물을 통틀어 이르는 말 ( )

8) 자연스러운 흐름을 따르지 않고 반대 방향으로 가다 ( )

9) 사물을 공통되는 성질에 따라 종류별로 가르다 ( )

10) 자료나 소식을 통하여 얻는 지식 ( )

11) 어떤 결과(일·사건·현상 따위)를 벌어지게 만든 일 ( )

12) 그러한 데다가. 뒤 내용에서 앞 내용보다 한층 더한 사실을
덧붙일 때 쓰는 말 ( )

13) 앞뒤 문장을 이어 주는 말로 앞 내용에 대한 원인이나
이유를 뒤 내용에서 말할 때 쓰임 ( )

14) 여럿 사이에 널리 통하고 관계됨 ( )

15) 무엇을 이리저리 잘 이용하다 ( )

16) 생각과 감정을 글로 표현한 예술 또는 그런 작품 ( )

17) 모양이나 생김새 ( )

18) 사물이나 현상이 본래부터 가지고 있는 것 ( )

19) 빈 공간이 많다 ( )

20) 음식을 지지거나 볶을 때 쓰는 솥뚜껑처럼 생긴
둥글넓적한 무쇠 그릇 ( )

21) 건강이나 생명에 해가 되는 독이 있는 성분 ( )

22) 식물을 심어서 기르다 ( )

23) 먹을 것으로 씀 또는 먹을 것으로 쓰는 물건 ( )

24) 어떤 물질에 다른 것의 섞임이 전혀 없다 ( )

25) 생물의 생명을 유지하고·몸을 성장시키기 위해 필요한
성분 또는 그것을 함유한 음식물 ( )

26) 사람의 힘을 가하지 않고 저절로 이루어진
자연 그대로의 상태 ( )

27) 어떤 장소가 깊숙하여 포근하게 감싸 안기듯 편안하고·
조용하고 ·평화롭다 ( )

28) 눈치나 짐작으로 일이 생기기 전에 먼저 알다 ( )

29) 마음속으로 이리저리 따져 깊이 생각하다 ( )

30) 태도나 분위기가 점잖고 진지하게 ( )

2 밑줄 친 곳에 알맞은 낱말을 써 넣어 문장을 완성해 봅시다.

1) 조상들은 옳고 그름과 착하고 나쁨을 안다는 _____ 를 신비한 동물로 여겨 왔다.

2) 물은 생명을 _____ 데 가장 중요한 요소이다.

3) 밤새 비가 내려서 화분에 빗물이 가득막가득막 _____ 있다

4) 아이는 운동 능력이 _____ 떨어져서 달리기를 할 때마다 매번 꼴찌를 한다.

5) 친구에게 편지를 건네며 화해의 뜻을 _____ .

6) 이번 기말시험을 잘 봐서 _____ 에 스마트폰을 샀다.

7) 그 성당은 무려 100년에 _____ 건축되었다.

8) 어떤 일이 일어난 까닭을 원인이라고 하고, 그 때문에 일어난 일을 _____ 라고 한다.

9) 방학이 _____ 끝나다니, 정말 믿을 수 없다.

10) 우리 학교는 매주 목요일에 _____ 을 분리수거한다.

11) 최근에 _____ 가방 분실 사건을 친구들에게 들려주셨다.

12) 가방을 잃어버렸다. _____ 새 가방을 샀다.

13) 고구마 밭에서 일한 _____ 으로 고구마 다섯 상자를 받았다.

14) _____ 가 보이기 시작하자 빠르게 움직이던 배가 천천히 속도를 줄였다.

15) 휴대폰을 잃어버린 친구가 몹시 곤란한 _____ 이다.

16) 운동장을 다섯 바퀴 돌아서 거의 탈진 _____ 가 되었다.

17) 옷 속으로 _____ 쌀쌀한 저녁 바람에 정신이 번쩍 들었다.

18) 옛날 시골에서는 _____ 에 꽃잎을 따서 전을 부쳐 먹으며 춤추고 노는 화전 놀이 풍속이 있었다.

19) 나는 꽃가루 _____ 가 있어 봄이면 재채기를 심하게 한다.

20) 아이는 보라색 _____ 가 든 음료수를 마시고 보라색으로 변한 혀를 날름 내 밀었다.

21) 엄마와 아이는 손톱에 봉숭아 _____ .

22) '먹을 수 있는 꽃 요리'를 읽고 글의 내용을 _____ 위해 문제를 풀었다.

23) 학생들은 동물의 한살이 _____ 을 알아보기 위해 배추흰나비를 사육 상자에 길렀다.

24) 밤새 내린 눈으로 온 _____ 가 새하얗게 되었다.

25) 한여름에 내리쬐는 _____ 는 따가울 정도로 뜨겁다.

26) _____ 에 불을 지폈는데, 잘 붙지 않았다.

27) 감나무에 크고 _____ 감들이 주렁주렁 달려 있다.

28) 자신의 잘못을 사과하지 않는 것은 _____ 에 어긋나는 행동이다.

29) _____ 에 놀란 들고양이가 재빨리 도망쳤다.

30) 웃어른이 말씀하실 때 갑자기 끼어드는 것은 _____ 한 짓이다.

13~16주

칭찬 사과 스티커

하루 공부를 잘 마쳤다면 나에게 칭찬 사과를 선물하세요.
사과 나무에 사과가 주렁주렁 열릴 때까지 열심히 공부합시다!

■ 스티커는 별책 바른답 및 색인 마지막 페이지에 있습니다.

오성과 한음 | 교과서 212~219쪽 |

당돌하다
한자 당나라 당 唐
갑자기 돌 突

사람이나 그 말과 행동이 / 꺼리거나 어려워하는 마음이 조금도 없이 /
•다부지고 · 씩씩하다

예 권 판서는 오성의 **당돌한** 질문에 호기심을 느꼈다.

• **다부지다** (일을 해내는 태도나 의지 따위가) 빈틈이 없이
단단하고 굳세다

비 올차다, 다부지다, 당차다, 야무지다

호기심
한자 좋을 호 好
기특할 기 奇
마음 심 心

새롭고 신기한 것을 좋아하거나 · 모르는 것을 알고 싶어 하는 / 마음

예 밤하늘의 별을 올려다볼 때마다 우주에 대한 **호기심**이 생긴다.

의견
한자 뜻 의 意
볼 견 見

어떤 대상이나 일에 대하여 / 자기 마음에서 •판단하여 가지는 / 생각

예 미술 시간에 합동 작품을 어떻게 만들지 친구들과 **의견**을 나눴다.

• **판단하다** 어떤 대상의 시비(옳고 그름), 우열(나음과 못함) 따위를 따져서 분명하게
정하다

일리
한자 한 일 一
다스릴 리 理

어떤 면에서 / 그런대로 옳다고 •여겨지는 것

예 남학생들이 주로 하는 축구 보다는 여학생들도 함께 할 수 있는 피구를 하
는 게 좋겠다는 친구의 의견을 듣고, **일리**가 있다고 생각했다.

• **여겨지다** 마음속으로 그러하다고 생각되다

아씨방 일곱 동무 | 교과서 220~225쪽 |

바느질

바늘에 실을 •꿰어 / 옷 등을 •짓거나 · 꿰매는 / 일

예 **바느질**을 하다가 바늘에 찔려서 손가락에서 피가 났다.

• **꿰다** (물건을 실이나 끈에 연결되도록) 구멍이나 틈을 내어 엮다

• **짓다** 재료를 들여 만들다

아씨

예전에, 하인이나 신분이 낮은 사람이 / •상전 집이나 양반집의 / 젊은 부인이
나 처녀를 부르던 말

예 주인집 **아씨**는 색실로 그림과 무늬를 •수놓는 일을 즐겨 했다.

• **상전** 예전에, 종에 상대하여 그 주인을 이르던 말

• **수놓다** 여러 가지 색실(색 물감을 들인 실)을 바늘에 꿰어 그림 · 글씨 · 무늬 따위
를 떠서 놓다

1 문장을 읽고, 알맞은 낱말을 써 넣어 봅시다.

1) 사람이나 그 말과 행동이 꺼리거나 어려워하는
마음이 조금도 없이 다부지고 · 씩씩하다

2) 새롭고 신기한 것을 좋아하거나 · 모르는 것을
알고 싶어 하는 마음

3) 어떤 대상이나 일에 대하여 자기 마음에서 판단하여 가지는 생각

4) 어떤 면에서 그런대로 옳다고 여겨지는 것

5) 바늘에 실을 꿰어 옷 등을 짓거나 · 꿰매는 일

6) 예전에, 하인이나 신분이 낮은 사람이 상전 집이나
양반집의 젊은 부인이나 처녀를 부르던 말

2 밑줄 친 곳에 알맞은 낱말을 써 넣어 문장을 완성해 봅시다.

1) 권 판서는 오성의 _____ 질문에 호기심을 느꼈다.

2) 밤하늘의 별을 올려다볼 때마다 우주에 대한 _____ 이 생긴다.

3) 미술 시간에 합동 작품을 어떻게 만들지 친구들과 _____ 을 나눴다.

4) 남학생들이 주로 하는 축구 보다는 여학생들도 함께 할 수 있는 피구를 하는 게
좋겠다는 친구의 의견을 듣고, _____ 가 있다고 생각했다.

5) _____ 을 하다가 바늘에 찔려서 손가락에서 피가 났다.

6) 주인집 _____ 는 색실로 그림과 무늬를 수놓는 일을 즐겨 했다.

도구
한자 길 도 道
갖출 구 具

청소, 운동, 요리, 실험, 수술 따위의 / *작업을 하는 데 필요한 물건을 / 통틀
어 이르는 말

예 우리는 빗자루, 쓰레받기, 걸레 따위의 청소 도구로 교실을 청소했다.

* 작업　　일정한 목적과 계획에 따라 하는 일

부인
한자 지아비 부 夫
사람 인 人

남의 아내를 / 높여 이르는 말

예 한 젊은 부인이 *유모차를 끌며 공원을 *산책하고 있다.

* 유모차　　어린아이를 태워서 밀고 다니는 자그마한 수레

* 산책하다　휴식을 취하거나 건강을 위해서 한가로이 가볍게 이리저리 걷다

즐기다

어떤 일을 좋아하여 / 자주 하다

예 친구와 게임 이야기를 나눴는데, 내가 즐기는 게임과 친구가 즐기는 게임
이 달라서 별로 할 말이 없었다.

골무

바느질할 때 / 손가락 끝에 끼는 / 물건

예 엄마는 바느질을 좋아하는 아이에게 예쁜 골무를 만들어 주었다.

솔기

옷이나 천의 / 두 *폭을 맞대고 / *꿰맨 줄

예 이불의 솔기가 터져서 그 사이로 솜이 삐져나왔다.

* 폭　　　그림이나 족자 따위를 세는 단위

* 꿰매다　(옷 따위의 해지거나 뚫어진 데를) 바늘로 깁거나 얽어매다

인두

바느질할 때 / 불에 달구어 / 천의 구김살을 눌러 없애거나 · 솔기를 꺾어 누
르는 데 / 쓰는 기구

예 다리미가 없었던 옛날에는 인두로 옷을 다렸다.

1 문장을 읽고, 알맞은 낱말을 써 넣어 봅시다.

1) 청소, 운동, 요리, 실험, 수술 따위의 작업을 하는 데
   필요한 물건을 통틀어 이르는 말

2) 남의 아내를 높여 이르는 말

3) 어떤 일을 좋아하여 자주 하다

4) 바느질할 때 손가락 끝에 끼는 물건

5) 옷이나 천의 두 폭을 맞대고 꿰맨 줄

6) 바느질할 때 불에 달구어 천의 구김살을 눌러 없애거나·
   솔기를 꺾어 누르는 데 쓰는 기구

2 밑줄 친 곳에 알맞은 낱말을 써 넣어 문장을 완성해 봅시다.

1) 우리는 빗자루, 쓰레받기, 걸레 따위의 청소 _____ 로 교실을 청소했다.

2) 한 젊은 _____ 이 유모차를 끌며 공원을 산책하고 있다.

3) 친구와 게임 이야기를 나눴는데, 내가 _____ 게임과 친구가 _____
   게임이 달라서 별로 할 말이 없었다.

4) 엄마는 바느질을 좋아하는 아이에게 예쁜 _____ 를 만들어 주었다.

5) 이불의 _____ 가 터져서 그 사이로 솜이 삐져나왔다.

6) 다리미가 없었던 옛날에는 _____ 로 옷을 다렸다.

삐쭉이다

입을 쑥 내밀고 / 이쪽저쪽으로 움직이다

예 아이는 엄마의 꾸중을 듣고 입을 **삐쭉였다.**

색시

●갓 결혼한 여자 또는 아직 결혼하지 아니한 젊은 여자

예 신랑은 예쁘게 ●단장한 **색시**를 바라보며 ●흐뭇한 표정을 지었다.

● 갓　　　이제 막

● 단장하다　얼굴, 머리, 옷차림 따위를 곱게 꾸미다

● 흐뭇하다　마음에 흡족하여 매우 만족스럽다

덕(덕분)

한자 큰 덕 德

●베풀어 준 / 도움

예 '**덕**은 닦은 데로 가고 죄는 지은 데로 간다'는 속담은 남에게 **덕**을 베푼 사람은 베푼 만큼의 **덕**이 자기에게 돌아오게 되고, 죄를 지은 사람은 지은 죄만큼의 벌을 받는다는 뜻이다.

● 베풀다　(도움, 은혜 따위를) 받아 누리게 하다

따지다

문제가 되는 일을 / 캐묻고 / 분명한 답을 / ●요구하다

예 저녁 늦게 집에 들어온 아이에게 엄마는 왜 이렇게 늦었냐며 **따졌다.**

● 요구하다　필요한 것을 달라고 청하다(원하다. 바라다)

재다

길이, 너비, 높이, 깊이, 무게, 온도, 속도 따위를 / 자, 저울 따위의 ●계기로 측정하여 / 알아보다

예 엄마는 한 달에 한 번씩 아이의 키를 **쟀다.**

● 계기　　길이, 면적, 무게, 양, 온도, 시간, 속도 따위를 재는 기구를 통틀어 이르는 말

비 측정하다, 계측하다

소용

한자 바 소 所
쓸 용 用

쓸 곳

예 휴대폰이 없는데 ●케이스를 산들 무슨 **소용**이 있나.

● 케이스(case)　물건을 넣는 작은 상자

---

1 **문장을 읽고, 알맞은 낱말을 써 넣어 봅시다.**

1) 입을 쑥 내밀고 이쪽저쪽으로 움직이다

2) 갓 결혼한 여자 또는 아직 결혼하지 아니한 젊은 여자

3) 베풀어 준 도움

4) 문제가 되는 일을 캐묻고 분명한 답을 요구하다

5) 길이, 너비, 높이, 깊이, 무게, 온도, 속도 따위를 자, 저울 따위의
계기로 측정하여 알아보다

6) 쓸 곳

2 **밑줄 친 곳에 알맞은 낱말을 써 넣어 문장을 완성해 봅시다.**

1) 아이는 엄마의 꾸중을 듣고 입을 _____ .

2) 신랑은 예쁘게 단장한 _____ 를 바라보며 흐뭇한 표정을 지었다.

3) '_____ 은 닦은 데로 가고 죄는 지은 데로 간다'는 속담은 남에게 _____
을 베푼 사람은 베푼 만큼의 _____ 이 자기에게 돌아오게 되고, 죄를 지은
사람은 지은 죄만큼의 벌을 받는다는 뜻이다.

4) 저녁 늦게 집에 들어온 아이에게 엄마는 왜 이렇게 늦었냐며 _____ .

5) 엄마는 한 달에 한 번씩 아이의 키를 _____ .

6) 휴대폰이 없는데 케이스를 산들 무슨 _____ 이 있나.

새침데기 | *새침한 성격을 가진 사람을 / 얕잡아 이르는 말

예 **새침데기** 친구는 바닥에 휴지를 버리고 아무 일 없었다는 듯 *태연한 표정을 지었다.

*새침하다 쌀쌀맞게 시치미(알고도 모르는 체, 자기가 하고도 하지 않은 체하는 말이나 짓)를 떼는 태도가 있다

*태연하다 태도나 기색이 아무렇지도 않은 듯이 평소와 다름없다

각시(새색시) | 갓 결혼한 / 여자

예 '첫날 온 새 **각시** 같다'는 표현은 몹시 얌전하거나 *수줍어하는 모양을 비유적으로 이르는 말이다.

*수줍어하다 (다른 사람 앞에서 말이나 행동을 하는 것을) 부끄러워하다

따끔하다 | 꾸지람이나 충고가 / 날카롭고 · 매섭다

예 부모님께 *허락도 안 받고 친구들과 저녁까지 놀다가 엄마에게 **따끔하게** 혼났다.

*허락 원하는 일을 하도록 들어줌

쏘다 | 어떤 사람이 다른 사람에게 / *언짢은 마음으로 / 날카롭게 말하다

예 버릇없는 동생에게 따끔한 말을 한마디 톡 **쏘아** 주었다.

*언짢다 마음에 들지 않아 불쾌하다

절대로(절대)

한자 끊을 절 絕
대할 대 對

무슨 일이 있어도 / 반드시 또는 어떠한 일이 있더라도 / 꼭

예 친구는 *비밀을 털어놓으며 **절대로** 다른 사람에게 말하지 말라고 *신신당부했다.

*비밀 남에게 알리지 않고 숨기는 일

*신신당부하다 여러 번 되풀이하여 간절히 부탁하다

비 결코

땀 | 바느질을 할 때에 / 실을 꿴 바늘로 / 한 번 뜬 / 자국

예 어머니는 한 **땀** 한 **땀** *촘촘히 바느질하셨다.

*촘촘하다 틈 · 간격 · 구멍이 매우 좁거나 작다

1 문장을 읽고, 알맞은 낱말을 써 넣어 봅시다.

1) 새침한 성격을 가진 사람을 얕잡아 이르는 말

2) 갓 결혼한 여자

3) 꾸지람이나 충고가 날카롭고 · 매섭다

4) 어떤 사람이 다른 사람에게 언짢은 마음으로 날카롭게 말하다

5) 무슨 일이 있어도 반드시 또는 어떠한 일이 있더라도 꼭

6) 바느질을 할 때에 실을 꿴 바늘로 한 번 뜬 자국

2 밑줄 친 곳에 알맞은 낱말을 써 넣어 문장을 완성해 봅시다.

1) _____ 친구는 바닥에 휴지를 버리고 아무 일 없었다는 듯 태연한 표정을 지었다.

2) '첫날 온 새 _____ 같다'는 표현은 몹시 얌전하거나 수줍어하는 모양을 비유적으로 이르는 말이다.

3) 부모님께 허락도 안 받고 친구들과 저녁까지 놀다가 엄마에게 _____ 혼났다.

4) 버릇없는 동생에게 따끔한 말을 한마디 톡 _____ 주었다.

5) 친구는 비밀을 털어놓으며 _____ 다른 사람에게 말하지 말라고 신신당부했다.

6) 어머니는 한 _____ 한 _____ 촘촘히 바느질하셨다.

말참견

한자 참여할 참 參
볼 견 見

다른 사람이 말하는 *도중에 / 끼어들어 말하는 짓

㉠ 그 일에 대해 자세히 알지도 못하면서 **말참견**을 하였다가 아빠에게 혼났다.

* 도중   어떤 일이 계속되고 있는 동안

시중들다

윗사람이나 · 몸이 불편한 사람을 / 옆에서 보살피다 또는 갖가지 심부름을 하다

㉠ 엄마는 아픈 아이를 밤새 **시중드느라** *한잠도 못 잤다.

* 한잠   잠시 자는 잠

낭자

한자 여자 낭 娘
아들 자 子

예전에, 결혼하지 않은 젊은 여자를 / 높여 이르던 말

㉠ *도령은 *사모하는 **낭자**에게 "저는 꿈에서라도 **낭자**와 만날 날만을 기다리고 있습니다"라고 편지를 썼다.

* 도령(총각)   아직 결혼하지 않은 어른 남자
* 사모하다 (어떤 사람을 마음에 두고) 애틋하게 생각하며 그리워하다

불쑥

갑자기 쑥 / 내밀거나 · 나오는 모양

㉠ 도령은 낭자에게 다가가더니 편지와 꽃 한 송이를 **불쑥** 내밀었다.

지나치다

어떤 일 · 현상 따위가 / 알맞은 정도를 / 훨씬 넘어서다

㉠ 그녀는 *청결에 **지나칠** 정도로 *예민해서 한 시간에 한 번씩 손을 씻었다.

* 청결   맑고 깨끗함
* 예민하다 감정이나 감각 따위가 날카롭고 재빠르다

들쑥날쑥

어떤 곳은 들어가고 · 어떤 곳은 나오고 하여 / 고르지 않은 모양

㉠ *텃밭에 아무렇게나 심은 채소가 **들쑥날쑥** 자라고 있다.

* 텃밭   집의 울타리 안에 있거나 집 가까이 있는 밭

| 교과서 220~225쪽 | 이야기를 듣고 말해요

1 문장을 읽고, 알맞은 낱말을 써 넣어 봅시다.

1) 다른 사람이 말하는 도중에 끼어들어 말하는 짓

2) 윗사람이나 · 몸이 불편한 사람을 옆에서 보살피다
    또는 갖가지 심부름을 하다

3) 예전에, 결혼하지 않은 젊은 여자를 높여 이르던 말

4) 갑자기 쑥 내밀거나 · 나오는 모양

5) 어떤 일·현상 따위가 알맞은 정도를 훨씬 넘어서다

6) 어떤 곳은 들어가고 · 어떤 곳은 나오고 하여
    고르지 않은 모양

2 밑줄 친 곳에 알맞은 낱말을 써 넣어 문장을 완성해 봅시다.

1) 그 일에 대해 자세히 알지도 못하면서 _____을 하였다가 아빠에게 혼났다.

2) 엄마는 아픈 아이를 밤새 _____ 한잠도 못 잤다.

3) 도령은 사모하는 _____ 에게 "저는 꿈에서라도 _____ 와 만날 날만을
    기다리고 있습니다"라고 편지를 썼다.

4) 도령은 낭자에게 다가가더니 편지와 꽃 한 송이를 _____ 내밀었다.

5) 그녀는 청결에 _____ 정도로 예민해서 한 시간에 한 번씩 손을 씻었다.

6) 텃밭에 아무렇게나 심은 채소가 _____ 자라고 있다.

1 문장을 읽고, 알맞은 낱말을 써 넣어 봅시다.

1) 꾸지람이나 충고가 날카롭고 매섭다 _____

2) 베풀어 준 도움 _____

3) 사람이나 그 말과 행동이 꺼리거나 어려워하는
   마음이 조금도 없이 다부지고 씩씩하다 _____

4) 옷이나 천의 두 폭을 맞대고 꿰맨 줄 _____

5) 문제가 되는 일을 캐묻고 분명한 답을 요구하다 _____

6) 새롭고 신기한 것을 좋아하거나 · 모르는 것을
   알고 싶어 하는 마음 _____

7) 갓 결혼한 여자 또는 아직 결혼하지 아니한 젊은 여자 _____

8) 다른 사람이 말하는 도중에 끼어들어 말하는 짓 _____

9) 무슨 일이 있어도 반드시 또는 어떠한 일이 있더라도 꼭 _____

10) 예전에, 결혼하지 않은 젊은 여자를 높여 이르던 말 _____

11) 어떤 면에서 그런대로 옳다고 여겨지는 것 _____

12) 입을 쑥 내밀고 이쪽저쪽으로 움직이다 _____

13) 어떤 곳은 들어가고 어떤 곳은 나오고 하여 고르지 않은 모양 _____

14) 청소, 운동, 요리, 실험, 수술 따위의 작업을 하는 데
    필요한 물건을 통틀어 이르는 말 _____

15) 어떤 대상이나 일에 대하여 자기 마음에서 판단하여 가지는 생각 _____

16) 길이, 너비, 높이, 깊이, 무게, 온도, 속도 따위를 자, 저울
　　　따위의 계기로 측정하여 알아보다　　　　　　　　　　　　　_____

17) 어떤 일·현상 따위가 알맞은 정도를 훨씬 넘어서다　　　　　_____

18) 바늘에 실을 꿰어 옷 등을 짓거나 꿰매는 일　　　　　　　　_____

19) 어떤 일을 좋아하여 자주 하다　　　　　　　　　　　　　　_____

20) 예전에, 하인이나 신분이 낮은 사람이 상전 집이나
　　　양반집의 젊은 부인이나 처녀를 부르던 말　　　　　　　　　_____

21) 윗사람이나·몸이 불편한 사람을 옆에서 보살피다 또는
　　　갖가지 심부름을 하다　　　　　　　　　　　　　　　　　_____

22) 남의 아내를 높여 이르는 말　　　　　　　　　　　　　　　_____

23) 새침한 성격을 가진 사람을 얕잡아 이르는 말　　　　　　　　_____

24) 쓸 곳　　　　　　　　　　　　　　　　　　　　　　　　_____

25) 갓 결혼한 여자　　　　　　　　　　　　　　　　　　　　_____

26) 바느질할 때 불에 달구어 천의 구김살을 눌러 없애거나·
　　　솔기를 꺾어 누르는 데 쓰는 기구　　　　　　　　　　　　_____

27) 갑자기 쑥 내밀거나·나오는 모양　　　　　　　　　　　　　_____

28) 어떤 사람이 다른 사람에게 언짢은 마음으로 날카롭게 말하다_____

29) 바느질을 할 때에 실을 꿴 바늘로 한 번 뜬 자국　　　　　　_____

30) 바느질할 때 손가락 끝에 끼는 물건　　　　　　　　　　　　_____

2 밑줄 친 곳에 알맞은 낱말을 써 넣어 문장을 완성해 봅시다.

1) 버릇없는 동생에게 따끔한 말을 한마디 톡 _____ 주었다.

2) 그 일에 대해 자세히 알지도 못하면서 _____ 을 하였다가 아빠에게 혼났다.

3) 엄마는 바느질을 좋아하는 아이에게 예쁜 _____ 를 만들어 주었다.

4) 도령은 낭자에게 다가가더니 편지와 꽃 한 송이를 _____ 내밀었다.

5) _____ 친구는 바닥에 휴지를 버리고 아무 일 없었다는 듯 태연한 표정을 지었다.

6) 텃밭에 아무렇게나 심은 채소가 _____ 자라고 있다.

7) 한 젊은 _____ 이 유모차를 끌며 공원을 산책하고 있다.

8) 부모님께 허락도 안 받고 친구들과 저녁까지 놀다가 엄마에게 _____ 혼났다.

9) 엄마는 아픈 아이를 밤새 _____ 한잠도 못 잤다.

10) 저녁 늦게 집에 들어온 아이에게 엄마는 왜 이렇게 늦었냐며 _____ .

11) 휴대폰이 없는데 케이스를 산들 무슨 _____ 이 있나.

12) 친구는 비밀을 털어놓으며 _____ 다른 사람에게 말하지 말라고 신신당부했다.

13) 도령은 사모하는 _____ 에게 "저는 꿈에서라도 _____ 와 만날 날만을 기다리고 있습니다"라고 편지를 썼다.

14) '첫날 온 새 _____ 같다'는 표현은 몹시 얌전하거나 수줍어하는 모양을 비유적으로 이르는 말이다.

15) 그녀는 청결에 _____ 정도로 예민해서 한 시간에 한 번씩 손을 씻었다.

16) _____ 을 하다가 바늘에 찔려서 손가락에서 피가 났다.

17)　미술 시간에 합동 작품을 어떻게 만들지 친구들과 ＿＿＿＿＿＿ 을 나눴다.

18)　아이는 엄마의 꾸중을 듣고 입을 ＿＿＿＿＿＿ .

19)　주인집 ＿＿＿＿＿＿ 는 색실로 그림과 무늬를 수놓는 일을 즐겨 했다.

20)　이불의 ＿＿＿＿＿＿ 가 터져서 그 사이로 솜이 삐져나왔다.

21)　'＿＿＿＿＿＿ 은 닦은 데로 가고 죄는 지은 데로 간다'는 속담은 남에게 ＿＿＿＿＿＿ 을 베푼 사람은 베푼 만큼의 ＿＿＿＿＿＿ 이 자기에게 돌아오게 되고, 죄를 지은 사람은 지은 죄만큼의 벌을 받는다는 뜻이다.

22)　우리는 빗자루, 쓰레받기, 걸레 따위의 청소 ＿＿＿＿＿＿ 로 교실을 청소했다.

23)　권 판서는 오성의 ＿＿＿＿＿＿ 질문에 호기심을 느꼈다.

24)　신랑은 예쁘게 단장한 ＿＿＿＿＿＿ 를 바라보며 흐뭇한 표정을 지었다.

25)　밤하늘의 별을 올려다볼 때마다 우주에 대한 ＿＿＿＿＿＿ 이 생긴다.

26)　남학생들이 주로 하는 축구 보다는 여학생들도 함께 할 수 있는 피구를 하는 게 좋겠다는 친구의 의견을 듣고, ＿＿＿＿＿＿ 가 있다고 생각했다.

27)　친구와 게임 이야기를 나눴는데, 내가 ＿＿＿＿＿＿ 게임과 친구가 ＿＿＿＿＿＿ 게임이 달라서 별로 할 말이 없었다.

28)　다리미가 없었던 옛날에는 ＿＿＿＿＿＿ 로 옷을 다렸다.

29)　엄마는 한 달에 한 번씩 아이의 키를 ＿＿＿＿＿＿ .

30)　어머니는 한 ＿＿＿＿＿＿ 한 ＿＿＿＿＿＿ 촘촘히 바느질하셨다.

8. 의견이 있어요

울퉁불퉁	물체의 겉이나 면이 / 여기저기 몹시 / 나오고 들어간 모양
	예 도로가 **울퉁불퉁**해서 차가 덜덜 떨렸다.

구석구석	이 *구석 / 저 구석
	예 지난 주말에 내 방을 **구석구석** 깨끗이 청소했다.
	* **구석**　　마음의 한 부분이나 사물의 한 군데

뾰족뾰족	여러 물체가 / 끝으로 갈수록 점점 가늘어져서 / 날카로운 모양
	예 봄이 되자 새싹들이 언 땅을 뚫고 **뾰족뾰족** 나오기 시작했다.

다듬다	옷감을 *다듬이질하여 / *매끈하게 하다
	예 할머니께서는 옷감을 다듬잇방망이로 **다듬고** 계셨다.
	* **다듬이질**　옷감 따위를 방망이로 두드리는 일
	* **매끈하다**　표면이 (울퉁불퉁하거나 거친 데가 없이) 부드럽고 반들하다

조근조근	꼼꼼하고 *차분하게 순서에 따라 / 차근차근 말하는 모양
	예 아이는 가쁜 숨을 몰아쉬면서 지각한 이유를 **조근조근** 설명했다.
	* **차분하다**　말이나 목소리가 들뜨지 않고 가라앉아 조용하다

소저(아가씨) **한자** 작을 소 小 누이 저 姐	처녀나 젊은 여자를 이르는 / 옛말
	예 도령은 길을 걷다가 *우연히 만난 아름다운 **소저**에게 첫눈에 *반했다.
	* **우연히(뜻밖에)**　뜻하지 않게
	* **반하다**　무엇에 마음이 홀린 것같이 끌리다(쏠리다)

1 **문장을 읽고, 알맞은 낱말을 써 넣어 봅시다.**

1) 물체의 겉이나 면이 여기저기 몹시 나오고
들어간 모양

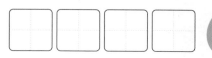

2) 이 구석 저 구석

3) 여러 물체가 끝으로 갈수록 점점 가늘어져서
날카로운 모양

4) 옷감을 다듬이질하여 매끈하게 하다

5) 꼼꼼하고 차분하게 순서에 따라 차근차근
말하는 모양

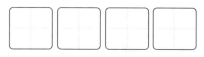

6) 처녀나 젊은 여자를 이르는 옛말

2 **밑줄 친 곳에 알맞은 낱말을 써 넣어 문장을 완성해 봅시다.**

1) 도로가 _____ 해서 차가 덜덜 떨렸다.

2) 지난 주말에 내 방을 _____ 깨끗이 청소했다.

3) 봄이 되자 새싹들이 언 땅을 뚫고 _____ 나오기 시작했다.

4) 할머니께서는 옷감을 다듬잇방망이로 _____ 계셨다.

5) 아이는 가쁜 숨을 몰아쉬면서 지각한 이유를 _____ 설명했다.

6) 도령은 길을 걷다가 우연히 만난 아름다운 _____ 에게 첫눈에 반했다.

| 아름다운 일을 찾아요 | 교과서 220~225쪽 |

그제야

그때에야 *비로소

㉆ 옆구리를 꾹 찌르니 친구는 **그제야** 나를 바라보았다.

* **비로소**　어떤 일이나 현상이 다른 어떤 계기로 말미암아. 또는 꽤 오랜 기다림 끝에 처음으로 이루어짐을 나타내는 말

구겨지다

종이 따위가 구겨져서 / *잔금이 생기다

㉆ **구겨진** 지폐를 잘 펴서 지갑 안에 넣었다.

* **잔금**　잘게 접히거나 그은 금

말끔히

모습이나 차림새가 / 티 하나 없이 깨끗하게

㉆ 지난 주말에 내 방을 **말끔히** 청소했다.

맵시

보기에 좋게 곱게 다듬은 / *모양새

㉆ 언니는 **맵시**를 내느라 오랫동안 거울 앞에 앉아 있었다.

* **모양새**　겉으로 보이는 모양의 상태

| 지구를 깨끗이 가꾸자 | 교과서 226~229쪽 |

터전

*생활에서 / *중요한 *활동 장소가 되는 / 곳

㉆ 바다는 어부들에게 삶의 **터전**이고, 교실은 학생들에게 생활의 **터전**이다.

* **생활**　(사람이나 동물이) 일정한 환경에서 활동하며 살아감

* **중요하다**　매우 소중(귀중)하고 꼭 필요하다

* **활동**　성과를 거두기 위해 어떤 일을 활발히 함

일회용

한자 한 일 一
돌아올 회 回
쓸 용 用

한 번만 쓰고 / 버림 또는 그런 것

㉆ *환경을 생각해서 **일회용** 물건을 *가급적 사용하지 맙시다.

* **환경**　인간이나 동식물의 생존이나 생활에 영향을 미치는 자연적 조건이나 상태

* **가급적**　될 수 있는 대로. 할 수 있는 대로

1 문장을 읽고, 알맞은 낱말을 써 넣어 봅시다.

1) 그때에야 비로소

2) 종이 따위가 구겨져서 잔금이 생기다

3) 모습이나 차림새가 티 하나 없이 깨끗하게

4) 보기에 좋게 곱게 다듬은 모양새

5) 생활에서 중요한 활동 장소가 되는 곳

6) 한 번만 쓰고 버림 또는 그런 것

2 밑줄 친 곳에 알맞은 낱말을 써 넣어 문장을 완성해 봅시다.

1) 옆구리를 꾹 찌르니 친구는 _____ 나를 바라보았다.

2) _____ 지폐를 잘 펴서 지갑 안에 넣었다.

3) 지난 주말에 내 방을 _____ 청소했다.

4) 언니는 _____ 를 내느라 오랫동안 거울 앞에 앉아 있었다.

5) 바다는 어부들에게 삶의 _____ 이고, 교실은 학생들에게 생활의
_____ 이다.

6) 환경을 생각해서 _____ 물건을 가급적 사용하지 맙시다.

일회용품

한자 한 일 一
돌아올 회 回
쓸 용 用
물건 품 品

한 번 쓰고 버리도록 **만들어진** / 물건

예 **일회용품**의 지나친 사용으로 지구 환경이 *오염되고 있다.

* **오염되다** (해로운 물질 따위로) 더러워지다

실천하다

한자 열매 실 實
밟을 천 踐

생각한 것을 / 실제로 행동하다

예 이번에 학급 *회의에서 정해진 생활 목표를 꼭 **실천합시다.**

* **회의** 여럿이 모여서 의견을 주고받음. 또는 그런 모임

비 실행하다, 이행하다

처리

한자 곳 처 處
다스릴 리 理

일정한 결과를 얻기 위하여 / *작용이 / 일어나게 함

예 일회용 나무젓가락을 만들 때 잘 썩지 않도록 약품 **처리**를 한다.

* **작용** 어떤 현상을 일으키거나 영향을 미침

분리하다

한자 나눌 분 分
다스릴 리 理

나누어 / 처리하다

예 과자와 음료수를 다 먹은 아이들은 플라스틱, 캔, 비닐을 *재활용 상자에 **분리해서** 버렸다.

* **재활용** 다 쓴 물건이나 못 쓰게 된 물건을 쓰임새를 바꾸거나 다른 것으로 다시 만들어서 쓰는 일

비 나누다

덜다

일정한 수량이나 정도에서 / 얼마를 / 떼어 내다

예 급식을 너무 많이 받아 와서 밥과 반찬을 **덜어서** 친구에게 주었다.

습관

한자 익힐 습 쩝
익숙할 관 慣

어떤 행위를 / 오랫동안 *되풀이하는 과정에서 / *저절로 익혀진 / 행동 방식

예 운동이든, 공부든, 게임이든 2주 동안 꾸준히 하면 **습관**으로 *굳어진다.

* **되풀이하다** 같은 말이나 일을 계속해서 하고 또 하다

* **저절로** 다른 힘을 빌리지 아니하고 제 스스로. 또는 자연적으로

* **굳어지다** 점점 몸에 배어 아주 자리를 잡게 되다

지구를 깨끗이 가꾸자 | 교과서 226~229쪽 |

좋은 습관을 기르자 | 교과서 230~233쪽 |

1   **문장을 읽고, 알맞은 낱말을 써 넣어 봅시다.**

1) 한 번 쓰고 버리도록 만들어진 물건

2) 생각한 것을 실제로 행동하다

3) 일정한 결과를 얻기 위하여 작용이 일어나게 함

4) 나누어 처리하다

5) 일정한 수량이나 정도에서 얼마를 떼어 내다

6) 어떤 행위를 오랫동안 되풀이하는 과정에서
   저절로 익혀진 행동 방식

14주
3일

2   **밑줄 친 곳에 알맞은 낱말을 써 넣어 문장을 완성해 봅시다.**

1) _____ 의 지나친 사용으로 지구 환경이 오염되고 있다.

2) 이번에 학급 회의에서 정해진 생활 목표를 꼭 _____ .

3) 일회용 나무젓가락을 만들 때 잘 썩지 않도록 약품 _____ 를 한다.

4) 과자와 음료수를 다 먹은 아이들은 플라스틱, 캔, 비닐을 재활용 상자에
   _____ 버렸다.

5) 급식을 너무 많이 받아 와서 밥과 반찬을 _____ 친구에게 주었다.

6) 운동이든, 공부든, 게임이든 2주 동안 꾸준히 하면 _____ 으로 굳어진다.

8. 의견이 있어요

결국

한자 맺을 결 結
판 국 局

끝에 이르러

예 급식을 너무 많이 받아 와서 **결국** 다 먹지 못하고 남겼다.

비 급기야, 끝내, 마침내, 종시

변화

한자 변할 변 變
화할 화 化

성질 · 모양 · 상태 따위가 바뀌어 / 달라짐

예 작은 습관이 모여 결국 큰 **변화**를 만들기 때문에 좋은 습관을 가져야 한다.

저절로

다른 힘을 빌리지 아니하고 / 제 스스로 또는 자연적으로

예 습관이란 어떤 행동을 오랫동안 되풀이하면서 **저절로** 몸에 익은 행동을 말한다.

비 자연히, 절로, 제풀로

다짐

어떤 일을 반드시 행하겠다는 / 마음을 굳게 •가다듬고 / 정함

예 약속은 자신이나 다른 사람과 어떤 일을 지키기로 **다짐**한 것이다.

• 가다듬다 정신, 생각, 마음 따위를 바로 차리거나 다잡다

기본예절

한자 터 기 基
근본 본 本
예도 예 禮
마디 절 節

사람이 행하고 지켜야 할 / 예절의 바탕이 되는 / 말씨나 •몸가짐

예 사람이 많이 모인 •공공장소에서는 **기본예절**을 잘 지켜야 한다.

• 몸가짐 몸을 움직일 때 나타나는 태도나 모양

• 공공장소 여러 사람이 함께 머무르거나 이용하는 곳

활기차다

힘이 넘치고 · •생기가 •가득하다

예 쉬는 시간이 되면 교실은 아이들의 웃고 떠드는 소리로 **활기찼다**.

• 생기 싱싱하고 힘찬 기운

• 가득하다 꽉 차 있다

1 문장을 읽고, 알맞은 낱말을 써 넣어 봅시다.

1) 끝에 이르러

2) 성질 · 모양 · 상태 따위가 바뀌어 달라짐

3) 다른 힘을 빌리지 아니하고 제 스스로 또는 자연적으로

4) 어떤 일을 반드시 행하겠다는 마음을 굳게 가다듬고 정함

5) 사람이 행하고 지켜야 할 예절의 바탕이 되는
   말씨나 몸가짐

6) 힘이 넘치고 · 생기가 가득하다

2 밑줄 친 곳에 알맞은 낱말을 써 넣어 문장을 완성해 봅시다.

1) 급식을 너무 많이 받아 와서 _____ 다 먹지 못하고 남겼다.

2) 작은 습관이 모여 결국 큰 _____ 를 만들기 때문에 좋은 습관을 가져야 한다.

3) 습관이란 어떤 행동을 오랫동안 되풀이하면서 _____ 몸에 익은 행동을
   말한다.

4) 약속은 자신이나 다른 사람과 어떤 일을 지키기로 _____ 한 것이다.

5) 사람이 많이 모인 공공장소에서는 _____ 을 잘 지켜야 한다.

6) 쉬는 시간이 되면 교실은 아이들의 웃고 떠드는 소리로 _____ .

좋은 습관을 기르자 | 교과서 230~233쪽 |

여유
한자 남을 여 餘
넉넉할 유 裕

넉넉하여 남음이 있는 / 상태

예 아침에 일찍 일어나면 **여유** 있게 *등교 준비를 할 수 있다.

*등교 　학생이 학교에 감

표현
한자 겉 표 表
나타날 현 現

생각이나 감정 따위를 / 말이나 행동으로 드러내어 / 나타냄

예 새 스마트폰이 생긴 지금의 기쁜 *심정을 말로 다 **표현**할 수 없다.

*심정 　마음에 품은 생각과 감정

제시하다
한자 끌 제 提
보일 시 示

생각을 / 말이나 글로 나타내어 / 보이다

예 엄마는 *평일 밤 8시부터는 가족 모두가 스마트폰을 사용하지 말자는 의견을 **제시했다**.

*평일 　토요일 · 일요일 · 공휴일이 아닌 보통 날

다른 사람을 존중하며 학급 회의를 하기 위한 알맞은 방법 알기 | 교과서 234~237쪽 |

문제점
한자 물을 문 問
제목 제 題
점 점 點

어떤 사물이나 현상에서 / 해결해야 할 점 또는 *개선해야 할 점

예 선생님들은 학생들이 복도에서 뛰는 **문제점**을 해결할 방법을 *의논했다.

*개선하다 　(잘못된 것, 부족한 것, 나쁜 것 따위를) 고쳐서 이전보다 더 나아지게 하다

*의논하다 　어떤 일에 대하여 서로 의견을 주고받다

사뿐사뿐

소리가 나지 않게 / 발을 가볍게 내디디며 / 걷는 모양

예 선생님들은 학생들이 복도를 **사뿐사뿐** 걷도록 복도에 서서 지도했다.

넥타이 분통 짓자했던 경험 나누기 | 교과서 238~241쪽 |

생략하다
한자 덜 생 省
간략할 략 略

전체에서 *일부를 / 간단히 줄이다 또는 빼다

예 학급 회의에서 애국가 *제창을 **생략**하고 *곧바로 회의를 시작했다.

*일부(일부분) 　한 부분

*제창 　두 사람 이상이 동시에 노래하는 것

*곧바로 　(어떤 일의 진행이나 시간 따위를 질질 끌거나 늦추지 않고) 바로 그 즉시

14주
5일

1　문장을 읽고, 알맞은 낱말을 써 넣어 봅시다.

1) 넉넉하여 남음이 있는 상태

2) 생각이나 감정 따위를 말이나 행동으로 드러내어 나타냄

3) 생각을 말이나 글로 나타내어 보이다

4) 어떤 사물이나 현상에서 해결해야 할 점 또는 개선해야 할 점

5) 소리가 나지 않게 발을 가볍게 내디디며 걷는 모양

6) 전체에서 일부를 간단히 줄이다 또는 빼다

2　밑줄 친 곳에 알맞은 낱말을 써 넣어 문장을 완성해 봅시다.

1) 아침에 일찍 일어나면 _____ 있게 등교 준비를 할 수 있다.

2) 새 스마트폰이 생긴 지금의 기쁜 심정을 말로 다 _____ 할 수 없다.

3) 엄마는 평일 밤 8시부터는 가족 모두가 스마트폰을 사용하지 말자는 의견을 _____ .

4) 선생님들은 학생들이 복도에서 뛰는 _____ 을 해결할 방법을 의논했다.

5) 선생님들은 학생들이 복도를 _____ 걷도록 복도에 서서 지도했다.

6) 학급 회의에서 애국가 제창을 _____ 바로 회의를 시작했다.

1 문장을 읽고, 알맞은 낱말을 써 넣어 봅시다.

1) 그때에야 비로소 _____

2) 어떤 일을 반드시 행하겠다는 마음을 굳게 가다듬고 정함 _____

3) 여러 물체가 끝으로 갈수록 점점 가늘어져서 날카로운 모양 _____

4) 모습이나 차림새가 티 하나 없이 깨끗하게 _____

5) 넉넉하여 남음이 있는 상태 _____

6) 물체의 겉이나 면이 여기저기 몹시 나오고 들어간 모양 _____

7) 사람이 행하고 지켜야 할 예절의 바탕이 되는 말씨나 몸가짐 _____

8) 다른 힘을 빌리지 아니하고 제 스스로 또는 자연적으로 _____

9) 생각을 말이나 글로 나타내어 보이다 _____

10) 처녀나 젊은 여자를 이르는 옛말 _____

11) 어떤 사물이나 현상에서 해결해야 할 점 또는 개선해야 할 점 _____

12) 어떤 행위를 오랫동안 되풀이하는 과정에서 저절로 익혀진 행동 방식 _____

13) 소리가 나지 않게 발을 가볍게 내디디며 걷는 모양 _____

14) 일정한 수량이나 정도에서 얼마를 떼어 내다 _____

15) 전체에서 일부를 간단히 줄이다 또는 빼다 _____

16) 생활에서 중요한 활동 장소가 되는 곳　　　＿＿＿＿＿＿＿

17) 종이 따위가 구겨져서 잔금이 생기다　　　＿＿＿＿＿＿＿

18) 한 번만 쓰고 버림 또는 그런 것　　　＿＿＿＿＿＿＿

19) 한 번 쓰고 버리도록 만들어진 물건　　　＿＿＿＿＿＿＿

20) 성질·모양·상태 따위가 바뀌어 달라짐　　　＿＿＿＿＿＿＿

21) 생각한 것을 실제로 행동하다　　　＿＿＿＿＿＿＿

22) 일정한 결과를 얻기 위하여 작용이 일어나게 함　　　＿＿＿＿＿＿＿

23) 생각이나 감정 따위를 말이나 행동으로 드러내어 나타냄　　　＿＿＿＿＿＿＿

24) 이 구석 저 구석　　　＿＿＿＿＿＿＿

25) 보기에 좋게 곱게 다듬은 모양새　　　＿＿＿＿＿＿＿

26) 옷감을 다듬이질하여 매끈하게 하다　　　＿＿＿＿＿＿＿

27) 끝에 이르러　　　＿＿＿＿＿＿＿

28) 나누어 처리하다　　　＿＿＿＿＿＿＿

29) 힘이 넘치고·생기가 가득하다　　　＿＿＿＿＿＿＿

30) 꼼꼼하고 차분하게 순서에 따라 차근차근 말하는 모양　　　＿＿＿＿＿＿＿

2 밑줄 친 곳에 알맞은 낱말을 써 넣어 문장을 완성해 봅시다.

1) 아침에 일찍 일어나면 _____ 있게 등교 준비를 할 수 있다.

2) 언니는 _____ 를 내느라 오랫동안 거울 앞에 앉아 있었다.

3) 새 스마트폰이 생긴 지금의 기쁜 심정을 말로 다 _____ 할 수 없다.

4) 급식을 너무 많이 받아 와서 _____ 다 먹지 못하고 남겼다.

5) 일회용 나무젓가락을 만들 때 잘 썩지 않도록 약품 _____ 를 한다.

6) 작은 습관이 모여 결국 큰 _____ 를 만들기 때문에 좋은 습관을 가져야 한다.

7) 도로가 _____ 해서 차가 덜덜 떨렸다.

8) 쉬는 시간이 되면 교실은 아이들의 웃고 떠드는 소리로 _____ .

9) _____ 지폐를 잘 펴서 지갑 안에 넣었다.

10) 급식을 너무 많이 받아 와서 밥과 반찬을 _____ 친구에게 주었다.

11) 봄이 되자 새싹들이 언 땅을 뚫고 _____ 나오기 시작했다.

12) 엄마는 평일 밤 8시부터는 가족 모두가 스마트폰을 사용하지 말자는 의견을 _____ .

13) _____ 의 지나친 사용으로 지구 환경이 오염되고 있다.

14) 도령은 길을 걷다가 우연히 만난 아름다운 _____ 에게 첫눈에 반했다.

15) 습관이란 어떤 행동을 오랫동안 되풀이하면서 _____ 몸에 익은 행동을 말한다.

16) 학급 회의에서 애국가 제창을 _____ 바로 회의를 시작했다.

17) 사람이 많이 모인 공공장소에서는 _____ 을 잘 지켜야 한다.

18) 선생님들은 학생들이 복도에서 뛰는 _____ 을 해결할 방법을 의논했다.

19) 지난 주말에 내 방을 _____ 깨끗이 청소했다.

20) 이번에 학급 회의에서 정해진 생활 목표를 꼭 _____ .

21) 아이는 가쁜 숨을 몰아쉬면서 지각한 이유를 _____ 설명했다.

22) 약속은 자신이나 다른 사람과 어떤 일을 지키기로 _____ 한 것이다.

23) 과자와 음료수를 다 먹은 아이들은 플라스틱, 캔, 비닐을 재활용 상자에 _____ 버렸다.

24) 바다는 어부들에게 삶의 _____ 이고, 교실은 학생들에게 생활의 _____ 이다.

25) 할머니께서는 옷감을 다듬잇방망이로 _____ 계셨다.

26) 운동이든, 공부든, 게임이든 2주 동안 꾸준히 하면 _____ 으로 굳어진다.

27) 선생님들은 학생들이 복도를 _____ 걷도록 복도에 서서 지도했다.

28) 옆구리를 꾹 찌르니 친구는 _____ 나를 바라보았다.

29) 지난 주말에 내 방을 _____ 청소했다.

30) 환경을 생각해서 _____ 물건을 가급적 사용하지 맙시다.

안내문
한자 책상 안 案
안 내 內
글월 문 文

잘 알려지지 않았거나 · 모르는 사실을 / 사람들에게 알려 주는 / 글

예 **안내문**을 꼼꼼히 읽고 몰랐던 사실을 많이 알게 되었다.

발생하다
한자 필 발 發
날 생 生

어떤 일이나 사물이 / 생겨나다

예 요즘 우리 반에서는 *분실 사고가 자주 **발생한다.**

* **분실**   물건 따위를 잃어버림

비 일어나다, 생겨나다, 나타나다, 생성하다

수심
한자 물 수 水
깊을 심 深

강 · 바다 · 호수 등의 / 물의 깊이

예 **수심**이 깊은 강물에서 수영을 하다가 큰 사고가 발생할 뻔했다.

삼가다

말이나 행동을 / *조심하다

예 다른 사람에게 *불쾌감을 주는 말과 행동을 **삼가야** 한다.

* **조심하다**   잘못이나 실수가 없도록 말이나 행동에 마음을 쓰다

* **불쾌감**   마음에 들지 않아 기분이 좋지 않은 느낌

고민하다
한자 쓸 고 苦
답답할 민 悶

마음속으로 괴로워하며 / *속을 태우다

예 며칠 전에 다툰 친구와 언제 어떻게 *화해해야 할지 한참 **고민했다.**

* **속(을) 태우다**   몹시 걱정이 되어 속을 태우다시피 초조해하다

* **화해하다**   싸움하던 것을 멈추고, 서로 갖고 있던 안 좋은 감정을 풀어 없애다

비 번민하다

갈다

끝이 날카롭고 뾰족한 도구로 / 어떤 물체를 / 문지르다

예 이빨이 계속해서 자라는 다람쥐는 이빨을 닳게 하려고
쉬지 않고 딱딱한 열매를 **간다.**

1 문장을 읽고, 알맞은 낱말을 써 넣어 봅시다.

1) 잘 알려지지 않았거나·모르는 사실을 사람들에게 알려 주는 글

2) 어떤 일이나 사물이 생겨나다

3) 강·바다·호수 등의 물의 깊이

4) 말이나 행동을 조심하다

5) 마음속으로 괴로워하며 속을 태우다

6) 끝이 날카롭고 뾰족한 도구로 어떤 물체를 문지르다

15주
1일

2 밑줄 친 곳에 알맞은 낱말을 써 넣어 문장을 완성해 봅시다.

1) _____ 을 꼼꼼히 읽고 몰랐던 사실을 많이 알게 되었다.

2) 요즘 우리 반에서는 분실 사고가 자주 _____ .

3) _____ 이 깊은 강물에서 수영을 하다가 큰 사고가 발생할 뻔했다.

4) 다른 사람에게 불쾌감을 주는 말과 행동을 _____ 한다.

5) 며칠 전에 다툰 친구와 언제 어떻게 화해해야 할지 한참 _____ .

6) 이빨이 계속해서 자라는 다람쥐는 이빨을 닳게 하려고 쉬지 않고 딱딱한 열매를 _____ .

9. 어떤 내용일까

닳다

오래 써서 / 낡아지다 또는 줄어들다

예 한 달 동안 여기저기 여행을 하며 돌아다녔더니 신발이 다 **닳았다.**

쏠다

쥐 따위가 / 물건을 물어뜯다

예 쥐가 **쏠지** 않는 물건이 없는데 °**하다못해**
비누를 **쏠기**도 한다.

° **하다못해** 정 할 수 없다면. 가장 나쁜 경우라 하더라도

가끔

시간이나 공간의 / °**간격이** / 얼마쯤씩 있게

예 작년에 전학 간 친구와 요즘도 **가끔** °**안부** 전화를 주고받는다.

° **간격** 일과 일 사이의 시간적 거리. 또는 두 대상 사이의 공간적 거리

° **안부** 어떤 사람이 편안하게 잘 지내는지 그렇지 않은지에 대한 소식

비 종종, 이따금, 때때로, 왕왕, 종종히

창고
한자 곳집 창 倉
곳집 고 庫

물건을 °**보관하는** / 건물

예 **창고**에 불이 나서 가득 쌓여 있던 물건들이 다 타버렸다.

° **보관하다** 물건을 맡아서 잘 간직하다

싱긋

눈과 입을 슬며시 움직이며 / 소리 없이 부드럽고 가볍게 / 웃는 모양

예 아이는 엄마를 보며 **싱긋** 웃었고, 엄마도 아이를 보며 **싱긋** 웃었다.

선반

물건을 얹어 두기 위하여 / °**까치발을** 받쳐서 벽에
달아 놓은 / °**널빤지**

예 **선반** 위에 접시와 그릇 들이 차곡차곡 쌓여 있다.

° **까치발** 선반이나 탁자 따위의 널빤지를 버티어 받치기
위하여 수직면에 대는, 직각 삼각형으로 된 나무나 쇠

° **널빤지** 넓고 판판하게 세로로 자른 나뭇조각

1 문장을 읽고, 알맞은 낱말을 써 넣어 봅시다.

1) 오래 써서 낡아지다 또는 줄어들다

2) 쥐 따위가 물건을 물어뜯다

3) 시간이나 공간의 간격이 얼마쯤씩 있게

4) 물건을 보관하는 건물

5) 눈과 입을 슬며시 움직이며 소리 없이 부드럽고 가볍게 웃는 모양

6) 물건을 얹어 두기 위하여 까치발을 받쳐서 벽에 달아 놓은 널빤지

2 밑줄 친 곳에 알맞은 낱말을 써 넣어 문장을 완성해 봅시다.

1) 한 달 동안 여기저기 여행을 하며 돌아다녔더니 신발이 다 _____ .

2) 쥐가 _____ 않는 물건이 없는데 하다못해 비누를 _____ 한다.

3) 작년에 전학 간 친구와 요즘도 _____ 안부 전화를 주고받는다.

4) _____ 에 불이 나서 가득 쌓여 있던 물건들이 다 타버렸다.

5) 아이는 엄마를 보며 _____ 웃었고, 엄마도 아이를 보며 _____ 웃었다.

6) _____ 위에 접시와 그릇 들이 차곡차곡 쌓여 있다.

센트
영어 cent

미국 · 캐나다 · 오스트레일리아 · 뉴질랜드 · 싱가포르 · 홍콩에서 사용되는 / 돈을 세는 단위. 1센트는 1달러의 100분의 1
예 물병에 70**센트**라는 가격표가 붙어 있었다.

건네주다

돈이나 물건 따위를 / 남에게 / 옮겨 주다
예 중국집 배달원은 자장면을 **건네주고**, 돈을 건네받았다.

어엿하다

*거리낌 없이 / 당당하고 · 떳떳하다
예 작년까지 유치원에 다녔던 동생은 올해 초등학교에 *입학해서 **어엿한** 초등학생이 되었다.
* 거리낌   마음에 걸려서 꺼림칙하게 생각됨
* 입학하다   (공부를 하기 위해) 학생이 되어 학교에 들어가다

심각하다
한자 깊을 심 深
새길 각 刻

깊이 생각해야 할 만큼 / 매우 중요하고 · 크다
예 아이들은 운동장에서 벌어졌던 **심각한** 일을 선생님께 말씀드렸다.

서약서
한자 맹세할 서 誓
맺을 약 約
글 서 書

다짐 · 약속을 담은 / 글
예 개구쟁이는 "앞으로 *말썽을 *피우지 않겠습니다"라는 글을 **서약서**에 쓰고 나서, 그 글을 큰 소리로 다섯 번 읽고, 자신의 책상에 붙였다.
* 말썽   트집이나 문젯거리를 일으키는 말이나 행동
* 피우다   (사람이 어떤 행동이나 태도를) 나타내어 보이다

맹세하다
한자 맹세 맹 盟
맹세할 서 誓

굳게 / 약속하거나 · 다짐하다
예 나는 그 일에 대해 죽을 때까지 비밀을 지키기로 **맹세했다**.
비 맹약하다, 서약하다, 다짐하다

1 문장을 읽고, 알맞은 낱말을 써 넣어 봅시다.

1) 미국 · 캐나다 · 오스트레일리아 · 뉴질랜드 · 싱가포르 · 홍콩에서
사용되는 돈을 세는 단위. 1센트는 1달러의 100분의 1

2) 돈이나 물건 따위를 남에게 옮겨 주다

3) 거리낌 없이 당당하고 · 떳떳하다

4) 깊이 생각해야 할 만큼 매우 중요하고 · 크다

5) 다짐 · 약속을 담은 글

6) 굳게 약속하거나 · 다짐하다

2 밑줄 친 곳에 알맞은 낱말을 써 넣어 문장을 완성해 봅시다.

1) 물병에 70 _____ 라는 가격표가 붙어 있었다.

2) 중국집 배달원은 자장면을 _____ , 돈을 건네받았다.

3) 작년까지 유치원에 다녔던 동생은 올해 초등학교에 입학해서 _____
초등학생이 되었다.

4) 아이들은 운동장에서 벌어졌던 _____ 일을 선생님께 말씀드렸다.

5) 개구쟁이는 "앞으로 말썽을 피우지 않겠습니다"라는 글을 _____ 에 쓰고
나서, 그 글을 큰 소리로 다섯 번 읽고, 자신의 책상에 붙였다.

6) 나는 그 일에 대해 죽을 때까지 비밀을 지키기로 _____ .

서명

한자 마을 서 署
이름 명 名

자신의 이름을 써넣음 또는 써넣은 것

㉠ 일회용품 사용을 줄이기 위해 노력하겠다는 다짐을 담아 서약서에 **서명**을 했다.

서식지

한자 깃들일 서 棲
쉴 식 息
땅 지 地

동물이 / 일정한 곳에 자리를 잡고 / 사는 곳

㉠ *강줄기를 따라 철새의 서식지가 펼쳐져 있다.

* 강줄기 　 강물이 뻗어 나간 줄기(물이 줄 대어 흐르는 선)

천연기념물

한자 하늘 천 天
그럴 연 然
벼리 기 紀
생각 념 念
물건 물 物

법으로 정해서 보호하고 관리하는 / 동식물과 그 동식물의 서식지 또는 *지질, *광물 등의 *천연물

㉠ 우리나라에서는 반딧불이 서식지를 **천연기념물**로 *지정하고 있다.

* 지질 　 지구의 표면을 이루는 물질
* 광물 　 암석(매우 크고 단단한 돌)을 이루는 작은 알갱이
* 천연물 　 천연(사람의 힘을 가하지 않은 상태) 그대로의 물건
* 지정하다 　 특정한 자격을 주다. 또는 분명히 가리켜 정하다

일대

한자 한 일 一
띠 대 帶

일정한 범위 안에 있는 / 어느 지역 / 전부

㉠ 이번 주말에 우리 가족은 남해안 **일대**를 여행하기로 했다.

비 일원

황홀하다

한자 황홀할 황 恍
황홀할 홀 惚

눈이 부실 만큼 / *찬란하고 · *화려하다

㉠ 수백 마리의 반딧불이가 반짝거리는 *광경을 보면서 정말 **황홀했다.**

* 찬란하다 　 (빛이나 색이) 눈부시고 아름답다
* 화려하다 　 환하게 빛나며 곱고 아름답다
* 광경 　 어떤 일이나 현상이 벌어진 모양이나 형편

조절하다

한자 고를 조 調
마디 절 節

무엇의 상태를 / 적절한 수준으로 / 맞추다

㉠ 아이는 자신의 키에 맞춰서 의자의 높낮이를 **조절했다.**

1 **문장을 읽고, 알맞은 낱말을 써 넣어 봅시다.**

1) 자신의 이름을 써넣음 또는 써넣은 것

2) 동물이 일정한 곳에 자리를 잡고 사는 곳

3) 법으로 정해서 보호하고 관리하는 동식물과
   그 서식지 또는 지질, 광물 등의 천연물

4) 일정한 범위 안에 있는 어느 지역 전부

5) 눈이 부실 만큼 찬란하고 · 화려하다

6) 무엇의 상태를 적절한 수준으로 맞추다

15주
4일

2 **밑줄 친 곳에 알맞은 낱말을 써 넣어 문장을 완성해 봅시다.**

1) 일회용품 사용을 줄이기 위해 노력하겠다는 다짐을 담아 서약서에 _____ 을
   했다.

2) 강줄기를 따라 철새의 _____ 가 펼쳐져 있다.

3) 우리나라에서는 반딧불이 서식지를 _____ 로 지정하고 있다.

4) 이번 주말에 우리 가족은 남해안 _____ 를 여행하기로 했다.

5) 수백 마리의 반딧불이가 반짝거리는 광경을 보면서 정말 _____ .

6) 아이는 자신의 키에 맞춰서 의자의 높낮이를 _____ .

도대체(대체)
한자 도읍 도 都
클 대 大
몸 체 體

주로 의문문에 쓰여 / 놀람, 걱정, *궁금한 심정 등을 / 나타내는 말

예 엄마는 아이가 **도대체** 왜 그토록 말썽을 피우는지 *도무지 이해할 수 없었다.

* **궁금하다** 무엇이 알고 싶어 마음이 답답하다

* **도무지(도저히)** 아무리 해도

이슬

공기 중의 *수증기가 / 기온이 내려가거나 · 찬 물체에 부딪힐 때 / 서로 뭉쳐서 생기는 / 물방울

예 **이슬**이 맺힌 풀잎을 보니 마음이 상쾌하다.

* **수증기** 기체 상태로 되어 있는 물

일컫다

가리켜 말하다

예 잡초란 우리 생활에 그다지 도움을 주지 못하는 *야생의 풀을 *통틀어 **일컫**는 말이다.

* **야생** (사람의 손이 가지 않고) 산이나 들에서 저절로 나서 자람. 또는 그런 생물

* **통틀다** 있는 대로 모두 한데 묶다

애벌레

알에서 나와 / 아직 다 자라지 않은 / 곤충

예 **애벌레**는 몸의 껍질을 벗는 과정을 거쳐서 어른벌레가 된다.

비 새끼벌레, 유충, 자충

보잘것없다

가치 없고 · *하찮다

예 시험을 망친 아이는 오늘따라 자신이 **보잘것없고** 초라하게 느껴졌다.

* **하찮다** 대수롭지 않다. 중요하지 않다

천하다
한자 천할 천 賤

물건이 너무 흔하여 / 귀하지 않다

예 '개똥도 약에 쓰려면 없다'는 속담은 '평소에 보잘것없고 흔해서 **천하다**고 여긴 물건도 막상 필요해서 찾으면 구하기 어렵다'는 말이다.

* **흔하다** 아주 많이 있다

1 문장을 읽고, 알맞은 낱말을 써 넣어 봅시다.

1) 주로 의문문에 쓰여 놀람, 걱정, 궁금한 심정 등을 나타내는 말

2) 공기 중의 수증기가 기온이 내려가거나·찬 물체에 부딪힐 때
서로 뭉쳐서 생기는 물방울

3) 가리켜 말하다

4) 알에서 나와 아직 다 자라지 않은 곤충

5) 가치 없고·하찮다

6) 물건이 너무 흔하여 귀하지 않다

2 밑줄 친 곳에 알맞은 낱말을 써 넣어 문장을 완성해 봅시다.

1) 엄마는 아이가 _____ 왜 그토록 말썽을 피우는지 도무지 이해할 수 없었다.

2) _____ 이 맺힌 풀잎을 보니 마음이 상쾌하다.

3) 잡초란 우리 생활에 그다지 도움을 주지 못하는 야생의 풀을 통틀어 _____ 말이다.

4) _____ 는 몸의 껍질을 벗는 과정을 거쳐서 어른벌레가 된다.

5) 시험을 망친 아이는 오늘따라 자신이 _____ 초라하게 느껴졌다.

6) '개똥도 약에 쓰려면 없다'는 속담은 '평소에 보잘것없고 흔해서 _____ 고 여긴
물건도 막상 필요해서 찾으면 구하기 어렵다'는 말이다.

1 문장을 읽고, 알맞은 낱말을 써 넣어 봅시다.

1) 다짐·약속을 담은 글　　　　　　　　　　　　　　　＿＿＿＿＿＿＿

2) 오래 써서 낡아지다 또는 줄어들다　　　　　　　　　＿＿＿＿＿＿＿

3) 물건을 얹어 두기 위하여 까치발을 받쳐서 벽에
　　달아 놓은 널빤지　　　　　　　　　　　　　　　　＿＿＿＿＿＿＿

4) 주로 의문문에 쓰여 놀람, 걱정, 궁금한 심정 등을 나타내는 말　＿＿＿＿＿＿＿

5) 자신의 이름을 써넣음 또는 써넣은 것　　　　　　　　＿＿＿＿＿＿＿

6) 시간이나 공간의 간격이 얼마쯤씩 있게　　　　　　　＿＿＿＿＿＿＿

7) 물건이 너무 흔하여 귀하지 않다　　　　　　　　　　＿＿＿＿＿＿＿

8) 잘 알려지지 않았거나·모르는 사실을 사람들에게 알려 주는 글＿＿＿＿＿＿＿

9) 눈과 입을 슬며시 움직이며 소리 없이 부드럽고
　　가볍게 웃는 모양　　　　　　　　　　　　　　　　＿＿＿＿＿＿＿

10) 어떤 일이나 사물이 생겨나다　　　　　　　　　　　＿＿＿＿＿＿＿

11) 가치 없고 하찮다　　　　　　　　　　　　　　　　　＿＿＿＿＿＿＿

12) 강·바다·호수 등의 물의 깊이　　　　　　　　　　　＿＿＿＿＿＿＿

13) 쥐 따위가 물건을 물어뜯다　　　　　　　　　　　　＿＿＿＿＿＿＿

14) 마음속으로 괴로워하며 속을 태우다　　　　　　　　＿＿＿＿＿＿＿

15) 알에서 나와 아직 다 자라지 않은 곤충　　　　　　　＿＿＿＿＿＿＿

16) 끝이 날카롭고 뾰족한 도구로 어떤 물체를 문지르다 _____

17) 법으로 정해서 보호하고 관리하는 동식물과 그 서식지
또는 지질, 광물 등의 천연물 _____

18) 가리켜 말하다 _____

19) 미국·캐나다·오스트레일리아·뉴질랜드·싱가포르·홍콩
에서 사용되는 돈을 세는 단위. 1센트는 1달러의 100분의 1 _____

20) 물건을 보관하는 건물 _____

21) 돈이나 물건 따위를 남에게 옮겨 주다 _____

22) 말이나 행동을 조심스럽게 가려 하다 _____

23) 거리낌 없이 당당하고 떳떳하다 _____

24) 무엇의 상태를 적절한 수준으로 맞추다 _____

25) 깊이 생각해야 할 만큼 매우 중요하고 크다 _____

26) 굳게 약속하거나 다짐하다 _____

27) 일정한 범위 안에 있는 어느 지역 전부 _____

28) 동물이 일정한 곳에 자리를 잡고 사는 곳 _____

29) 눈이 부실 만큼 찬란하고 화려하다 _____

30) 공기 중의 수증기가 기온이 내려가거나·찬 물체에
부딪힐 때 서로 뭉쳐서 생기는 물방울 _____

2 밑줄 친 곳에 알맞은 낱말을 써 넣어 문장을 완성해 봅시다.

1) 강줄기를 따라 철새의 _____ 가 펼쳐져 있다.

2) 엄마는 아이가 _____ 왜 그토록 말썽을 피우는지 도무지 이해할 수 없었다.

3) 일회용품 사용을 줄이기 위해 노력하겠다는 다짐을 담아 서약서에 _____ 을 했다.

4) 잡초란 우리 생활에 그다지 도움을 주지 못하는 야생의 풀을 통틀어 _____ 말이다.

5) 쥐가 _____ 않는 물건이 없는데 하다못해 비누를 _____ 한다.

6) 중국집 배달원은 자장면을 _____ , 돈을 건네받았다.

7) 요즘 우리 반에서는 분실 사고가 자주 _____ .

8) 이번 주말에 우리 가족은 남해안 _____ 를 여행하기로 했다.

9) 물병에 70 _____ 라는 가격표가 붙어 있었다.

10) 작년에 전학 간 친구와 요즘도 _____ 안부 전화를 주고받는다.

11) 작년까지 유치원에 다녔던 동생은 올해 초등학교에 입학해서 _____ 초등학생이 되었다.

12) '개똥도 약에 쓰려면 없다'는 속담은 '평소에 보잘것없고 흔해서 _____ 고 여긴 물건도 막상 필요해서 찾으면 구하기 어렵다'는 말이다.

13) 며칠 전에 다툰 친구와 언제 어떻게 화해해야 할지 한참 _____ .

14) 나는 그 일에 대해 죽을 때까지 비밀을 지키기로 _____ .

15) 수백 마리의 반딧불이가 반짝거리는 광경을 보면서 정말 _____ .

16) ＿＿＿＿＿ 을 꼼꼼히 읽고 몰랐던 사실을 많이 알게 되었다.

17) 아이는 엄마를 보며 ＿＿＿＿ 웃었고, 엄마도 아이를 보며 ＿＿＿＿ 웃었다.

18) ＿＿＿＿ 이 깊은 강물에서 수영을 하다가 큰 사고가 발생할 뻔했다.

19) 다른 사람에게 불쾌감을 주는 말과 행동을 ＿＿＿＿ 한다.

20) 우리나라에서는 반딧불이 서식지를 ＿＿＿＿ 로 지정하고 있다.

21) 이빨이 계속해서 자라는 다람쥐는 이빨을 닳게 하려고 쉬지 않고 딱딱한 열매를 ＿＿＿＿ .

22) 아이는 자신의 키에 맞춰서 의자의 높낮이를 ＿＿＿＿ .

23) ＿＿＿＿ 이 맺힌 풀잎을 보니 마음이 상쾌하다.

24) 아이들은 운동장에서 벌어졌던 ＿＿＿＿ 일을 선생님께 말씀드렸다.

25) 개구쟁이는 "앞으로 말썽을 피우지 않겠습니다"라는 글을 ＿＿＿＿ 에 쓰고 나서, 그 글을 큰 소리로 다섯 번 읽고, 자신의 책상에 붙였다.

26) ＿＿＿＿ 는 몸의 껍질을 벗는 과정을 거쳐서 어른벌레가 된다.

27) 시험을 망친 아이는 오늘따라 자신이 ＿＿＿＿ 초라하게 느껴졌다.

28) 한 달 동안 여기저기 여행을 하며 돌아다녔더니 신발이 다 ＿＿＿＿ .

29) ＿＿＿＿ 에 불이 나서 가득 쌓여 있던 물건들이 다 타버렸다.

30) ＿＿＿＿ 위에 접시와 그릇 들이 차곡차곡 쌓여 있다.

1일

9. 어떤 내용일까

지천
한자 이를 지 至
천할 천 賤

아주 흔함을 / 뜻하는 말

㉠ 산과 들에 꽃들이 **지천**으로 피어 있다.

깔리다

무엇이 / 널리 또는 **많이** / 퍼져 있다

㉠ 낭자는 봄꽃이 지천으로 **깔려** 있는 언덕을 볼 때마다 황홀했다.

전문
한자 오로지 전 專
문 문 門

어떤 한 *분야에 / *상당한 지식과 경험을 가지고 / *오직 그 분야만 / 연구하거나 · 맡음

㉠ 아이는 초등 수학을 **전문**으로 가르치는 학원에 다닌다.

* **분야**   여러 갈래(갈라져 나간 낱낱의 부분)로 나누어진 범위나 부분

* **상당하다** 어지간하게 많다

* **오직**   (다른 것은 있을 수 없고) 다만. 오로지

먹성
한자 성품 성 性

음식을 먹는 / *분량

㉠ **먹성**이 좋은 아이는 급식을 두 번씩 먹곤 한다.

* **분량**   수효, 무게 따위의 많고 적은 정도 또는
부피의 크고 작은 정도

마비
한자 저릴 마 痲
저릴 비 痺

몸 전체 혹은 일부의 / *감각이나 기능이 / 둔해짐 또는 없어짐

㉠ 체육 시간에 달리기를 하다가 오른쪽 다리에 갑자기 **마비**가 와서 운동장에
주저앉고 말았다.

* **감각**   감각 기관을 통하여 바깥의 어떤 자극을 알아차리는 능력

살살

눈이나 사탕 따위가 / *사르르 녹는 모양

㉠ 선생님께 받은 사탕은 입 안에서 **살살** 녹을 정도로 달콤했다.

* **사르르**   저절로 살살 녹는 모양

1 　문장을 읽고, 알맞은 낱말을 써 넣어 봅시다.

1) 아주 흔함을 뜻하는 말

2) 무엇이 널리 또는 많이 퍼져 있다

3) 어떤 한 분야에 상당한 지식과 경험을 가지고
오직 그 분야만 연구하거나 · 맡음

4) 음식을 먹는 분량

5) 몸 전체 혹은 일부의 감각이나 기능이 둔해짐 또는 없어짐

6) 눈이나 사탕 따위가 사르르 녹는 모양

16주
1일

2 　밑줄 친 곳에 알맞은 낱말을 써 넣어 문장을 완성해 봅시다.

1) 산과 들에 꽃들이 _____ 으로 피어 있다.

2) 낭자는 봄꽃이 지천으로 _____ 있는 언덕을 볼 때마다 황홀했다.

3) 아이는 초등 수학을 _____ 으로 가르치는 학원에 다닌다.

4) _____ 이 좋은 아이는 급식을 두 번씩 먹곤 한다.

5) 체육 시간에 달리기를 하다가 오른쪽 다리에 갑자기 _____ 가 와서 운동장에
주저앉고 말았다.

6) 선생님께 받은 사탕은 입 안에서 _____ 녹을 정도로 달콤했다.

9. 어떤 내용일까

그리

(부정어와 함께 쓰여) 그다지

예 아이는 수학에 **그리** 흥미를 느끼지 못했다.

실마리

일을 / 풀어 나갈 수 있는 / •첫머리

예 싸움이 벌어진 **실마리**를 찾기 위해서 선생님은 학생들과 한 시간 넘게 •상담을 했다.

• **첫머리** 어떤 일 따위가 시작되는 부분

• **상담** 문제를 해결하거나 궁금증을 풀기 위해 서로 의견을 주고받음

단서

한자 끝 단 端
실마리 서 緖

일이 일어난 까닭을 / 풀어 나갈 수 있는 / 실마리

예 경찰은 사건의 **단서**를 찾으려고 현장을 샅샅이 조사했다.

비 실마리, 단초, 서단

관찰

한자 볼 관 觀
살필 찰 察

사물이나 현상을/ •주의해서 / 자세히 봄

예 한밤중에 천체망원경으로 보름달의 모습을 **관찰**했다.

• **주의하다** 어떤 곳이나 일에 관심을 집중하다

채집

한자 캘 채 採
모을 집 集

동식물 · 곤충 · •광석 등을 / 찾거나 · 캐서 / 모음

예 나비를 **채집**하여 •표본을 만들었다.

• **광석** 경제적 가치가 있는 물질이 많이 섞여 있고, 캐낼 수 있는 돌

• **표본** 생물의 몸을 처리해서 원래의 모양대로 보존할 수 있게 만든 것

저만치

저쯤 떨어진 / 곳으로

예 고속 열차 안에서 창밖을 내다보니 눈앞에 나무들이 •눈 깜짝 할 사이에 **저만치** 멀어져 갔다.

• **눈 깜짝할 사이** 매우 짧은 순간

1 **문장을 읽고, 알맞은 낱말을 써 넣어 봅시다.**

1) (부정어와 함께 쓰여) 그다지

2) 일을 풀어 나갈 수 있는 첫머리

3) 일이 일어난 까닭을 풀어 나갈 수 있는 실마리

4) 사물이나 현상을 주의해서 자세히 봄

5) 동식물·곤충·광석 등을 찾거나·캐서 모음

6) 저쯤 떨어진 곳으로

16주
2일

2 **밑줄 친 곳에 알맞은 낱말을 써 넣어 문장을 완성해 봅시다.**

1) 아이는 수학에 _____ 흥미를 느끼지 못했다.

2) 싸움이 벌어진 _____ 를 찾기 위해서 선생님은 학생들과 한 시간 넘게 상담을 했다.

3) 경찰은 사건의 _____ 를 찾으려고 현장을 샅샅이 조사했다.

4) 한밤중에 천체망원경으로 보름달의 모습을 _____ 했다.

5) 나비를 _____ 하여 표본을 만들었다.

6) 고속 열차 안에서 창밖을 내다보니 눈앞에 나무들이 눈 깜짝 할 사이에
_____ 멀어져 갔다.

살금살금

남이 모르게 / °눈치를 보아 가며 살며시 행동하는 / 모양

예 엄마는 아기가 잠들자 **살금살금** 방에서 나왔다.

°눈치　　남의 마음이나 일이 되어 가는 상황을 알아채는 힘

팔랑거리다
(팔랑대다)

작은 동작으로 / 가볍고 재빠르게 / 자꾸 움직이다

예 아이는 나비를 잡으려고 살금살금 다가갔지만,
　　그 순간 나비가 날개를 **팔랑거리며** 재빨리 나아갔다.

두근거리다

가슴이 / 자꾸 크게 뛰다

예 학부모 공개 수업 시간에 아이들은 가슴을 **두근거리며** 자신의 발표 순서를
　　기다렸다.

헤치다

앞에 걸리는 것을 / °좌우로 치워서 / 없애다

예 그는 나비를 잡기 위해 풀숲을 **헤치고** 나비가
　　날아간 쪽으로 걸어갔다.

°좌우　　왼쪽과 오른쪽

살갗

살가죽의 / 겉면

예 벌레가 **살갗**에 닿자 °화들짝 놀라며 두 팔을 휘저었다.

°화들짝　　갑작스럽고 아주 짧은 동안 펄쩍 뛸 듯이 놀라는 모양

독립운동가

한자 홀로 독 獨
　　　설 립 立
　　　옮길 운 運
　　　움직일 동 動
　　　집 가 家

일제 강점기에 / 우리 민족의 °독립을 위해 °힘썼던 / 사람

예 독립운동가들은 나라와 민족을 위해 °희생적 삶을 °마다하지 않았다.

°독립　　한 나라가 어떤 문제를 스스로 결정할 수 있는 권리를 가짐

°힘쓰다　괴로움과 어려움을 무릅쓰고 꾸준히 행하다

°희생적　다른 사람이나 어떤 일을 위하여 자기의 생명이나 재산, 이익 등 귀중한 것
　　　　을 바치는

°마다하다　거절하거나 싫다고 하다

1 문장을 읽고, 알맞은 낱말을 써 넣어 봅시다.

1) 남이 모르게 눈치를 보아 가며 살며시 행동하는 모양 □□□□

2) 작은 동작으로 가볍고 재빠르게 자꾸 움직이다 □□□□□

3) 가슴이 자꾸 크게 뛰다 □□□□□

4) 앞에 걸리는 것을 좌우로 치워서 없애다 □□□

5) 살가죽의 겉면 □□

6) 일제 강점기에 우리 민족의 독립을 위해 힘썼던 사람 □□□□□

16주
3일

2 밑줄 친 곳에 알맞은 낱말을 써 넣어 문장을 완성해 봅시다.

1) 엄마는 아기가 잠들자 _____ 방에서 나왔다.

2) 아이는 나비를 잡으려고 살금살금 다가갔지만, 그 순간 나비가 날개를 _____ 재빨리 나아갔다.

3) 학부모 공개 수업 시간에 아이들은 가슴을 _____ 자신의 발표 순서를 기다렸다.

4) 그는 나비를 잡기 위해 풀숲을 _____ 나비가 날아간 쪽으로 걸어갔다.

5) 벌레가 _____ 에 닿자 화들짝 놀라며 두 팔을 휘저었다.

6) _____ 들은 나라와 민족을 위해 희생적 삶을 마다하지 않았다.

마침내

드디어 / 마지막에는

㉖ 두 시간 동안 쉬지 않고 *끙끙댄 끝에 **마침내** 숙제를 모두 마쳤다.

* **끙끙대다** (어떤 일이나 생각을 해내려고) 몹시 애쓰다

비 드디어, 기어이, 결국, 끝내

개구쟁이

*짓궂은 장난을 즐기는 / 아이

㉖ **개구쟁이**는 수업 시간마다 떠들고 장난을 쳐서 선생님께 자주 혼난다.

* **짓궂다** 남을 일부러 괴롭고 장난스럽게 귀찮게 하는 데가 있다

연구하다

한자 갈 연 研
연구할 구 究

어떤 일이나 대상을 / 깊이있게 *조사하고 생각하여 / *진리를 알아내다

㉖ 뉴턴은 사과가 자신의 머리 위로 떨어지는 것을 보고, 왜 사과가 항상 아래로만 떨어지는지 그 까닭을 **연구했고**, 마침내 *중력을 *발견했다.

* **조사하다** (어떤 일이나 사실 따위를 알기 위하여) 자세히 살펴보거나 찾아보다

* **진리** 언제나 누구에게나 옳고 맞다고 인정되는 사실

* **중력** 지구가 물체를 끌어당기는 힘. 지구와 물체가 서로 당기는 힘

* **발견하다** (이제까지 찾아내지 못한 것을) 처음으로 찾아내거나 알아내다

비 연찬하다, 조사하다, 캐다, 탐구하다, 파고들다, 파다

마음먹다

일을 어떻게 하겠다고 / 마음속으로 단단히 / *작정하다

㉖ 슈바이처는 '서른 살까지만 나를 위해 학문과 음악을 하고 그 이후에는 힘들게 살아가는 사람들을 위해 *여생을 살겠다'고 **마음먹었다**.

* **작정하다** 행동이나 태도를 결단하여 정하다

* **여생** 앞으로 남은 인생(사람이 살아 있는 동안)

비 결심하다, 결의하다, 뜻하다

제대로

알맞은 정도로

㉖ 개구쟁이는 숙제를 **제대로** 해 오지 않아서 선생님께 꾸중을 들었다.

끊임없이

계속 또는 이어져 있던 것이 끊어지지 않게

㉖ 개구쟁이는 수업 시간에 **끊임없이** 장난을 치고 떠들었다.

1 문장을 읽고, 알맞은 낱말을 써 넣어 봅시다.

1) 드디어 마지막에는

2) 짓궂은 장난을 즐기는 아이

3) 어떤 일이나 대상을 조사하고 생각하여
진리를 알아내다

4) 일을 어떻게 하겠다고 마음속으로 단단히 작정하다

5) 알맞은 정도로

6) 계속 또는 이어져 있던 것이 끊어지지 않게

16주
4일

2 밑줄 친 곳에 알맞은 낱말을 써 넣어 문장을 완성해 봅시다.

1) 두 시간 동안 쉬지 않고 끙끙댄 끝에 _____ 숙제를 모두 마쳤다.

2) _____ 는 수업 시간마다 떠들고 장난을 쳐서 선생님께 자주 혼난다.

3) 뉴턴은 사과가 자신의 머리 위로 떨어지는 것을 보고, 왜 사과가 항상 아래로만
떨어지는지 그 까닭을 _____ , 마침내 중력을 발견했다.

4) 슈바이처는 '서른 살까지만 나를 위해 학문과 음악을 하고 그 이후에는 힘들게 살아
가는 사람들을 위해 여생을 살겠다'고 _____ .

5) 개구쟁이는 숙제를 _____ 해 오지 않아서 선생님께 꾸중을 들었다.

6) 개구쟁이는 수업 시간에 _____ 장난을 치고 떠들었다.

국단어 완전 정복 | 교과서 254~261쪽 |

결심하다
한자 결단할 결 決
마음 심 心

할 일에 대하여 / 어떻게 하겠다고 / 단단히 마음먹다

예 개구쟁이는 하루에 두 시간씩 공부를 하겠다고 **결심했다.**

비 결단하다, 결의하다

몰두하다
한자 빠질 몰 沒
머리 두 頭

어떤 일에 / 모든 정신이나 관심을 / 기울이다

예 개구쟁이는 공부에 **몰두하느라** 밥 먹으라고 외치는 엄마의 목소리도
들리지 않았다.

비 골몰하다, 몰입하다, 집중하다, 잠기다,
열중하다, 몰닉하다

무려
한자 없을 무 無
생각할 려 慮

수량을 나타내는 말 앞에 쓰여 / 그 수가 생각했던 것보다 / 훨씬 많음을 나타
내는 말

예 이 책의 분량은 **무려** 1500페이지에 달한다.

완성하다
한자 완전할 완 完
이룰 성 成

어떤 일을 / 완전히 / 다 이루다

예 이 성당은 남쪽 탑 하나를 **완성하는** 데
무려 65년이 걸렸다.

왕립
한자 임금 왕 王
설 립 立

국왕이나 *왕족이 / 세움 또는 그런 건물이나 기관

예 규장각은 조선의 제22대 왕이었던 정조가 만든 **왕립** 도서관이다.

* **왕족**　　국왕(임금)의 가족이나 친척

학회
한자 배울 학 學
모일 회 會

학문을 / 깊이 있게 연구하고 · 더욱 발전하게 하기 위하여 공부하는 / 사람들
이 만든 / 모임

예 수학 연구 **학회**에서는 일 년에 한 번씩 행사를 *주최한다.

* **주최하다**　(기관이나 단체가 행사 따위를) 주도적으로 기획하여 열다

1 문장을 읽고, 알맞은 낱말을 써 넣어 봅시다.

1) 할 일에 대하여 어떻게 하겠다고 단단히 마음먹다 ☐☐☐☐

2) 어떤 일에 모든 정신이나 관심을 기울이다 ☐☐☐☐

3) 수량을 나타내는 말 앞에 쓰여 그 수가 생각했던 것보다
   훨씬 많음을 나타내는 말 ☐☐

4) 어떤 일을 완전히 다 이루다 ☐☐☐☐

5) 국왕이나 왕족이 세움 또는 그런 건물이나 기관 ☐☐

6) 학문을 깊이 있게 연구하고 · 더욱 발전하게 하기 위하여
   공부하는 사람들이 만든 모임 ☐☐

2 밑줄 친 곳에 알맞은 낱말을 써 넣어 문장을 완성해 봅시다.

1) 개구쟁이는 하루에 두 시간씩 공부를 하겠다고 _____ .

2) 개구쟁이는 공부에 _____ 밥 먹으라고 외치는 엄마의 목소리도 들리지
   않았다.

3) 이 책의 분량은 _____ 1500페이지에 달한다.

4) 이 성당은 남쪽 탑 하나를 _____ 데 무려 65년이 걸렸다.

5) 규장각은 조선의 제22대 왕이었던 정조가 만든 _____ 도서관이다.

6) 수학 연구 _____ 에서는 일 년에 한 번씩 행사를 주최한다.

1 문장을 읽고, 알맞은 낱말을 써 넣어 봅시다.

1) 작은 동작으로 가볍고 재빠르게 자꾸 움직이다　＿＿＿＿＿＿＿

2) 드디어 마지막에는　＿＿＿＿＿＿＿

3) 앞에 걸리는 것을 좌우로 치워서 없애다　＿＿＿＿＿＿＿

4) 짓궂은 장난을 즐기는 아이　＿＿＿＿＿＿＿

5) 어떤 일에 모든 정신이나 관심을 기울이다　＿＿＿＿＿＿＿

6) 남이 모르게 눈치를 보아 가며 살며시 행동하는 모양　＿＿＿＿＿＿＿

7) 일이 일어난 까닭을 풀어 나갈 수 있는 실마리　＿＿＿＿＿＿＿

8) 무엇이 널리 또는 많이 퍼져 있다　＿＿＿＿＿＿＿

9) 가슴이 자꾸 크게 뛰다　＿＿＿＿＿＿＿

10) 국왕이나 왕족이 세움 또는 그런 건물이나 기관　＿＿＿＿＿＿＿

11) 몸 전체 혹은 일부의 감각이나 기능이 둔해짐 또는 없어짐　＿＿＿＿＿＿＿

12) 동식물·곤충·광석 등을 찾거나·캐서 모음　＿＿＿＿＿＿＿

13) 살가죽의 겉면　＿＿＿＿＿＿＿

14) 일제 강점기에 우리 민족의 독립을 위해 힘썼던 사람　＿＿＿＿＿＿＿

15) 일을 어떻게 하겠다고 마음속으로 단단히 작정하다　＿＿＿＿＿＿＿

16) (부정어와 함께 쓰여) 그다지　＿＿＿＿＿＿＿

17) 어떤 일이나 대상을 깊이 있게 조사하고 생각하여
　　진리를 알아내다　　　　　　　　　　＿＿＿＿＿

18) 일을 풀어 나갈 수 있는 첫머리　　　　　＿＿＿＿＿

19) 학문을 깊이 있게 연구하고·더욱 발전하게 하기 위하여
　　공부하는 사람들이 만든 모임　　　　　　＿＿＿＿＿

20) 음식을 먹는 분량　　　　　　　　　　　＿＿＿＿＿

21) 사물이나 현상을 주의해서 자세히 봄　　　＿＿＿＿＿

22) 저쯤 떨어진 곳으로　　　　　　　　　　＿＿＿＿＿

23) 알맞은 정도로　　　　　　　　　　　　　＿＿＿＿＿

24) 아주 흔함을 뜻하는 말　　　　　　　　　＿＿＿＿＿

25) 어떤 일을 완전히 다 이루다　　　　　　　＿＿＿＿＿

26) 어떤 한 분야에 상당한 지식과 경험을 가지고 오직
　　그 분야만 연구하거나 맡음　　　　　　　＿＿＿＿＿

27) 눈이나 사탕 따위가 사르르 녹는 모양　　　＿＿＿＿＿

28) 계속 또는 이어져 있던 것이 끊어지지 않게　＿＿＿＿＿

29) 할 일에 대하여 어떻게 하겠다고 단단히 마음먹다　＿＿＿＿＿

30) 수량을 나타내는 말 앞에 쓰여 그 수가 생각했던 것보다
　　훨씬 많음을 나타내는 말　　　　　　　　＿＿＿＿＿

2 밑줄 친 곳에 알맞은 낱말을 써 넣어 문장을 완성해 봅시다.

1) 나비를 _____ 하여 표본을 만들었다.

2) 개구쟁이는 하루에 두 시간씩 공부를 하겠다고 _____ .

3) _____ 는 수업 시간마다 떠들고 장난을 쳐서 선생님께 자주 혼난다.

4) 산과 들에 꽃들이 _____ 으로 피어 있다.

5) 수학 연구 _____ 에서는 일 년에 한 번씩 행사를 주최한다.

6) 슈바이처는 '서른 살까지만 나를 위해 학문과 음악을 하고 그 이후에는 힘들게 살아가는 사람들을 위해 여생을 살겠다'고 _____ .

7) 학부모 공개 수업 시간에 아이들은 가슴을 _____ 자신의 발표 순서를 기다렸다.

8) 개구쟁이는 숙제를 _____ 해 오지 않아서 선생님께 꾸중을 들었다.

9) 개구쟁이는 수업 시간에 _____ 장난을 치고 떠들었다.

10) 개구쟁이는 공부에 _____ 밥 먹으라고 외치는 엄마의 목소리도 들리지 않았다.

11) 엄마는 아기가 잠들자 _____ 방에서 나왔다.

12) 아이는 초등 수학을 _____ 으로 가르치는 학원에 다닌다.

13) 아이는 나비를 잡으려고 살금살금 다가갔지만, 그 순간 나비가 날개를 _____ 재빨리 나아갔다.

14) 체육 시간에 달리기를 하다가 오른쪽 다리에 갑자기 _____ 가 와서 운동장에 주저앉고 말았다.

15) _____ 이 좋은 아이는 급식을 두 번씩 먹곤 한다.

16) 그는 나비를 잡기 위해 풀숲을 _____ 나비가 날아간 쪽으로 걸어갔다.

17) 뉴턴은 사과가 자신의 머리 위로 떨어지는 것을 보고, 왜 사과가 항상 아래로만 떨어지는지 그 까닭을 _____ , 마침내 중력을 발견했다.

18) _____ 들은 나라와 민족을 위해 희생적 삶을 마다하지 않았다.

19) 이 책의 분량은 _____ 1500페이지에 달한다.

20) 이 성당은 남쪽 탑 하나를 _____ 데 무려 65년이 걸렸다.

21) 두 시간 동안 쉬지 않고 끙끙댄 끝에 _____ 숙제를 모두 마쳤다.

22) 규장각은 조선의 제22대 왕이었던 정조가 만든 _____ 도서관이다.

23) 아이는 수학에 _____ 흥미를 느끼지 못했다.

24) 벌레가 _____ 에 닿자 화들짝 놀라며 두 팔을 휘저었다.

25) 싸움이 벌어진 _____ 를 찾기 위해서 선생님은 학생들과 한 시간 넘게 상담을 했다.

26) 고속 열차 안에서 창밖을 내다보니 눈앞에 나무들이 눈 깜짝 할 사이에 _____ 멀어져 갔다.

27) 낭자는 봄꽃이 지천으로 _____ 있는 언덕을 볼 때마다 황홀했다.

28) 선생님께 받은 사탕은 입 안에서 _____ 녹을 정도로 달콤했다.

29) 한밤중에 천체망원경으로 보름달의 모습을 _____ 했다.

30) 경찰은 사건의 _____ 를 찾으려고 현장을 샅샅이 조사했다.

1 문장을 읽고, 알맞은 낱말을 써 넣어 봅시다.

1) 사람이나 그 말과 행동이 꺼리거나 어려워하는 마음이
   조금도 없이 다부지고 씩씩하다   (   )

2) 어떤 대상이나 일에 대하여 자기 마음에서 판단하여
   가지는 생각   (   )

3) 어떤 면에서 그런대로 옳다고 여겨지는 것   (   )

4) 청소, 운동, 요리, 실험, 수술 따위의 작업을 하는 데
   필요한 물건을 통틀어 이르는 말   (   )

5) 옷이나 천의 두 폭을 맞대고 꿰맨 줄   (   )

6) 문제가 되는 일을 캐묻고 분명한 답을 요구하다   (   )

7) 길이, 너비, 높이, 깊이, 무게, 온도, 속도 따위를 자, 저울
   따위의 계기로 측정하여 알아보다   (   )

8) 꾸지람이나 충고가 날카롭고 매섭다   (   )

9) 윗사람이나 · 몸이 불편한 사람을 옆에서 보살피다 또는
   갖가지 심부름을 하다   (   )

10) 꼼꼼하고 차분하게 순서에 따라 차근차근 말하는 모양   (   )

11) 처녀나 젊은 여자를 이르는 옛말   (   )

12) 모습이나 차림새가 티 하나 없이 깨끗하게   (   )

13) 생각한 것을 실제로 행동하다   (   )

14) 나누어 처리하다   (   )

15) 성질 · 모양 · 상태 따위가 바뀌어 달라짐   (   )

16) 생각이나 감정 따위를 말이나 행동으로 드러내어 나타냄　(　　　　)

17) 전체에서 일부를 간단히 줄이다 또는 빼다　(　　　　)

18) 어떤 일이나 사물이 생겨나다　(　　　　)

19) 쥐 따위가 물건을 물어뜯다　(　　　　)

20) 깊이 생각해야 할 만큼 매우 중요하고 크다　(　　　　)

21) 동물이 일정한 곳에 자리를 잡고 사는 곳　(　　　　)

22) 눈이 부실 만큼 찬란하고 화려하다　(　　　　)

23) 주로 의문문에 쓰여 놀람, 걱정, 궁금한 심정 등을 나타내는 말 (　　　　)

24) 어떤 한 분야에 상당한 지식과 경험을 가지고 오직
　　 그 분야만 연구하거나 맡음　(　　　　)

25) 일을 풀어 나갈 수 있는 첫머리　(　　　　)

26) 앞에 걸리는 것을 좌우로 치워서 없애다　(　　　　)

27) 어떤 일이나 대상을 깊이 있게 조사하고 생각하여
　　 진리를 알아내다　(　　　　)

28) 수량을 나타내는 말 앞에 쓰여 그 수가 생각했던 것보다
　　 훨씬 많음을 나타내는 말　(　　　　)

29) 국왕이나 왕족이 세움 또는 그런 건물이나 기관　(　　　　)

30) 학문을 깊이 있게 연구하고 · 더욱 발전하게 하기 위하여
　　 공부하는 사람들이 만든 모임　(　　　　)

2 밑줄 친 곳에 알맞은 낱말을 써 넣어 문장을 완성해 봅시다.

1)   엄마는 바느질을 좋아하는 아이에게 예쁜 _____ 를 만들어 주었다.

2)   다리미가 없었던 옛날에는 _____ 로 옷을 다렸다.

3)   휴대폰이 없는데 케이스를 산들 무슨 _____ 이 있나.

4)   버릇없는 동생에게 따끔한 말을 한마디 톡 _____ 주었다.

5)   친구는 비밀을 털어놓으며 _____ 다른 사람에게 말하지 말라고
     신신당부했다.

6)   어머니는 한 _____ 한 _____ 촘촘히 바느질하셨다.

7)   그녀는 청결에 _____ 정도로 예민해서 한 시간에 한 번씩 손을 씻었다.

8)   봄이 되자 새싹들이 언 땅을 뚫고 _____ 나오기 시작했다.

9)   할머니께서는 옷감을 다듬잇방망이로 _____ 계셨다.

10) 옆구리를 꾹 찌르니 친구는 _____ 나를 바라보았다.

11) 언니는 _____ 를 내느라 오랫동안 거울 앞에 앉아 있었다.

12) 바다는 어부들에게 삶의 _____ 이고, 교실은 학생들에게 생활의
     _____ 이다.

13) 일회용 나무젓가락을 만들 때 잘 썩지 않도록 약품 _____ 를 한다.

14) 쉬는 시간이 되면 교실은 아이들의 웃고 떠드는 소리로 _____ .

15) 엄마는 평일 밤 8시부터는 가족 모두가 스마트폰을 사용하지 말자는 의견을
     _____ .

16) 선생님들은 학생들이 복도에서 뛰는 _____ 을 해결할 방법을 의논했다.

17) 다른 사람에게 불쾌감을 주는 말과 행동을 _____ 한다.

18) 작년까지 유치원에 다녔던 동생은 올해 초등학교에 입학해서 _____ 초등학생이 되었다.

19) 개구쟁이는 "앞으로 말썽을 피우지 않겠습니다"라는 글을 _____ 에 쓰고 나서, 그 글을 큰 소리로 다섯 번 읽고, 자신의 책상에 붙였다.

20) 우리나라에서는 반딧불이 서식지를 _____ 로 지정하고 있다.

21) 이번 주말에 우리 가족은 남해안 _____ 를 여행하기로 했다.

22) 아이는 자신의 키에 맞춰서 의자의 높낮이를 _____ .

23) 잡초란 우리 생활에 그다지 도움을 주지 못하는 야생의 풀을 통틀어 _____ 말이다.

24) 시험을 망친 아이는 오늘따라 자신이 _____ 초라하게 느껴졌다.

25) 산과 들에 꽃들이 _____ 으로 피어 있다.

26) 경찰은 사건의 _____ 를 찾으려고 현장을 샅샅이 조사했다.

27) 한밤중에 천체망원경으로 보름달의 모습을 _____ .

28) 나비를 _____ 하여 표본을 만들었다.

29) 아이는 나비를 잡으려고 살금살금 다가갔지만, 그 순간 나비가 날개를 _____ 재빨리 나아갔다.

30) 개구쟁이는 수업 시간에 _____ 장난을 치고 떠들었다.

17~19주

칭찬 사과 스티커

하루 공부를 잘 마쳤다면 나에게 칭찬 사과를 선물하세요.
사과 나무에 사과가 주렁주렁 열릴 때까지 열심히 공부합시다!

■ 스티커는 별책 바른답 및 색인 마지막 페이지에 있습니다.

온갖

모든 종류의. 여러 가지의

㉠ 엄마는 백일 동안 •**온갖** 정성을 들여 자식의 합격을 •기도했다.

• **온**　　　 전부의. 모두의

• **기도하다**　 바라는 바가 이루어지기를 빌다

⊞ 갖가지, 가지가지, 별의별

지진

한자 땅 지 地
　　 우레 진 震

땅이 / 갑자기 흔들리며 움직이는 일

㉠ 내 방에서 책을 읽고 있는데, 갑자기 **지진**이 나서 너무 무서웠다.

요령

한자 요긴할 요 要
　　 거느릴 령 領

일을 하는 / 방법과 순서

㉠ 갑자기 지진이 나서 학교에서 배운 •행동 **요령**을
　 떠올리며 책상 밑으로 몸을 피했다.

• **행동**　　 몸을 움직임. 또는 그 동작

꼼꼼히

•차근차근하고 · 자세하게

㉠ 잠자리에 들기 전에 준비물을 **꼼꼼히** 챙기는 습관을 갖자.

• **차근차근**　꼼꼼하고 침착하게 순서에 따라 말이나 행동을 하는 모양

출구

한자 날 출 出
　　 입 구 口

밖으로 나가는 / 길

㉠ 놀이동산의 **출구**를 찾지 못해서 한참을 •헤매었다.

• **헤매다**　　무엇을 찾기 위해 이리저리 돌아다니다

확보하다

한자 굳을 확 確
　　 지킬 보 保

필요한 것을 / 미리 갖추다

㉠ 줄넘기를 하기 위해서 공간을 충분히 **확보해야**
한다.

1　문장을 읽고, 알맞은 낱말을 써 넣어 봅시다.

1)　모든 종류의. 여러 가지의

2)　땅이 갑자기 흔들리며 움직이는 일

3)　일을 하는 방법과 순서

4)　차근차근하고 · 자세하게

5)　밖으로 나가는 길

6)　필요한 것을 미리 갖추다

2　밑줄 친 곳에 알맞은 낱말을 써 넣어 문장을 완성해 봅시다.

1)　엄마는 백일 동안 _____ 정성을 들여 자식의 합격을 기도했다.

2)　내 방에서 책을 읽고 있는데, 갑자기 _____ 이 나서 너무 무서웠다.

3)　갑자기 지진이 나서 학교에서 배운 행동 _____ 을 떠올리며 책상 밑으로 몸을 피했다.

4)　잠자리에 들기 전에 준비물을 _____ 챙기는 습관을 갖자.

5)　놀이동산의 _____ 를 찾지 못해서 한참을 헤매었다.

6)　줄넘기를 하기 위해서 공간을 충분히 _____ 한다.

차단하다

한자 가릴 차 遮
끊을 단 斷

무엇을 통하지 못하게 / 막다 또는 끊다

예 지진이 발생하면 전기와 가스를 **차단하고**, 문을 열어 출구를 확보해야 한다.

대비하다

한자 대할 대 對
갖출 비 備

앞으로 일어날지도 모르는 일에 / *대처할 계획이나 수단을 / 미리 *세우다

예 지진이 발생했을 때는 물건이 떨어질 것에 **대비해서** 가방이나 손으로 머리를 보호해야 한다.

* 대처하다   어떤 일에 대하여 알맞은 조치를 취하다
* 세우다   계획 등을 확실하게 정하다

대피하다

한자 기다릴 대 待
피할 피 避

위험한 상황에서 피해를 입지 않도록 / 다른 곳으로 / 잠시 몸을 피하다

예 아파트에 불이 나서 주민들이 집밖으로 **대피했다**.

승강기

한자 오를 승 昇
내릴 강 降
틀 기 機

건물에서 사람이나 짐을 / 아래위로 실어나르는 / 기계

예 다리를 다쳐서 교실이 있는 5층까지 **승강기**를 타고 올라갔다.

산사태

한자 메 산 山
모래 사 沙
일 태 汰

*큰비나 지진 따위로 인하여 / *산중턱에 있는 바윗돌이나 흙 따위가 / 갑자기 무너져 내리는 / 현상

예 **산사태**가 나서 바윗돌이 절벽 아래로 굴러떨어졌다.

* 큰비   상당한 기간에 걸쳐 많이 쏟아지는 비
* 산중턱   산의 중간쯤 되는 곳

절벽

한자 끊을 절 絶
벽 벽 壁

산이나 언덕에서 / 바위가 깎아 세운 것처럼 아주 높이 솟아서 / 심하게 *기울어진 / 곳

예 산길을 걷다가 바로 옆에 **절벽**이 있는 걸 보고 *가슴이 콩알만 해졌다.

* 기울어지다   비스듬하게 한쪽이 낮아지거나 비뚤어지게 되다
* 가슴이 콩알만 해지다 불안하고 초조하여 마음을 펴지 못하고 있다

어휘 마당 | 교과서 262~265쪽 |

1 문장을 읽고, 알맞은 낱말을 써 넣어 봅시다.

1) 무엇을 통하지 못하게 막다 또는 끊다

2) 앞으로 일어날지도 모르는 일에 대처할 계획이나
   수단을 미리 세우다

3) 위험한 상황에서 피해를 입지 않도록
   다른 곳으로 잠시 몸을 피하다

4) 건물에서 사람이나 짐을 아래위로 실어나르는 기계

5) 큰비나 지진 따위로 인하여 산중턱에 있는 바윗돌이나
   흙 따위가 갑자기 무너져 내리는 현상

6) 산이나 언덕에서 바위가 깎아 세운 것처럼
   아주 높이 솟아서 심하게 기울어진 곳

2 밑줄 친 곳에 알맞은 낱말을 써 넣어 문장을 완성해 봅시다.

1) 지진이 발생하면 전기와 가스를 _____, 문을 열어 출구를 확보해야 한다.

2) 지진이 발생했을 때는 물건이 떨어질 것에 _____ 가방이나 손으로 머리를
   보호해야 한다.

3) 아파트에 불이 나서 주민들이 집밖으로 _____.

4) 다리를 다쳐서 교실이 있는 5층까지 _____ 를 타고 올라갔다.

5) _____ 가 나서 바윗돌이 절벽 아래로 굴러떨어졌다.

6) 산길을 걷다가 바로 옆에 _____ 이 있는 걸 보고 가슴이 콩알만 해졌다.

3일

9. 어떤 내용일까

학 교 진 도 시 기
6월 2, 3, 4주

붕괴되다

[한자] 무너질 붕 崩
무너질 괴 壞

무너져 내려앉다

[예] 큰 지진이 발생해서 다리와 건물이 **붕괴되었다**.

해안

[한자] 바다 해 海
언덕 안 岸

바다와 맞닿은 부분의 / 육지 또는 바다와 육지가 /
맞닿은 부분

[예] 남쪽 **해안**에는 아름다운 섬들이 많다.

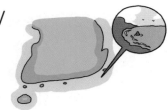

해일

[한자] 바다 해 海
넘칠 일 溢

지진, 화산 폭발, 폭풍 등으로 / 바다에 큰 물결이 일어나
/ 바닷물이 / 갑자기 육지로 넘쳐 들어오는 일

[예] **해일**을 만난 배가 순식간에 바닷속으로
사라지고 말았다.

특보

[한자] 특별할 특 特
갚을 보 報

일반 사람들에게 / 새로운 •소식 따위를 / 특별히 알림

[예] 방송국은 드라마를 중단시키고 지진 관련 뉴스 **특보**를 내보냈다.

• 소식 　　사람의 안부나 일의 상황 따위를 알리는 말이나 글

발령되다

[한자] 필 발 發
하여금 령 令

•긴급한 상황에 대한 •경보가 / •발표되다

[예] 해안에서 지진 해일 특보가 **발령되면** 높은 곳으로 이동해야 한다.

• 긴급하다　매우 중요하고 급하다

• 경보　　　급작스러운 사고나 재해 따위가 예상되는 상황에서 이에 대한 대비를 하도
록 미리 알리는 일

• 발표되다　(일의 결과나 사실이) 세상에 널리 드러나 알려지다

재난

[한자] 재앙 재 災
어려울 난 難

뜻하지 않게 일어난 / •재앙과 •고난

[예] 자연의 변화에 •민감한 동물들은 **재난**을 미리 알아챌 수 있다.

• 재앙　　　갑작스럽게 일어난 불행한 일

• 고난　　　괴로움과 어려움

• 민감하다　느낌이나 반응이 날카롭고 빠르다

1 문장을 읽고, 알맞은 낱말을 써 넣어 봅시다.

1) 무너져 내려앉다

2) 바다와 맞닿은 부분의 육지 또는 바다와 육지가 맞닿은 부분

3) 지진, 화산 폭발, 폭풍 등으로 바다에 큰 물결이 일어나 바닷물이 갑자기 육지로 넘쳐 들어오는 일

4) 일반 사람들에게 새로운 소식 따위를 특별히 알림

5) 긴급한 상황에 대한 경보가 발표되다

6) 뜻하지 않게 일어난 재앙과 고난

2 밑줄 친 곳에 알맞은 낱말을 써 넣어 문장을 완성해 봅시다.

1) 큰 지진이 발생해서 다리와 건물이 _____ .

2) 남쪽 _____ 에는 아름다운 섬들이 많다.

3) _____ 을 만난 배가 순식간에 바닷속으로 사라지고 말았다.

4) 방송국은 드라마를 중단시키고 지진 관련 뉴스 _____ 를 내보냈다.

5) 해안에서 지진 해일 특보가 _____ 높은 곳으로 이동해야 한다.

6) 자연의 변화에 민감한 동물들은 _____ 을 미리 알아챌 수 있다.

안내문 읽기 | 교과서 262~265쪽 |

훈련
한자 가르칠 훈 訓
불릴 련 練

기본자세나 동작 따위를 / 되풀이하여 익힘

예 학교에서 화재 대피 **훈련**을 해 본 덕분에 아파트에
불이 났을 때 안전하게 대피할 수 있었다.

대응
한자 대할 대 對
응할 응 應

벌어진 일의 상황에 맞추어 / 알맞은 행동을 함

예 신체폭력이나 언어폭력의 피해를 입었을 때는 그 즉시 부모님과 선생님께
알리는 것이 가장 *현명한 **대응**이다.

* **현명하다** 지혜롭고 바르다

비 대처

특별히
한자 특별할 특 特
나눌 별 別

*보통과 / 아주 다르게

예 오늘은 엄마의 생신이어서 **특별히** *외식을 하고 학원도 안 갔다.

* **보통** 특별하지 않고 흔히 있어 평범함

* **외식** 집에서 직접 해 먹지 아니하고 밖에서 음식을 사 먹음. 또는 그런 식사

신경쓰다
한자 귀신 신 神
지날 경 經

사소한 것까지 / *세심하게 살피다

예 방울토마토를 **신경써서** 키웠더니 열매가 주렁주렁 열렸다.

* **세심하다** 작은 일에도 꼼꼼하게 주의를 기울이다

구름 | 교과서 266~267쪽 |

감동
한자 느낄 감 感
움직일 동 動

깊이 느껴 / 마음이 움직임

예 친구가 써 준 편지를 읽고 **감동**을 받았다.

뭉게구름

윗면은 둥글고 · 밑은 거의 편평한 모양의 / 구름

예 하늘을 올려다보니 **뭉게구름**이 *둥실 떠 있었다.

* **둥실** 물건이 공중이나 물 위에 가볍게 떠 있는 모양

1 문장을 읽고, 알맞은 낱말을 써 넣어 봅시다.

1) 기본자세나 동작 따위를 되풀이하여 익힘

2) 벌어진 일의 상황에 맞추어 알맞은 행동을 함

3) 보통과 아주 다르게

4) 사소한 것까지 세심하게 살피다

5) 깊이 느껴 마음이 움직임

6) 윗면은 둥글고 · 밑은 거의 편평한 모양의 구름

2 밑줄 친 곳에 알맞은 낱말을 써 넣어 문장을 완성해 봅시다.

1) 학교에서 화재 대피 _____ 을 해 본 덕분에 아파트에 불이 났을 때 안전하게 대피할 수 있었다.

2) 신체폭력이나 언어폭력의 피해를 입었을 때는 그 즉시 부모님과 선생님께 알리는 것이 가장 현명한 _____ 이다.

3) 오늘은 엄마의 생신이어서 _____ 외식을 하고 학원도 안 갔다.

4) 방울토마토를 _____ 키웠더니 열매가 주렁주렁 열렸다.

5) 친구가 써 준 편지를 읽고 _____ 을 받았다.

6) 하늘을 올려다보니 _____ 이 둥실 떠 있었다.

한참

시간이 •상당히 지나는 / •동안

㉮ 약속 시간이 **한참** 지나고 나서야 친구가 나타났다.

• **상당히**   어지간히 많이

• **동안**   어느 때부터 어느 때까지의 시간의 길이

사뿐히

움직임이 / 매우 가볍게

㉮ 나비 한 마리가 꽃 위에 **사뿐히** 내려앉았다.

기웃기웃

무엇을 보려고 / 고개나 몸을 / 자꾸 이쪽저쪽으로 기울이는 모양

㉮ 낯선 사람이 이집 저집을 자꾸 **기웃기웃**해서 경찰서에 •신고했다.

• **신고하다** (어떤 일, 상황에 관한 내용, 결과를) 말이나 글로
  알리다

분량(양)

한자 나눌 분 分
헤아릴 량 量

•수효, 무게 따위의 많고 적은 정도 또는 •부피의 크고 작은 정도

㉮ 지금까지 쓴 일기를 모으니 책 한 권 **분량**이 나왔다.

• **수효**   사물의 낱낱(여럿 가운데의 하나하나)의 수

• **부피**   물건이 차지하고 있는 공간의 크기

나란히

여럿이 줄지어 늘어선 모양이 / •가지런한 상태로

㉮ 달리기 경주를 하려고 친구들과 출발선에 **나란히** 섰다.

• **가지런하다**   여럿이 고르게 되어 있다

일부러

알면서도 / 마음을 숨기고

㉮ 엄마는 내가 학원을 빼 먹고 친구들과 놀았다는 사실을 알면서도 **일부러**
  학원에 잘 다녀왔냐고 물으셨다.

1 문장을 읽고, 알맞은 낱말을 써 넣어 봅시다.

1) 시간이 상당히 지나는 동안

2) 움직임이 매우 가볍게

3) 무엇을 보려고 고개나 몸을 자꾸 이쪽저쪽으로
   기울이는 모양

4) 수효, 무게 따위의 많고 적은 정도 또는 부피의 크고 작은 정도

5) 여럿이 줄지어 늘어선 모양이 가지런한 상태로

6) 알면서도 마음을 숨기고

2 밑줄 친 곳에 알맞은 낱말을 써 넣어 문장을 완성해 봅시다.

1) 약속 시간이 _____ 지나고 나서야 친구가 나타났다.

2) 나비 한 마리가 꽃 위에 _____ 내려앉았다.

3) 낯선 사람이 이집 저집을 자꾸 _____ 해서 경찰서에 신고했다.

4) 지금까지 쓴 일기를 모으니 책 한 권 _____ 이 나왔다.

5) 달리기 경주를 하려고 친구들과 출발선에 _____ 섰다.

6) 엄마는 내가 학원을 빼 먹고 친구들과 놀았다는 사실을 알면서도 _____
   학원에 잘 다녀왔냐고 물으셨다.

1 문장을 읽고, 알맞은 낱말을 써 넣어 봅시다.

1) 무엇을 보려고 고개나 몸을 자꾸 이쪽저쪽으로 기울이는 모양 _____

2) 여럿이 줄지어 늘어선 모양이 가지런한 상태로 _____

3) 모든 종류의. 여러 가지의 _____

4) 무엇을 통하지 못하게 막다 또는 끊다 _____

5) 큰비나 지진 따위로 인하여 산중턱에 있는 바윗돌이나
흙 따위가 갑자기 무너져 내리는 현상 _____

6) 앞으로 일어날지도 모르는 일에 대처할 계획이나
수단을 미리 세우다 _____

7) 무너져 내려앉다 _____

8) 일을 하는 방법과 순서 _____

9) 긴급한 상황에 대한 경보가 발표되다 _____

10) 바다와 맞닿은 부분의 육지 또는 바다와 육지가 맞닿은 부분 _____

11) 깊이 느껴 마음이 움직임 _____

12) 지진, 화산 폭발, 폭풍 등으로 바다에 큰 물결이 일어나
바닷물이 갑자기 육지로 넘쳐 들어오는 일 _____

13) 필요한 것을 미리 갖추다 _____

14) 뜻하지 않게 일어난 재앙과 고난 _____

15) 기본자세나 동작 따위를 되풀이하여 익힘 _____

16)　사소한 것까지 세심하게 살피다　　＿＿＿＿＿＿＿

17)　위험한 상황에서 피해를 입지 않도록 다른 곳으로
　　　잠시 몸을 피하다　　＿＿＿＿＿＿＿

18)　일반 사람들에게 새로운 소식 따위를 특별히 알림　　＿＿＿＿＿＿＿

19)　윗면은 둥글고 · 밑은 거의 편평한 모양의 구름　　＿＿＿＿＿＿＿

20)　건물에서 사람이나 짐을 아래위로 실어나르는 기계　　＿＿＿＿＿＿＿

21)　보통과 아주 다르게　　＿＿＿＿＿＿＿

22)　시간이 상당히 지나는 동안　　＿＿＿＿＿＿＿

23)　차근차근하고 자세하게　　＿＿＿＿＿＿＿

24)　움직임이 매우 가볍게　　＿＿＿＿＿＿＿

25)　벌어진 일의 상황에 맞추어 알맞은 행동을 함　　＿＿＿＿＿＿＿

26)　수효, 무게 따위의 많고 적은 정도 또는 부피의 크고 작은 정도＿＿＿＿＿＿＿

27)　알면서도 마음을 숨기고　　＿＿＿＿＿＿＿

28)　산이나 언덕에서 바위가 깎아 세운 것처럼 아주 높이 솟아서
　　　심하게 기울어진 곳　　＿＿＿＿＿＿＿

29)　땅이 갑자기 흔들리며 움직이는 일　　＿＿＿＿＿＿＿

30)　밖으로 나가는 길　　＿＿＿＿＿＿＿

2 밑줄 친 곳에 알맞은 낱말을 써 넣어 문장을 완성해 봅시다.

1) 약속 시간이 _____ 지나고 나서야 친구가 나타났다.

2) 학교에서 화재 대피 _____ 을 해 본 덕분에 아파트에 불이 났을 때 안전하게 대피할 수 있었다.

3) 다리를 다쳐서 교실이 있는 5층까지 _____ 를 타고 올라갔다.

4) 큰 지진이 발생해서 다리와 건물이 _____ .

5) 놀이동산의 _____ 를 찾지 못해서 한참을 헤매었다.

6) 남쪽 _____ 에는 아름다운 섬들이 많다.

7) 잠자리에 들기 전에 준비물을 _____ 챙기는 습관을 갖자.

8) _____ 을 만난 배가 순식간에 바닷속으로 사라지고 말았다.

9) 아파트에 불이 나서 주민들이 집밖으로 _____ .

10) 방송국은 드라마를 중단시키고 지진 관련 뉴스 _____ 를 내보냈다.

11) 낯선 사람이 이집 저집을 자꾸 _____ 해서 경찰서에 신고했다.

12) _____ 가 나서 바윗돌이 절벽 아래로 굴러떨어졌다.

13) 해안에서 지진 해일 특보가 _____ 높은 곳으로 이동해야 한다.

14) 갑자기 지진이 나서 학교에서 배운 행동 _____ 을 떠올리며 책상 밑으로 몸을 피했다.

15) 자연의 변화에 민감한 동물들은 _____ 을 미리 알아챌 수 있다.

16) 신체폭력이나 언어폭력의 피해를 입었을 때는 그 즉시 부모님과 선생님께 알리는 것이 가장 현명한 _____ 이다.

17) 지진이 발생하면 전기와 가스를 _____ , 문을 열어 출구를 확보해야 한다.

18) 산길을 걷다가 바로 옆에 _____ 이 있는 걸 보고 가슴이 콩알만 해졌다.

19) 오늘은 엄마의 생신이어서 _____ 외식을 하고 학원도 안 갔다.

20) 지진이 발생했을 때는 물건이 떨어질 것에 _____ 가방이나 손으로 머리를 보호해야 한다.

21) 방울토마토를 _____ 키웠더니 열매가 주렁주렁 열렸다.

22) 엄마는 백일 동안 _____ 정성을 들여 자식의 합격을 기도했다.

23) 친구가 써 준 편지를 읽고 _____ 을 받았다.

24) 달리기 경주를 하려고 친구들과 출발선에 _____ 섰다.

25) 하늘을 올려다보니 _____ 이 둥실 떠 있었다.

26) 나비 한 마리가 꽃 위에 _____ 내려앉았다.

27) 내 방에서 책을 읽고 있는데, 갑자기 _____ 이 나서 너무 무서웠다.

28) 엄마는 내가 학원을 빼 먹고 친구들과 놀았다는 사실을 알면서도 _____ 학원에 잘 다녀왔냐고 물으셨다.

29) 줄넘기를 하기 위해서 공간을 충분히 _____ 한다.

30) 지금까지 쓴 일기를 모으니 책 한 권 _____ 이 나왔다.

고이다

물이나 눈물 따위의 액체가 / 낮은 곳이나 · 우묵한 곳에 / 모이다

예 텐트에 비가 새서 바닥에 빗물이 *홍건히 **고였다**.

* **홍건히**   어떤 장소에 액체가 고일 정도로 많이

디디다

발을 올려놓고 서다 또는 발로 *내리누르다

예 갑자기 무더워진 날씨에 수영장은 *발 **디딜** 틈도 없을 만큼 *북적거렸다.

* **내리누르다**   위에서 아래로 힘을 주어 누르다
* **발 디딜 틈이(도) 없다**   (어디에) 사람이 매우 많이 모여 있다
* **북적거리다**   많은 사람이 한곳에 모여 자꾸 어수선하게 움직이다

당기다

힘을 주어 / 자기 쪽이나 · 일정한 방향으로 / 가까이 오게 하다

예 줄다리기에 참가한 아이들은 *죽기 살기로 밧줄을 **당겼다**.

* **죽기 살기로**   매우 열심히

종일

한자 끝날 종 終
날 일 日

아침부터 *저녁까지의 / *사이

예 *여행지에서 하루 **종일** 걸었더니 다리가 퉁퉁 부었다.

* **저녁**   해 질 무렵부터 해가 진 밤이 오기까지의 사이
* **사이**   한때로부터 다른 때까지의 시간의 길이
* **여행지**   여행하는 곳

걸핏하면

조금이라도 무슨 일이 있기만 하면 / 바로 그 즉시

예 **걸핏하면** 삐치는 동생 때문에 무척 피곤하다.

비 툭하면, 뻑하면, 까딱하면

이름나다

이름이 / 세상에 *널리 알려지다

예 짬뽕을 맛있게 한다고 **이름난** *중국집에 갔더니 사람들이 *장사진을 이루고 있었다.

* **널리**   범위(어떤 것이 미치는 한계)가 넓게
* **중국집**   중국 음식을 파는 식당
* **장사진**   많은 사람이 줄을 지어 길게 늘어선 모양을 이르는 말

1 문장을 읽고, 알맞은 낱말을 써 넣어 봅시다.

1) 물이나 눈물 따위의 액체가 낮은 곳이나 · 우묵한 곳에 모이다

2) 발을 올려놓고 서다 또는 발로 내리누르다

3) 힘을 주어 자기 쪽이나 · 일정한 방향으로 가까이 오게 하다

4) 아침부터 저녁까지의 사이

5) 조금이라도 무슨 일이 있기만 하면 바로 그 즉시

6) 이름이 세상에 널리 알려지다

2 밑줄 친 곳에 알맞은 낱말을 써 넣어 문장을 완성해 봅시다.

1) 텐트에 비가 새서 바닥에 빗물이 흥건히 _____ .

2) 갑자기 무더워진 날씨에 수영장은 발 _____ 틈도 없을 만큼 북적거렸다.

3) 줄다리기에 참가한 아이들은 죽기 살기로 밧줄을 _____ .

4) 여행지에서 하루 _____ 걸었더니 다리가 퉁퉁 부었다.

5) _____ 삐치는 동생 때문에 무척 피곤하다.

6) 짬뽕을 맛있게 한다고 _____ 중국집에 갔더니 사람들이 장사진을 이루고 있었다.

들러붙다

어떤 사물이 다른 사물에 / *끈기 있게 / 찰싹 붙다

⟨예⟩ 신발 바닥에 껌이 **들러붙어** 잘 떼어지지 않는다.

* **끈기**   끈질기고 끈적끈적한 기운

척

끈적끈적한 물체가 / 빈틈없이 잘 들러붙는 모양

⟨예⟩ *진흙 갯벌에 신발이 **척** 들러붙어서 *발걸음을 *떼자 맨발이 되고
말았다.

* **진흙 갯벌** 바닷물이 드나들어 진흙으로 이루어진 갯벌(밀물 때는 물에 잠기고 썰물
때는 물 밖으로 드러나는 바닷가의 넓고 평평한 땅)

* **발걸음**   발을 옮겨 걷는 동작

* **떼다**   걸음을 옮기어 놓다

한입

음식물 따위를 / 여러 번에 나누지 않고 / 한 번에 먹음

⟨예⟩ 날씨가 너무 더워서 찬물 한 잔을 **한입**에 들이켰다.

꿀꺽

액체나 음식물 따위가 / 목구멍이나 좁은 구멍으로 / 한꺼번에 많이 넘어가는
/ 소리 또는 그 모양

⟨예⟩ 배가 몹시 고팠는지 아이는 피자 한 조각을 한입에 **꿀꺽** 삼켰다.

알쏭달쏭하다

그런 것 같기도 하고 · 그렇지 않은 것 같기도 하여 / *얼른 알아내지 못하는
상태이다

⟨예⟩ **알쏭달쏭한** 수학 문제를 붙잡고 20분 동안 *씨름했지만, 끝내 풀지 못했다.

* **얼른**   시간을 끌지 않고 곧바로

* **씨름하다** 어떠한 일이나 문제 따위를 해결하려고 끈기 있게 달라붙어서 온 힘을 쏟다

몽실몽실

구름 · 안개 · 연기 따위가 / 동글동글하게 뭉쳐서 /
가볍게 떠 있는 모양 또는 떠오르는 듯한 모양

⟨예⟩ 그 도시는 강가 근처에 있어서 새벽마다 안개가
몽실몽실 피어오른다.

1 **문장을 읽고, 알맞은 낱말을 써 넣어 봅시다.**

1) 어떤 사물이 다른 사물에 끈기 있게 찰싹 붙다 ☐☐☐☐

2) 끈적끈적한 물체가 빈틈없이 잘 들러붙는 모양 ☐

3) 음식물 따위를 여러 번에 나누지 않고 한 번에 먹음 ☐☐

4) 액체나 음식물 따위가 목구멍이나 좁은 구멍으로
한꺼번에 많이 넘어가는 소리 또는 그 모양 ☐☐

5) 그런 것 같기도 하고 · 그렇지 않은 것
같기도 하여 얼른 알아내지 못하는
상태이다 ☐☐☐☐☐☐

6) 구름 · 안개 · 연기 따위가 동글동글하게 뭉쳐서
가볍게 떠 있는 모양 또는 떠오르는 듯한 모양 ☐☐☐☐

2 **밑줄 친 곳에 알맞은 낱말을 써 넣어 문장을 완성해 봅시다.**

1) 신발 바닥에 껌이 _____ 잘 떼어지지 않는다.

2) 진흙 갯벌에 신발이 _____ 들러붙어서 발걸음을 떼자 맨발이 되고 말았다.

3) 날씨가 너무 더워서 찬물 한 잔을 _____ 에 들이켰다.

4) 배가 몹시 고팠는지 아이는 피자 한 조각을 한입에 _____ 삼켰다.

5) _____ 수학 문제를 붙잡고 20분 동안 씨름했지만, 끝내 풀지 못했다.

6) 그 도시는 강가 근처에 있어서 새벽마다 안개가 _____ 피어오른다.

간질간질하다
① 참기 어려울 정도로 / 자꾸 어떤 일을 / 하고 싶어 하다
② 자꾸 간지러운 느낌이 / 들다
예 ① 친구의 비밀을 알게 된 아이는 그 비밀을 남들에게 이야기하고 싶어서 입이 **간질간질했다.**
② 모기에 물린 *팔뚝이 너무 **간질간질해서** 약을 발랐다.
* 팔뚝   팔꿈치로부터 손목까지의 부분

무시무시하다
몹시 무섭다
예 영화를 보다가 갑자기 **무시무시한** 장면이 나와서 온몸에 소름이 돋았다.

술술
말 · 생각 · 글 따위가 / 막힘없이 잘 나오는 모양
예 수업 시간에 발표를 **술술** 잘하는 친구가 부럽다.

쏟아지다
어떤 일 · 대상 · 현상이 / 한꺼번에 / 많이 생기다
예 친구의 발표가 끝나자 친구들의 질문이 **쏟아졌다.**

구수하다
① 맛이나 냄새가 / 입맛이 당기도록 / 좋다
② 말이나 이야기가 / 마음을 잡아끄는 / 맛이 있다
예 ① 외국인 친구는 미숫가루를 탄 물을 한입에 꿀꺽 마시고 나서 '아주 **구수하고** 신비롭고 독특한 맛'이라며 감탄했다.
② 아이들은 할머니가 술술 쏟아내는 **구수한** 옛이야기를 들을 때마다 너무 재미있어서 시간 가는 줄 몰랐다.

웃음꽃
꽃이 피어나듯 / 환하고 즐겁게 웃는 / 웃음 또는 *웃음판을 / 비유적으로 이르는 말
예 한 아이가 *우스갯소리를 하자 교실은 아이들의 **웃음꽃**으로 가득 찼다.
* 웃음판   여럿이 어우러져 웃는 자리
* 우스갯소리(우스갯말)   남을 웃기려고 하는 말

국단어 완전 정복 | 정답 이미지북 | 교과서 278~287쪽

1 문장을 읽고, 알맞은 낱말을 써 넣어 봅시다.

18주
3일

1) 참기 어려울 정도로 자꾸 어떤 일을
하고 싶어 하다

2) 몹시 무섭다

3) 말·생각·글 따위가 막힘없이 잘 나오는 모양

4) 어떤 일·대상·현상이 한꺼번에 많이 생기다

5) 맛이나 냄새가 입맛이 당기도록 좋다

6) 꽃이 피어나듯 환하고 즐겁게 웃는 웃음 또는
웃음판을 비유적으로 이르는 말

2 밑줄 친 곳에 알맞은 낱말을 써 넣어 문장을 완성해 봅시다.

1) 친구의 비밀을 알게 된 아이는 그 비밀을 남들에게 이야기하고 싶어서 입이

＿＿＿＿＿＿＿ .

2) 영화를 보다가 갑자기 ＿＿＿＿＿＿ 장면이 나와서 온몸에 소름이 돋았다.

3) 수업 시간에 발표를 ＿＿＿＿＿ 잘하는 친구가 부럽다.

4) 친구의 발표가 끝나자 친구들의 질문이 ＿＿＿＿＿ .

5) 외국인 친구는 미숫가루를 탄 물을 한입에 꿀꺽 마시고 나서 '아주 ＿＿＿＿＿
신비롭고 독특한 맛'이라며 감탄했다.

6) 한 아이가 우스갯소리를 하자 교실은 아이들의 ＿＿＿＿＿ 으로 가득 찼다.

쑥덕쑥덕

남이 잘 알아듣지 못하는 / 낮은 목소리로 *은밀하게 자꾸 이야기하는 / 소리

예 두 아이가 나를 보면서 **쑥덕쑥덕** 이야기를 해서 기분이 나빴다.

*은밀하다   숨어 있어서 겉으로 드러나지 않다

소곤거리다
(수군거리다)

남이 알아듣지 못하도록 / 작은 목소리로 자꾸 / 이야기하다

예 수업 시간에 작게 **소곤거리는** 소리가 계속 들리자
　　선생님은 "누가 계속 쑥덕쑥덕 떠드냐!"며 *호통쳤다.

*호통치다   몹시 화가 나서 큰소리로 꾸짖다(꾸중하다)

비 소곤대다, 소곤소곤하다

뒤지다

물건을 찾으려고 / *샅샅이 들추다 또는 곳곳을 살피다

예 도둑이 집안을 샅샅이 **뒤졌지만** 돈이 될 만한 것을 전혀 찾을 수 없었다.

*샅샅이   빈틈없이 모조리

덥석

무엇을 / 갑자기 매우 빠르게 / 움켜잡거나·무는 모양

예 붕어가 *미끼를 **덥석** 물자마자 재빠르게 낚싯대를 잡아당겼다.

*미끼   물고기를 잡으려고 낚시 끝에 꿰어 다는 물고기의 먹이

헤벌쭉

속이 훤히 들여다보일 정도로 / 넓게 벌어진 모양

예 선생님의 칭찬을 듣고 아이의 입이 **헤벌쭉** 벌어졌다.

엿듣다

남의 말을 / *몰래 *가만히 듣다

예 나는 살금살금 다가가 두 아이의 대화를 **엿들었다.**

*몰래   남이 모르게 가만히. 남의 눈을 피하여 살짝

*가만히   움직임 따위가 거의 드러나지 않을 만큼 조용하고 은은하게

1 문장을 읽고, 알맞은 낱말을 써 넣어 봅시다.

18주
4일

1) 남이 잘 알아듣지 못하는 낮은 목소리로
   은밀하게 자꾸 이야기하는 소리

2) 남이 알아듣지 못하도록 작은 목소리로
   자꾸 이야기하다

3) 물건을 찾으려고 샅샅이 들추다 또는 곳곳을 살피다

4) 무엇을 갑자기 매우 빠르게 움켜잡거나 · 무는 모양

5) 속이 훤히 들여다보일 정도로 넓게 벌어진 모양

6) 남의 말을 몰래 가만히 듣다

2 밑줄 친 곳에 알맞은 낱말을 써 넣어 문장을 완성해 봅시다.

1) 두 아이가 나를 보면서 _____ 이야기를 해서 기분이 나빴다.

2) 수업 시간에 작게 _____ 소리가 계속 들리자 선생님은 "누가 계속
   쑥덕쑥덕 떠드냐!"며 호통쳤다.

3) 도둑이 집안을 샅샅이 _____ 돈이 될 만한 것을 전혀 찾을 수 없었다.

4) 붕어가 미끼를 _____ 물자마자 재빠르게 낚싯대를 잡아당겼다.

5) 선생님의 칭찬을 듣고 아이의 입이 _____ 벌어졌다.

6) 나는 살금살금 다가가 두 아이의 대화를 _____ .

키득키득
(키드득키드득)

웃음을 *참다못하여 / 입속에서 자꾸 새어 나오는 / 웃음소리 또는 그 모양

㉠ 한 아이가 *익살스럽게 선생님의 *흉내를 내자 반 아이들이 키득키득 웃었다.

*참다못하다　　(주로 '참다못한'·'참다못해'의 꼴로 쓰여) 참을 수 있는 데까지 참다가 더 참을 수가 없다

*익살스럽다　　(사람이나 그 언행이) 보기에 재미있고 웃기는 데가 있다

*흉내　　남의 말이나 행동을 그대로 따라하는 행동

눈치

남의 마음이나·일이 되어 가는 상황을 / 알아채는 힘

㉠ 남들이 눈치 채지 못하게 친구의 책상 위에 선물을 *살짝 올려놓았다.

*살짝　　남모르는 사이에 재빠르게

소문

한자 바 소 所
들을 문 聞

사람들 입에 오르내리며 / 세상에 떠도는 / 말

㉠ 친구에게 털어놓은 비밀 이야기가 학교에 소문으로 *나돌기 시작했다.

*나돌다　　(소문이나 어떤 물건 따위가) 여기저기 퍼지거나 나타나다

떠벌리다

*수다스럽게 / *지껄여 대다

㉠ 친구가 비밀을 여기저기 떠벌리고 다니는 바람에 모든 아이들이 그 비밀을 알게 되었다.

*수다스럽다　　쓸데없이 말수가 많은 데가 있다

*지껄이다　　(약간 큰 소리로) 떠들썩하게 말하다

싹

조금도 남기지 않고 / 전부

㉠ 시험이 끝나니까 공부할 마음이 싹 사라졌다.

범인

한자 범할 범 犯
사람 인 人

죄를 저지른 / 사람

㉠ 경찰은 *추격 끝에 범인을 붙잡았다.

*추격　　도망치는 적을 뒤쫓아가며 공격함

1 문장을 읽고, 알맞은 낱말을 써 넣어 봅시다.

1) 웃음을 참다못하여 입속에서 자꾸 새어 나오는
   웃음소리 또는 그 모양

2) 남의 마음이나 · 일이 되어 가는 상황을 알아채는 힘

3) 사람들 입에 오르내리며 세상에 떠도는 말

4) 수다스럽게 지껄여 대다

5) 조금도 남기지 않고 전부

6) 죄를 저지른 사람

2 밑줄 친 곳에 알맞은 낱말을 써 넣어 문장을 완성해 봅시다.

1) 한 아이가 익살스럽게 선생님의 흉내를 내자 반 아이들이 _____ 웃었다.

2) 남들이 _____ 채지 못하게 친구의 책상 위에 선물을 살짝 올려놓았다.

3) 친구에게 털어놓은 비밀 이야기가 학교에 _____ 으로 나돌기 시작했다.

4) 친구가 비밀을 여기저기 _____ 다니는 바람에 모든 아이들이 그 비밀을
   알게 되었다.

5) 시험이 끝나니까 공부할 마음이 _____ 사라졌다.

6) 경찰은 추격 끝에 _____ 을 붙잡았다.

1 **문장을 읽고, 알맞은 낱말을 써 넣어 봅시다.**

1) 힘을 주어 자기 쪽이나·일정한 방향으로 가까이 오게 하다 _____

2) 웃음을 참다못하여 입속에서 자꾸 새어 나오는 웃음소리
또는 그 모양 _____

3) 어떤 사물이 다른 사물에 끈기 있게 찰싹 붙다 _____

4) 말·생각·글 따위가 막힘없이 잘 나오는 모양 _____

5) 속이 훤히 들여다보일 정도로 넓게 벌어진 모양 _____

6) 끈적끈적한 물체가 빈틈없이 잘 들러붙는 모양 _____

7) 맛이나 냄새가 입맛이 당기도록 좋다 _____

8) 참기 어려울 정도로 자꾸 어떤 일을 하고 싶어 하다 _____

9) 음식물 따위를 여러 번에 나누지 않고 한 번에 먹음 _____

10) 액체나 음식물 따위가 목구멍이나 좁은 구멍으로 한꺼번에
많이 넘어가는 소리 또는 그 모양 _____

11) 발을 올려놓고 서다 또는 발로 내리누르다 _____

12) 그런 것 같기도 하고·그렇지 않은 것 같기도 하여
얼른 알아내지 못하는 상태이다 _____

13) 구름·안개·연기 따위가 동글동글하게 뭉쳐서 가볍게
떠 있는 모양 또는 떠오르는 듯한 모양 _____

14) 이름이 세상에 널리 알려지다 _____

15) 물건을 찾으려고 샅샅이 들추다 또는 곳곳을 살피다 _____

16) 남의 말을 몰래 가만히 듣다   _____

17) 수다스럽게 지껄여 대다   _____

18) 남의 마음이나 · 일이 되어 가는 상황을 알아채는 힘   _____

19) 사람들 입에 오르내리며 세상에 떠도는 말   _____

20) 물이나 눈물 따위의 액체가 낮은 곳이나 우묵한 곳에 모이다   _____

21) 아침부터 저녁까지의 사이   _____

22) 남이 알아듣지 못하도록 작은 목소리로 자꾸 이야기하다   _____

23) 조금이라도 무슨 일이 있기만 하면 바로 그 즉시   _____

24) 무엇을 갑자기 매우 빠르게 움켜잡거나 무는 모양   _____

25) 몹시 무섭다   _____

26) 남이 잘 알아듣지 못하는 낮은 목소리로 은밀하게
     자꾸 이야기하는 소리   _____

27) 어떤 일 · 대상 · 현상이 한꺼번에 많이 생기다   _____

28) 죄를 저지른 사람   _____

29) 꽃이 피어나듯 환하고 즐겁게 웃는 웃음 또는 웃음판을
     비유적으로 이르는 말   _____

30) 조금도 남기지 않고 전부   _____

2 밑줄 친 곳에 알맞은 낱말을 써 넣어 문장을 완성해 봅시다.

1) 날씨가 너무 더워서 찬물 한 잔을 _____ 에 들이켰다.

2) 한 아이가 익살스럽게 선생님의 흉내를 내자 반 아이들이 _____ 웃었다.

3) 신발 바닥에 껌이 _____ 잘 떼어지지 않는다.

4) 줄다리기에 참가한 아이들은 죽기 살기로 밧줄을 _____ .

5) 진흙 갯벌에 신발이 _____ 들러붙어서 발걸음을 떼자 맨발이 되고 말았다.

6) 두 아이가 나를 보면서 _____ 이야기를 해서 기분이 나빴다.

7) 배가 몹시 고팠는지 아이는 피자 한 조각을 한입에 _____ 삼켰다.

8) 텐트에 비가 새서 바닥에 빗물이 흥건히 _____ .

9) 수업 시간에 발표를 _____ 잘하는 친구가 부럽다.

10) 외국인 친구는 미숫가루를 탄 물을 한입에 꿀꺽 마시고 나서 '아주 _____ 신비롭고 독특한 맛'이라며 감탄했다.

11) 붕어가 미끼를 _____ 물자마자 재빠르게 낚싯대를 잡아당겼다.

12) 영화를 보다가 갑자기 _____ 장면이 나와서 온몸에 소름이 돋았다.

13) 갑자기 무더워진 날씨에 수영장은 발 _____ 틈도 없을 만큼 북적거렸다.

14) _____ 삐치는 동생 때문에 무척 피곤하다.

15) 도둑이 집안을 샅샅이 _____ 돈이 될 만한 것을 전혀 찾을 수 없었다.

16) 짬뽕을 맛있게 한다고 ＿＿＿＿＿ 중국집에 갔더니 사람들이 장사진을 이루고 있었다.

17) ＿＿＿＿＿ 수학 문제를 붙잡고 20분 동안 씨름했지만, 끝내 풀지 못했다.

18) 그 도시는 강가 근처에 있어서 새벽마다 안개가 ＿＿＿＿＿ 피어오른다.

19) 남들이 ＿＿＿＿＿ 채지 못하게 친구의 책상 위에 선물을 살짝 올려놓았다.

20) 경찰은 추격 끝에 ＿＿＿＿＿ 을 붙잡았다.

21) 친구에게 털어놓은 비밀 이야기가 학교에 ＿＿＿＿＿ 으로 나돌기 시작했다.

22) 선생님의 칭찬을 듣고 아이의 입이 ＿＿＿＿＿ 벌어졌다.

23) 친구의 비밀을 알게 된 아이는 그 비밀을 남들에게 이야기하고 싶어서 입이 ＿＿＿＿＿＿＿ .

24) 여행지에서 하루 ＿＿＿＿＿ 걸었더니 다리가 퉁퉁 부었다.

25) 친구의 발표가 끝나자 친구들의 질문이 ＿＿＿＿＿ .

26) 친구가 비밀을 여기저기 ＿＿＿＿＿ 다니는 바람에 모든 아이들이 그 비밀을 알게 되었다.

27) 한 아이가 우스갯소리를 하자 교실은 아이들의 ＿＿＿＿＿ 으로 가득 찼다.

28) 시험이 끝나니까 공부할 마음이 ＿＿＿＿＿ 사라졌다.

29) 수업 시간에 작게 ＿＿＿＿＿ 소리가 계속 들리자 선생님은 "누가 계속 쑥덕쑥덕 떠드냐!"며 호통쳤다.

30) 나는 살금살금 다가가 두 아이의 대화를 ＿＿＿＿＿ .

노려보다
미운 감정으로 / 어떠한 대상을 / *매섭게 계속 바라보다
㉠ 실수로 친구의 발을 밟자 친구가 짜증 섞인 표정으로 나를 **노려보았다**.
* **매섭다** 남이 겁을 낼 만큼 성질이나 기세 따위가 아주 쌀쌀맞고
(정다운 맛이 없고 차갑다) 날카롭다

치켜뜨다
눈을 / 아래에서 위로 / 올려 뜨다
㉠ 두 아이가 눈을 **치켜뜨며** 서로를 노려보다가
갑자기 키득키득 웃었다.

싱글벙글
소리 없이 / 즐겁고 환하게 웃는 / 모양
㉠ 용돈을 받고 기분이 좋아서 하루 종일 **싱글벙글** 웃었다.

귓가
귀의 / *가장자리
㉠ 불을 끄고 자려고 누웠는데 모기 한 마리가 *앵앵거리는 소리를 내며
귓가를 *맴돌았다.
* **가장자리** 물건의 둘레나 끝에 가까운 부분
* **앵앵거리다** 모기나 벌 등이 빨리 나는 소리가 잇따라 나다
* **맴돌다** 어떤 대상의 주변을 원(동그라미)을 그리며 빙빙 돌다

진심
한자 참 진 眞
마음 심 心
거짓이 없는 / 참된 마음
㉠ 친구가 내 발을 실수로 밟았는데, 곧바로 **진심**이 느껴지는 사과를 해서 화
가 조금 풀렸다.

사고
한자 일 사 事
연고 고 故
해를 입히거나 · 말썽을 일으키는 / 나쁜 짓
㉠ 개구쟁이는 하루가 멀다 하고 **사고**를 쳐서 부모님의 속을 썩였다.

1 **문장을 읽고, 알맞은 낱말을 써 넣어 봅시다.**

1) 미운 감정으로 어떠한 대상을 매섭게 계속 바라보다 ☐☐☐☐

2) 눈을 아래에서 위로 올려 뜨다 ☐☐☐☐

3) 소리 없이 즐겁고 환하게 웃는 모양 ☐☐☐☐

19주
1일

4) 귀의 가장자리 ☐☐

5) 거짓이 없는 참된 마음 ☐☐

6) 해를 입히거나 · 말썽을 일으키는 나쁜 짓 ☐☐

2 **밑줄 친 곳에 알맞은 낱말을 써 넣어 문장을 완성해 봅시다.**

1) 실수로 친구의 발을 밟자 친구가 짜증 섞인 표정으로 나를 _____ .

2) 두 아이가 눈을 _____ 서로를 노려보다가 갑자기 키득키득 웃었다.

3) 용돈을 받고 기분이 좋아서 하루 종일 _____ 웃었다.

4) 불을 끄고 자려고 누웠는데 모기 한 마리가 앵앵거리는 소리를 내며 _____ 를 맴돌았다.

5) 친구가 내 발을 실수로 밟았는데, 곧바로 _____ 이 느껴지는 사과를 해서 화가 조금 풀렸다.

6) 개구쟁이는 하루가 멀다 하고 _____ 를 쳐서 부모님의 속을 썩였다.

만날

한자 일 만 만 萬

매일같이 계속하여

㉠ 개구쟁이는 앞으로는 잘하겠다고 **만날** 약속을 했지만, 다음날이 되면 ●어김없이 사고를 쳤다.

● **어김없이** 어기는 일이 없다. 틀림없다

간판

한자 볼 간 看
널빤지 판 板

●상점의 이름이나 전화번호 등을 써서 / 사람들의 눈에 잘 띄는 곳에 / 걸어 놓은 / ●표지판

㉠ 거리에 늘어선 가게들의 **간판** 글씨가 온통 영어로 되어 있다.

● **상점** 물건을 파는 곳

● **표지판** 어떤 사실을 알리기 위해 그 내용을 적거나 그려 놓은 판

오해

한자 그르칠 오 誤
풀 해 解

사람이 무엇을 / 사실과 다르게 받아들임 또는 그 뜻을 잘못 앎

㉠ 두 친구의 소곤거리는 말을 나를 욕하는 것으로 **오해**해서 크게 다투고 말았다.

후회하다

한자 뒤 후 後
뉘우칠 회 悔

잘못을 / ●뉘우치다

㉠ 오해로 인해 친구와 크게 다투고 집에 돌아와서 많이 **후회했다.**

● **뉘우치다** 제 잘못을 스스로 깨닫고 후회되어 스스로 꾸짖음

돌담

돌로 쌓아 만든 / 담

㉠ 밤나무에서 떨어진 밤톨들이 **돌담** 밑에 여기저기 널려 있었다.

쓸모없다

쓸 만한 / ●가치가 없다

㉠ 재활용 종이로 만든 공책을 써 보고 나서 '쓰레기가 전혀 **쓸모없는** 것은 아니구나!'라고 생각했다.

● **가치** (어떤 물건이 가지고 있는) 값, 값어치, 쓸모

1   문장을 읽고, 알맞은 낱말을 써 넣어 봅시다.

1)   매일같이 계속하여

2)   상점의 이름이나 전화번호 등을 써서 사람들의
     눈에 잘 띄는 곳에 걸어 놓은 표지판

3)   사람이 무엇을 사실과 다르게 받아들임 또는 그 뜻을 잘못 앎

4)   잘못을 뉘우치다

5)   돌로 쌓아 만든 담

6)   쓸 만한 가치가 없다

2   밑줄 친 곳에 알맞은 낱말을 써 넣어 문장을 완성해 봅시다.

1)   개구쟁이는 앞으로는 잘하겠다고 _____ 약속을 했지만, 다음날이 되면
     어김없이 사고를 쳤다.

2)   거리에 늘어선 가게들의 _____ 글씨가 온통 영어로 되어 있다.

3)   두 친구의 소곤거리는 말을 나를 욕하는 것으로 _____ 해서 크게 다투고
     말았다.

4)   오해로 인해 친구와 크게 다투고 집에 돌아와서 많이 _____ .

5)   밤나무에서 떨어진 밤톨들이 _____ 밑에 여기저기 널려 있었다.

6)   재활용 종이로 만든 공책을 써 보고 나서 '쓰레기가 전혀 _____ 것은
     아니구나!'라고 생각했다.

상대
한자 서로 상 相
대할 대 對

*마주 대하는 / 대상
예 다른 사람과 말을 주고받을 때 **상대**의
눈을 보는 것은 기본예절이다.

* 마주 　　 어떤 대상에 대해 똑바로 향하여
비 상대방, 상대편, 맞은편

상처
한자 다칠 상 傷
곳 처 處

피해를 입은 / *흔적
예 달리기를 하다가 넘어져서 왼쪽 무릎에 **상처**가 났다.
* 흔적 　　 어떤 일이 진행된 뒤에 남겨진 것

헤아리다

마음이나 속뜻을 / 생각하여 알아내다
예 상대의 마음을 **헤아리지** 않고 말을 함부로 하면 상대에게 상처 주는 말을
하게 될 수도 있다.

소달구지

소가 끄는 / *수레
예 *짐을 실은 **소달구지**가 삐거덕삐거덕하며 시골길을 지나고 있다.
* 수레 　　 사람을 태우거나 짐을 실어 옮길 수 있도록 바퀴를 달아 굴러 가게 만든
　　　　 기구
* 짐 　　　 다른 곳으로 옮기기 위하여 챙기거나 꾸려
　　　　 놓은 물건

쓸데없다

쓸모나 *값어치가 / 없다
예 공부를 잘하기 위해서는 **쓸데없는** 곳에 정신을 팔지 말아야 한다.
* 값어치 　　 값에 해당하는 가치

무시하다
한자 없을 무 無
볼 시 視

사람을 / 낮추어 보다 또는 하찮게 대하다
예 엄마는 아이의 *형편없는 성적표를 보며 "만날 쓸데없는 게임만 붙잡고 사
니까 성적이 이 모양이지"라며 아이를 **무시했다**.
* 형편없다 　 일의 경과 · 결과 따위가 매우 좋지 못하다

1 문장을 읽고, 알맞은 낱말을 써 넣어 봅시다.

1) 마주 대하는 대상

2) 피해를 입은 흔적

3) 마음이나 속뜻을 생각하여 알아내다

4) 소가 끄는 수레

5) 쓸모나 값어치가 없다

6) 사람을 낮추어 보다 또는 하찮게 대하다

2 밑줄 친 곳에 알맞은 낱말을 써 넣어 문장을 완성해 봅시다.

1) 다른 사람과 말을 주고받을 때 _____ 의 눈을 보는 것은 기본예절이다.

2) 달리기를 하다가 넘어져서 왼쪽 무릎에 _____ 가 났다.

3) 상대의 마음을 _____ 않고 말을 함부로 하면 상대에게 상처 주는 말을 하게 될 수도 있다.

4) 짐을 실은 _____ 가 삐거덕삐거덕하며 시골길을 지나고 있다.

5) 공부를 잘하기 위해서는 _____ 곳에 정신을 팔지 말아야 한다.

6) 엄마는 아이의 형편없는 성적표를 보며 "만날 쓸데없는 게임만 붙잡고 사니까 성적이 이 모양이지"라며 아이를 _____ .

강아지 똥 | 교과서 288~291쪽 |

틔우다

*싹을 새로 / 자라나게 하다

예 봄이 오면 얼어붙은 땅이 녹고 나무가 새싹을 **틔운다**.

* 싹　　씨앗·줄기·뿌리 따위에서 처음 나오는 어린잎이나 줄기

거름

*농작물을 잘 자라게 하거나·땅을 *기름지게 하기 위해서 / 흙에 주는 / *영양 물질

예 농부들이 농작물을 심은 밭에 **거름**을 주고 있다.

* 농작물　논밭에 심어 가꾸는 곡식이나 채소류
* 기름지다　(땅이) 양분이 많은 상태에 있다
* 영양　　생물의 생명을 유지하고 몸을 성장시키기 위해 필요한 성분이나 그것을 함유한 음식물

비 비료

울먹이다

*울상이 되어 / 금방이라도 울음이 / 터져 나올 듯하다

예 아이는 **울먹이는** 목소리로 선생님께 모든 사실을 *털어놓았다.

* 울상　　울려고 하는 얼굴 모양
* 털어놓다　(사람이 다른 사람에게 사실이나 속마음 따위를) 숨김없이 말하다

고스란히

조금도 *축나거나 변하지 않고 / 그대로 *온전한 상태로

예 그 *무인도는 자연 그대로의 모습을 **고스란히** 간직하고 있었다.

* 축나다　(일정한 수나 양에서) 모자람이 생기다
* 온전하다　처음 상태나 모습 그대로 잘 있다
* 무인도　사람이 살지 않는 섬

우리 반 독서 전시 열기 | 교과서 292~297쪽 |

공간

한자 빌 공 空
사이 간 間

아무것도 없는 / 빈 곳

예 우리는 자리를 좁혀 한 사람 더 앉을 **공간**을 만들었다.

비 스페이스(space)

낭독하다

한자 밝을 낭 朗
읽을 독 讀

글을 / 소리 내어 / 읽다

예 아이들은 국어 교과서를 합창하듯 **낭독했다**.

1 문장을 읽고, 알맞은 낱말을 써 넣어 봅시다.

1) 싹을 새로 자라나게 하다

2) 농작물을 잘 자라게 하거나 · 땅을 기름지게 하기 위해서
흙에 주는 영양 물질

3) 울상이 되어 금방이라도 울음이 터져 나올 듯하다

4) 조금도 축나거나 변하지 않고 그대로 온전한 상태로

5) 아무것도 없는 빈 곳

6) 글을 소리 내어 읽다

2 밑줄 친 곳에 알맞은 낱말을 써 넣어 문장을 완성해 봅시다.

1) 봄이 오면 얼어붙은 땅이 녹고 나무가 새싹을 _____ .

2) 농부들이 농작물을 심은 밭에 _____ 을 주고 있다.

3) 아이는 _____ 목소리로 선생님께 모든 사실을 털어놓았다.

4) 그 무인도는 자연 그대로의 모습을 _____ 간직하고 있었다.

5) 우리는 자리를 좁혀 한 사람 더 앉을 _____ 을 만들었다.

6) 아이들은 국어 교과서를 합창하듯 _____ .

1 문장을 읽고, 알맞은 낱말을 써 넣어 봅시다.

1) 돌로 쌓아 만든 담 _____

2) 미운 감정으로 어떠한 대상을 매섭게 계속 바라보다 _____

3) 싹을 새로 자라나게 하다 _____

4) 거짓이 없는 참된 마음 _____

5) 농작물을 잘 자라게 하거나 · 땅을 기름지게 하기 위해서
흙에 주는 영양 물질 _____

6) 잘못을 뉘우치다 _____

7) 피해를 입은 흔적 _____

8) 조금도 축나거나 변하지 아니하고 않고 그대로 온전한 상태로 _____

9) 해를 입히거나 · 말썽을 일으키는 나쁜 짓 _____

10) 아무것도 없는 빈 곳 _____

11) 마주 대하는 대상 _____

12) 글을 소리 내어 읽다 _____

13) 눈을 아래에서 위로 올려 뜨다 _____

14) 상점의 이름이나 전화번호 등을 써서 사람들의 눈에
    잘 띄는 곳에 걸어 놓은 표지판 _____

15) 쓸 만한 가치가 없다 _____

16) 울상이 되어 금방이라도 울음이 터져 나올 듯하다 _____

17) 마음이나 속뜻을 생각하여 알아내다 _____

18) 매일같이 계속하여 _____

19) 소가 끄는 수레 _____

20) 사람이 무엇을 사실과 다르게 받아들임 또는
    그 뜻을 잘못 앎 _____

21) 쓸모나 값어치가 없다 _____

22) 소리 없이 즐겁고 환하게 웃는 모양 _____

23) 사람을 낮추어 보다 또는 하찮게 대하다 _____

24) 귀의 가장자리 _____

2 밑줄 친 곳에 알맞은 낱말을 써 넣어 문장을 완성해 봅시다.

1) 용돈을 받고 기분이 좋아서 하루 종일 _____ 웃었다.

2) 봄이 오면 얼어붙은 땅이 녹고 나무가 새싹을 _____ .

3) 재활용 종이로 만든 공책을 써 보고 나서 '쓰레기가 전혀 _____ 것은 아니구나!'라고 생각했다.

4) 농부들이 농작물을 심은 밭에 _____ 을 주고 있다.

5) 실수로 친구의 발을 밟자 친구가 짜증 섞인 표정으로 나를 _____ .

6) 공부를 잘하기 위해서는 _____ 곳에 정신을 팔지 말아야 한다.

7) 우리는 자리를 좁혀 한 사람 더 앉을 _____ 을 만들었다.

8) 두 친구의 소곤거리는 말을 나를 욕하는 것으로 _____ 해서 크게 다투고 말았다.

9) 밤나무에서 떨어진 밤톨들이 _____ 밑에 여기저기 널려 있었다.

10) 오해로 인해 친구와 크게 다투고 집에 돌아와서 많이 _____ .

11) 친구가 내 발을 실수로 밟았는데, 곧바로 _____ 이 느껴지는 사과를 해서 화가 조금 풀렸다.

12) 달리기를 하다가 넘어져서 왼쪽 무릎에 _____ 가 났다.

13) 개구쟁이는 하루가 멀다 하고 _____ 를 쳐서 부모님의 속을 썩였다.

14) 짐을 실은 _____ 가 삐거덕삐거덕하며 시골길을 지나고 있다.

15) 상대의 마음을 _____ 않고 말을 함부로 하면 상대에게 상처 주는 말을 하게 될 수도 있다.

16) 엄마는 아이의 형편없는 성적표를 보며 "만날 쓸데없는 게임만 붙잡고 사니까 성적이 이 모양이지"라며 아이를 _____ .

17) 개구쟁이는 앞으로는 잘하겠다고 _____ 약속을 했지만, 다음날이 되면 어김없이 사고를 쳤다.

18) 그 무인도는 자연 그대로의 모습을 _____ 간직하고 있었다.

19) 다른 사람과 말을 주고받을 때 _____ 의 눈을 보는 것은 기본예절이다.

20) 불을 끄고 자려고 누웠는데 모기 한 마리가 앵앵거리는 소리를 내며 _____ 를 맴돌았다.

21) 두 아이가 눈을 _____ 서로를 노려보다가 갑자기 키득키득 웃었다.

22) 아이는 _____ 목소리로 선생님께 모든 사실을 털어놓았다.

23) 아이들은 국어 교과서를 합창하듯 _____ .

24) 거리에 늘어선 가게들의 _____ 글씨가 온통 영어로 되어 있다.

1 문장을 읽고, 알맞은 낱말을 써 넣어 봅시다.

1)   모든 종류의. 여러 가지의 (   )

2)   일을 하는 방법과 순서 (   )

3)   필요한 것을 미리 갖추다 (   )

4)   무엇을 통하지 못하게 막다 또는 끊다 (   )

5)   앞으로 일어날지도 모르는 일에 대처할 계획이나
      수단을 미리 세우다 (   )

6)   무너져 내려앉다 (   )

7)   지진, 화산 폭발, 폭풍 등으로 바다에 큰 물결이 일어나
      바닷물이 갑자기 육지로 넘쳐 들어오는 일 (   )

8)   긴급한 상황에 대한 경보가 발표되다 (   )

9)   벌어진 일의 상황에 맞추어 알맞은 행동을 함 (   )

10) 수효, 무게 따위의 많고 적은 정도 또는 부피의 크고 작은 정도(   )

11) 여럿이 줄지어 늘어선 모양이 가지런한 상태로 (   )

12) 물이나 눈물 따위의 액체가 낮은 곳이나 우묵한 곳에 모이다 (   )

13) 조금이라도 무슨 일이 있기만 하면 바로 그 즉시 (   )

14) 어떤 사물이 다른 사물에 끈기 있게 찰싹 붙다 (   )

15) 그런 것 같기도 하고 · 그렇지 않은 것 같기도 하여
      얼른 알아내지 못하는 상태이다 (   )

16) 어떤 일·대상·현상이 한꺼번에 많이 생기다   (   )

17) 맛이나 냄새가 입맛이 당기도록 좋다   (   )

18) 물건을 찾으려고 샅샅이 들추다 또는 곳곳을 살피다   (   )

19) 속이 훤히 들여다보일 정도로 넓게 벌어진 모양   (   )

20) 사람들 입에 오르내리며 세상에 떠도는 말   (   )

21) 수다스럽게 지껄여 대다   (   )

22) 미운 감정으로 어떠한 대상을 매섭게 계속 바라보다   (   )

23) 거짓이 없는 참된 마음   (   )

24) 매일같이 계속하여   (   )

25) 사람이 무엇을 사실과 다르게 받아들임 또는
　　그 뜻을 잘못 앎   (   )

26) 쓸 만한 가치가 없다   (   )

27) 마음이나 속뜻을 생각하여 알아내다   (   )

28) 사람을 낮추어 보다 또는 하찮게 대하다   (   )

29) 조금도 축나거나 변하지 아니하고 않고 그대로 온전한
　　상태로   (   )

30) 글을 소리 내어 읽다   (   )

2 밑줄 친 곳에 알맞은 낱말을 써 넣어 문장을 완성해 봅시다.

1) 내 방에서 책을 읽고 있는데, 갑자기 _____ 이 나서 너무 무서웠다.

2) 잠자리에 들기 전에 준비물을 _____ 챙기는 습관을 갖자.

3) 놀이동산의 _____ 를 찾지 못해서 한참을 헤매었다.

4) 아파트에 불이 나서 주민들이 집밖으로 _____ .

5) _____ 가 나서 바윗돌이 절벽 아래로 굴러떨어졌다.

6) 산길을 걷다가 바로 옆에 _____ 이 있는 걸 보고 가슴이 콩알만 해졌다.

7) 남쪽 _____ 에는 아름다운 섬들이 많다.

8) 방송국은 드라마를 중단시키고 지진 관련 뉴스 _____ 를 내보냈다.

9) 자연의 변화에 민감한 동물들은 _____ 을 미리 알아챌 수 있다.

10) 오늘은 엄마의 생신이어서 _____ 외식을 하고 학원도 안 갔다.

11) 약속 시간이 _____ 지나고 나서야 친구가 나타났다.

12) 나비 한 마리가 꽃 위에 _____ 내려앉았다.

13) 엄마는 내가 학원을 빼 먹고 친구들과 놀았다는 사실을 알면서도 _____ 학원에 잘 다녀왔냐고 물으셨다.

14) 갑자기 무더워진 날씨에 수영장은 발 _____ 틈도 없을 만큼 북적거렸다.

15) 줄다리기에 참가한 아이들은 죽기 살기로 밧줄을 _____ .

16) 여행지에서 하루 _____ 걸었더니 다리가 퉁퉁 부었다.

17) 날씨가 너무 더워서 찬물 한 잔을 _____ 에 들이켰다.

18) 영화를 보다가 갑자기 _____ 장면이 나와서 온몸에 소름이 돋았다.

19) 수업 시간에 발표를 _____ 잘하는 친구가 부럽다.

20) 수업 시간에 작게 _____ 소리가 계속 들리자 선생님은 "누가 계속 쑥덕쑥덕 떠드냐!"며 호통쳤다.

21) 붕어가 미끼를 _____ 물자마자 재빠르게 낚싯대를 잡아당겼다.

22) 남들이 _____ 채지 못하게 친구의 책상 위에 선물을 살짝 올려놓았다.

23) 시험이 끝나니까 공부할 마음이 _____ 사라졌다.

24) 두 아이가 눈을 _____ 서로를 노려보다가 갑자기 키득키득 웃었다.

25) 개구쟁이는 하루가 멀다 하고 _____ 를 쳐서 부모님의 속을 썩였다.

26) 거리에 늘어선 가게들의 _____ 글씨가 온통 영어로 되어 있다.

27) 오해로 인해 친구와 크게 다투고 집에 돌아와서 많이 _____ .

28) 다른 사람과 말을 주고받을 때 _____ 의 눈을 보는 것은 기본예절이다.

29) 공부를 잘하기 위해서는 _____ 곳에 정신을 팔지 말아야 한다.

30) 봄이 오면 얼어붙은 땅이 녹고 나무가 새싹을 _____ .

💡 **문장을 읽고, 알맞은 낱말을 써 넣어 봅시다.**

1) 의식이나 기억이 순간적으로 흐려지는 모양 (   )

2) 사람의 힘을 가하지 않고 저절로 이루어진 자연
   그대로의 상태 (   )

3) 물이나 눈물 따위의 액체가 낮은 곳이나 우묵한 곳에
   흐르지 않고 모이다 (   )

4) 돌이나 나무에 사람의 얼굴을 새겨서 마을의 어귀나
   길가에 세운 말뚝 (   )

5) 눈을 아래에서 위로 올려 뜨다 (   )

6) 보기에 좋게 곱게 다듬은 모양새 (   )

7) 있는 대로 모두 한곳으로 묶다 (   )

8) 매우 중요하고 기본이 되는 부분 (   )

9) 소가 끄는 수레 (   )

10) 흐리지 않고 속까지 환히 비침 (   )

11) 깊이 생각해야 할 만큼 매우 중요하고 크다 (   )

12) 일이나 시기가 바뀌는 때를 비유적으로 이르는 말 (   )

13) 전체에서 일부를 간단히 줄이다 또는 빼다 (   )

14) 태어나서 죽을 때까지의 동안 (   )

15) 자연스러운 흐름을 따르지 않고 반대 방향으로 가다 (   )

16) 마주 대하는 대상 (   )

17) 무엇이 일정한 장소나 방향으로 밀려오거나 밀려가다 ( )

18) 생활에서 중요한 활동 장소가 되는 곳 ( )

19) 다른 것과 비교했을 때 특별히 눈에 띄는 점 ( )

20) 옷감을 다듬이질하여 매끈하게 하다 ( )

21) 일정한 범위의 어느 지역 ( )

22) 내용을 충분히 이해하여 확실하게 알다 ( )

23) 음식을 지지거나 볶을 때 쓰는 솥뚜껑처럼 생긴
둥글넓적한 무쇠 그릇 ( )

24) 뻣뻣한 물건의 끝이 밖으로 뻗다 ( )

25) 어떤 행위를 오랫동안 되풀이하는 과정에서 저절로
익혀진 행동 방식 ( )

26) 어떤 곳은 들어가고 어떤 곳은 나오고 하여 고르지 않은
모양 ( )

27) 마치 눈앞에 보이는 것처럼 또렷하고 분명하다 ( )

28) 돌로 쌓아 만든 담 ( )

29) 식물을 심어서 기르다 ( )

30) 자기가 하고 싶은 마음대로 ( )

31) 어떤 일을 반드시 행하겠다는 마음을 굳게 가다듬고 정함 ( )

32) 같은 말이나 일을 계속해서 하고 또 하다 ( )

33) 옷이나 천의 두 폭을 맞대고 꿰맨 줄 ( )

34) 열매나 음식이 너무 익거나 곯아서 물크러질 듯이 물렁하다 ( )

35) 사람들 입에 오르내리며 세상에 떠도는 말 ( )

36) 새침한 성격을 가진 사람을 얕잡아 이르는 말 ( )

37) 종류가 여러 가지로 많다 ( )

38) 어떤 결과(일·사건·현상 따위)를 벌어지게 만든 일 ( )

39) 문제가 되는 일을 캐묻고 분명한 답을 요구하다 ( )

40) 넓고 큰 바다 ( )

41) 가운데가 움푹 패어 물이 고여 있는 곳 ( )

42) 김치·술·간장·젓갈 따위를 만드는 재료를 뒤섞은
후에 익도록 그릇에 넣다 ( )

43) 하늘과 땅 사이에 가득 차서 만물이 나고 자라는 힘의 근원 ( )

44) 바느질을 할 때에 실을 꿴 바늘로 한 번 뜬 자국 ( )

45) 옳고 그름과·착하고 나쁨을 판단해 안다는 상상의 동물 ( )

46) 눈이 부실 만큼 찬란하고 화려하다 ( )

47) 색실로 수를 놓은 것처럼 아름다운 경치를 이루다 ( )

48) 싹을 새로 자라나게 하다 ( )

49) 싸릿가지를 엮어 만든 문 ( )

50) 화가 나거나·걱정이 되어 마음이 불편하고·
괴롭고·우울하다 ( )

51) 어떤 일·대상·현상이 한꺼번에 많이 생기다 　　　(　　　　　)

52) 길게 줄을 단 깡통에 나무 따위를 넣고 불을 붙여 빙빙
돌리며 노는 놀이 　　　(　　　　　)

53) 일을 풀어 나갈 수 있는 첫머리 　　　(　　　　　)

54) 어떤 대상의 둘레 　　　(　　　　　)

55) 어떤 사물이 다른 사물에 끈기 있게 찰싹 붙다 　　　(　　　　　)

56) 가슴이 뭉클할 정도로 감동이나 느낌이 있다 　　　(　　　　　)

57) 사방으로 뻗친 햇살 또는 해가 처음 솟아오를 때의 빛 　　　(　　　　　)

58) 물건 따위가 쓰이는 곳 또는 쓰이는 방식 　　　(　　　　　)

59) 조금이라도 무슨 일이 있기만 하면 바로 그 즉시 　　　(　　　　　)

60) 자신이 마땅히 해야 할 맡은 일 　　　(　　　　　)

61) 어떤 사람이 다른 사람에게 의미나 지식, 감정 따위를
전하여 알게 하다 　　　(　　　　　)

62) 속이 훤히 들여다보일 정도로 넓게 벌어진 모양 　　　(　　　　　)

63) 무엇이 시작되는 처음 부분 　　　(　　　　　)

64) 무엇이 그럴듯하게 괜찮다 또는 썩 훌륭하다 　　　(　　　　　)

65) 무엇을 보려고 고개나 몸을 자꾸 이쪽저쪽으로
기울이는 모양 　　　(　　　　　)

66) 어떤 내용을 알리기 위해 글 따위를 써 놓은 네모난 조각 　　　(　　　　　)

67)   일을 하는 방법과 순서   (   )

68)   그러한 데다가. 뒤 내용에서 앞 내용보다 한층 더한 사실을
      덧붙일 때 쓰는 말   (   )

69)   국, 찌개, 한약 따위에 열을 가하여 물의 양이 적어지다   (   )

70)   일반 사람들에게 새로운 소식 따위를 특별히 알림   (   )

71)   조선 시대에 서민들의 생활 모습이나 · 민간 전설 등을
      소재로 하여 그린 그림   (   )

72)   벌어진 일의 상황에 맞추어 알맞은 행동을 함   (   )

73)   어느 한때에서 다른 한때까지 시간의 길이   (   )

74)   빈 공간이 많다   (   )

75)   문을 바르는 데 쓰는 얇고 질긴 흰 종이   (   )

76)   골짜기나 들에 흐르는 작은 물줄기   (   )

77)   어떤 일에 모든 정신이나 관심을 기울이다   (   )

78)   어떤 일을 하고 나서 받거나 · 주는 돈 또는 물품   (   )

79)   예의 바르고 겸손하게 받들어 모시다   (   )

80)   작은 동작으로 가볍고 재빠르게 자꾸 움직이다   (   )

81)   강이나 바닷가에서 배가 들어오고 나가는 곳   (   )

82)   말, 행동, 표정 따위가 부드럽고 상냥스러운 면이 없어
      정답지 않다   (   )

83)   아주 흔함을 뜻하는 말   (   )

84) 신과 같은 존재를 믿고 받드는 일 또는 그러한 종교   (   )

85) 얽힌 일을 풀어서 잘 처리하다 또는 문제를 풀어서
    결말을 짓다   (   )

86) 물건을 얹어 두기 위하여 까치발을 받쳐서 벽에
    달아 놓은 널빤지   (   )

87) 꺾어져 돌아간 자리   (   )

88) 마음이 끌리도록 보기에 좋은 데가 있다   (   )

89) 어떤 면에서 그런대로 옳다고 여겨지는 것   (   )

90) 일이 바라는 대로 되지 않아 마음이 몹시 상함   (   )

91) 끝이 날카롭고 뾰족한 도구로 어떤 물체를 문지르다   (   )

92) 어떤 장소가 깊숙하여 포근하게 감싸 안기듯 편안하고·
    조용하고·평화롭다   (   )

93) 거리낌 없이 당당하고 떳떳하다   (   )

94) 질그릇과 오지그릇을 통틀어 이르는 말   (   )

95) 힘든 또는 경험될 만한 일을 치르다   (   )

96) 마음속으로 이리저리 따져 깊이 생각하다   (   )

97) 손을 놀려 무엇을 만들거나·어떤 일을 하는 재주   (   )

98) 이미 있는 것을 본보기로 삼아 그대로 만들다   (   )

99) 동식물·곤충·광석 등을 찾거나·캐서 모음   (   )

100) 동물이 일정한 곳에 자리를 잡고 사는 곳   (   )

힘들고 지칠 때
색칠놀이

국단어

완전 정복

바른 답 및 색인

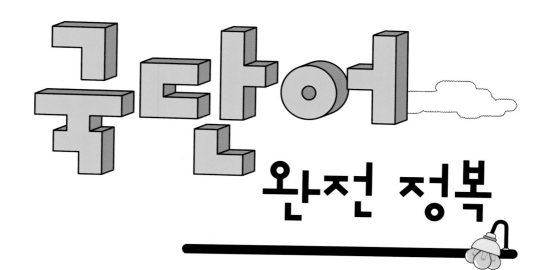

3·1

오리진
에듀

초등 학습법 전문가
전위성 선생님과 함께 하는

10641 프로젝트

- 🐦 매일 **10**분씩 공부하고 　 국어 교과서 낱말 완전 정복하자!
- 🐦 하루 **6**개씩 공부하고 　 　 어휘력, 독해력, 논술력 완성하자!
- 🐦 초등 **4**년 동안 공부하고 　 상위 **1**퍼센트 우등생이 되자!

국단어
완전 정복

바른 답 및 색인
3·1

1일

1 1) 길목 2) 끝자락 3) 사물 4) 제법 5) 감각적 6) 새싹

2 1) 길목 2) 끝자락 3) 사물 4) 제법 5) 감각적 6) 새싹

2일

1 1) 생생하다 2) 향긋하다 3) 만질만질하다 4) 소나기 5) 앓아눕다 6) 담벼락

2 1) 생생한 2) 향긋하다 3) 만질만질하여 4) 소나기 5) 앓아누워 6) 담벼락

3일

1 1) 까무룩 2) 맥박 3) 바삭바삭 4) 바위섬 5) 떼 6) 수다떨다

2 1) 까무룩 2) 맥박 3) 바삭바삭 4) 바위섬 5) 떼 6) 수다떨다

4일

1 1) 툭툭 2) 바스락 3) 콕콕 4) 쪼다 5) 짭조름하다 6) 찡하다

2 1) 툭툭 2) 바스락 3) 콕콕 4) 쪼는 5) 짭조름했다 6) 찡한

5일

1 1) 훌쩍 2) 바짝 3) 비린내 4) 비릿하다 5) 물컹하다 6) 끼룩

2 1) 훌쩍 2) 바짝 3) 비린내 4) 비릿한 5) 물컹해졌다 6) 끼룩

1 1) 향긋하다 2) 담벼락 3) 길목 4) 앓아눕다 5) 감각적 6) 찡하다 7) 제법 8) 쪼다 9) 새싹 10) 떼 11) 생생하다 12) 끝자락 13) 수다떨다 14) 소나기 15) 사물 16) 맥박 17) 까무룩 18) 짭조름하다 19) 바스락 20) 끼룩 21) 훌쩍 22) 바짝 23) 바삭 24) 바위섬 25) 비릿하다 26) 만질만질하다 27) 툭툭 28) 콕콕 29) 비린내 30) 물컹하다

2 1) 까무룩 2) 길목 3) 수다떨다 4) 사물 5) 만질만질하여 6) 찡한 7) 새싹 8) 비린내 9) 앓아누워 10) 소나기 11) 생생한 12) 향긋하다 13) 툭툭 14) 끝자락 15) 감각적 16) 담벼락 17) 비릿한 18) 맥박 19) 떼 20) 훌쩍 21) 쪼는 22) 바삭바삭 23) 물컹해졌다 24) 바위섬 25) 바짝 26) 제법 27) 짭조름했다 28) 콕콕 29) 바스락 30) 끼룩

1일

1 1) 동안 2) 한동안 3) 앞다투다 4) 부스러기 5) 부둣가 6) 끈적거리다

2 1) 동안 2) 한동안 3) 앞다퉈 4) 부스러기 5) 부둣가 6) 끈적거린다

2일

1 1) 깊숙이 2) 쇠사슬 3) 모퉁이 4) 튀다 5) 가쁘다 6) 쿵쾅쿵쾅

2 1) 깊숙이 2) 쇠사슬 3) 모퉁이 4) 튀어 5) 가쁘다 6) 쿵쾅쿵쾅

3일

1 1) 좁쌀 2) 젓다 3) 여전히 4) 몰리다 5) 복잡하다
6) 감탄하다

2 1) 좁쌀 2) 저으며 3) 여전히 4) 몰려서 5)
복잡하기는 6) 감탄하며

4일

1 1) 무심코 2) 털털 3) 타박타박 4) 반나절 5) 산골
6) 장승

2 1) 무심코 2) 털털거리며 3) 타박타박 4) 반나절 5)
산골 6) 장승

5일

1 1) 한낮 2) 뻐드렁니 3) 뻐드러지다 4) 흘기다 5)
신바람 6) 첨벙첨벙

2 1) 한낮 2) 뻐드렁니 3) 뻐드러졌다 4) 흘겼다 5)
신바람 6) 첨벙첨벙

2주 주말평가

1 1) 여전히 2) 장승 3) 부둣가 4) 산골 5) 몰리다 6)
동안 7) 타박타박 8) 깊숙이 9) 쿵쾅쿵쾅 10) 한낮
11) 한동안 12) 모퉁이 13) 복잡하다 14) 반나절
15) 쇠사슬 16) 신바람 17) 앞다투다 18) 첨벙첨벙
19) 뻐드렁니 20) 튀다 21) 털털 22) 뻐드러지다 23)
부스러기 24) 무심코 25) 좁쌀 26) 끈적거리다 27)
감탄하다 28) 젓다 29) 가쁘다 30) 흘기다

2 1) 모퉁이 2) 털털거리며 3) 쿵쾅쿵쾅 4) 흘겼다
5) 반나절 6) 끈적거린다 7) 신바람 8) 감탄하며 9)
타박타박 10) 저으며 11) 복잡하기는 12) 뻐드렁니
13) 부둣가 14) 동안 15) 좁쌀 16) 산골 17) 여전히
18) 뻐드러졌다 19) 깊숙이 20) 장승 21) 무심코 22)

3주 40~49쪽

1일

1 1) 제자리 2) 수놓다 3) 새벽닭 4) 척하다 5) 약
올리다 6) 대꾸하다

2 1) 제자리 2) 수놓은 3) 새벽닭 4) 척하면서 5) 약
올렸다 6) 대꾸했다

2일

1 1) 한숨 2) 슬다 3) 엉엉 4) 헐레벌떡 5) 감쪽같이
6) 옹기

2 1) 한숨 2) 슬었다 3) 엉엉 4) 헐레벌떡 5) 감쪽같이
6) 옹기

3일

1 1) 불끈 2) 신바람나다 3) 개울 4) 영영 5) 낭송하다
6) 풀숲

2 1) 불끈 2) 신바람난 3) 개울 4) 영영 5) 낭송하였다
6) 풀숲

4일

1 1) 살랑살랑 2) 복슬복슬하다 3) 솜털 4) 자꾸만 5)
숲길 6) 제멋대로

2 1) 살랑살랑 2) 복슬복슬한 3) 솜털 4) 자꾸만 5)
숲길 6) 제멋대로

5일

1 1) 바동바동 2) 먹물 3) 보들보들하다 4) 푹신하다

5) 부글부글 6) 지방

2 1) 바동바동 2) 먹물 3) 보들보들한 4) 푹신한 5) 부글부글 6) 지방, 지방

📋 3주 주말평가

1 1) 불끈 2) 영영 3) 슬다 4) 제자리 5) 살랑살랑 6) 낭송하다 7) 한숨 8) 숲길 9) 푹신하다 10) 수놓다 11) 솜털 12) 엉엉 13) 감쪽같이 14) 부글부글 15) 바동바동 16) 신바람나다 17) 척하다 18) 보들보들하다 19) 복슬복슬하다 20) 헐레벌떡 21) 약올리다 22) 자꾸만 23) 풀숲 24) 옹기 25) 대꾸하다 26) 먹물 27) 새벽닭 28) 개울 29) 제멋대로 30) 지방

2 1) 제멋대로 2) 약 올렸다 3) 지방, 지방 4) 수놓은 5) 바동바동 6) 제자리 7) 신바람난 8) 복슬복슬한 9) 슬었다 10) 숲길 11) 옹기 12) 풀숲 13) 푹신한 14) 불끈 15) 척하면서 16) 낭송하였다 17) 살랑살랑 18) 먹물 19) 엉엉 20) 영영 21) 부글부글 22) 헐레벌떡 23) 대꾸했다 24) 개울 25) 자꾸만 26) 새벽닭 27) 감쪽같이 28) 솜털 29) 한숨 30) 보들보들한

4주 54~63쪽

1일

1 1) 열기 2) 습기 3) 해충 4) 박물관 5) 감시하다 6) 해양

2 1) 열기 2) 습기 3) 해충 4) 박물관 5) 감시해야 6) 해양

2일

1 1) 조사하다 2) 탐사 3) 수술 4) 중심 5) 문장 6) 뒷받침하다

2 1) 조사했다 2) 탐사 3) 수술 4) 중심 5) 문장, 문장 6) 뒷받침하는

3일

1 1) 대표하다 2) 중심 문장 3) 뒷받침 문장 4) 문단 5) 구실 6) 기운

2 1) 대표하여 2) 중심 문장 3) 뒷받침 문장 4) 문단 5) 구실 6) 기운, 기운

4일

1 1) 나그네 2) 조각하다 3) 친근하다 4) 우스꽝스럽다 5) 쥐불놀이 6) 단오

2 1) 나그네 2) 조각해 3) 친근한 4) 우스꽝스러운 5) 쥐불놀이 6) 단오

5일

1 1) 첫머리 2) 전통 3) 한과 4) 약과 5) 묻히다 6) 고물

2 1) 첫머리 2) 전통 3) 한과, 한과 4) 약과 5) 묻혔다 6) 고물

📋 4주 주말평가

1 1) 문장 2) 나그네 3) 한과 4) 쥐불놀이 5) 열기 6) 전통 7) 박물관 8) 친근하다 9) 문단 10) 해충 11) 약과 12) 우스꽝스럽다 13) 뒷받침하다 14) 단오 15) 해양 16) 구실 17) 첫머리 18) 조사하다 19) 묻히다 20) 탐사 21) 대표하다 22) 중심 23) 조각하다 24) 수술 25) 중심 문장 26) 습기 27) 기운 28) 뒷받침 문장 29) 감시하다 30) 고물

2 1) 전통 2) 중심 3) 우스꽝스러운 4) 문단 5) 감시해야 6) 쥐불놀이 7) 수술 8) 첫머리 9) 박물관

10) 습기 11) 묻혔다 12) 나그네 13) 한과, 한과 14) 대표하여 15) 중심 문장 16) 구실 17) 고물 18) 조각해 19) 문장, 문장 20) 뒷받침 문장 21) 약과 22) 탐사 23) 뒷받침하는 24) 해충 25) 단오 26) 조사했다 27) 기운, 기운 28) 친근한 29) 열기 30) 해양

월 말 평 가 ———— 1~4주

1 1) 사물 2) 제법 3) 만질만질하다 4) 맥박 5) 동안 6) 앞다투다 7) 모퉁이 8) 몰리다 9) 감탄하다 10) 무심코 11) 반나절 12) 한낮 13) 흘기다 14) 수놓다 15) 대꾸하다 16) 영영 17) 지방 18) 열기 19) 감시하다 20) 해양 21) 조사하다 22) 뒷받침하다 23) 대표하다 24) 중심문장 25) 문단 26) 조각하다 27)단오 28) 친근하다 29) 첫머리 30)전통

2 1) 길목 2) 떼 3) 찡한 4) 물컹해졌다 5) 끈적거린다 6) 가쁘다 7) 복잡하기는 8) 타박타박 9) 척하면서 10) 약올렸다) 11) 한숨 12) 헐레벌떡 13) 옹기 14) 낭송하였다 15) 자꾸만 16) 제멋대로 17) 보들보들한 18) 푹신한 19) 습기 20) 박물관 21) 탐사 22) 중심 23) 문장, 문장 24) 뒷받침 문장 25) 구실 26) 기운, 기운 27) 나그네 28) 쥐불놀이 29) 약과 30) 고물

5주 74~83쪽

1일

1 1) 강정 2) 녹말가루 3) 졸다 4) 엿 5) 지지다 6) 조청
2 1) 강정 2) 녹말가루 3) 졸았다 4) 엿 5) 지지는 6) 조청

2일

1 1) 배다 2) 본뜨다 3) 갸름하다 4) 가락엿 5) 끈기 6) 엿치기
2 1) 배도록 2) 본뜬 3) 갸름해서 4) 가락엿 5) 끈기 6) 엿치기

3일

1 1) 드러나다 2) 덧붙이다 3) 대상 4) 높임표현 5) 웃어른 6) 공경하다
2 1) 드러나게 2) 덧붙였다 3) 대상 4) 높임 표현 5) 웃어른 6) 공경하는

4일

1 1) 예절 2) 해당하다 3) 다양하다 4) 아마 5) 진지 6) 여쭈어보다
1) 예절 2) 해당하는 3) 다양하다 4) 아마 5) 진지 6) 여쭈어보자

5일

1 1) 대화 2) 며느리 3) 드리다 4) 역할 5) 잡수다 6) 짐작하다
2 1) 대화 2) 며느리 3) 드렸다 4) 역할 5) 잡수세요 6) 짐작했다

5주 주말평가

1 1) 해당하다 2) 높임표현 3) 엿 4) 덧붙이다 5) 조청 6) 배다 7) 다양하다 8) 여쭈어보다 9) 며느리 10) 녹말가루 11) 엿치기 12) 예절 13) 아마 14) 가락엿 15) 본뜨다 16) 드러나다 17) 웃어른 18) 대상 19) 강정 20) 잡수다 21) 지지다 22) 진지 23) 공경하다

24) 졸다 25) 대화 26) 드리다 27) 갸름하다 28) 역할 29) 짐작하다 30) 끈기

2 1) 대화 2) 지지는 3) 졸았다 4) 드렸다 5) 드러나게 6) 짐작했다 7) 예절 8) 며느리 9) 아마 10) 본뜬 11) 역할 12) 여쭈어보자 13) 엿치기 14) 덧붙였다 15) 높임 표현 16) 다양하다 17) 대상 18) 웃어른 19) 공경하는 20) 배도록 21) 잡수세요 22) 진지 23) 가락엿 24) 끈기 25) 강정 26) 녹말가루 27) 엿 28) 갸름해서 29) 조청 30) 해당하는

무뚝뚝하다 6) 틈틈이

2 1) 공중전화 2) 수화기 3) 평소 4) 단짝 5) 무뚝뚝한 6) 틈틈이

 5일

1 1) 옥상 2) 뒤덮이다 3) 감격하다 4) 쿵쿵거리다 5) 휴업 6) 팻말

2 1) 옥상 2) 뒤덮였다 3) 감격하여 4) 쿵쿵거렸다 5) 휴업 6) 팻말

6주　　　　　　　　　88~97쪽

1일

1 1) 심부름 2) 투명 3) 대본 4) 축하 5) 위로 6) 친절하다

2 1) 심부름 2) 투명 3) 대본 4) 축하 5) 위로 6) 친절한

2일

1 1) 제대로 2) 경주 3) 속상하다 4) 오히려 5) 아쉽다 6) 기특하다

2 1) 제대로 2) 경주 3) 속상하다 4) 오히려 5) 아쉽다 6) 기특하다

3일

1 1) 꾸준히 2) 실망 3) 분명 4) 챙기다 5) 꾸중 6) 출근하다

2 1) 꾸준히 2) 실망 3) 분명 4) 챙겼다 5) 꾸중 6) 출근하는

4일

1 1) 공중전화 2) 수화기 3) 평소 4) 단짝 5)

6주 주말평가

1 1) 아쉽다 2) 휴업 3) 옥상 4) 제대로 5) 친절하다 6) 대본 7) 수화기 8) 쿵쿵거리다 9) 출근하다 10) 투명 11) 기특하다 12) 뒤덮이다 13) 공중전화 14) 분명 15) 무뚝뚝하다 16) 평소 17) 틈틈이 18) 감격하다 19) 꾸준히 20) 실망 21) 심부름 22) 단짝 23) 꾸중 24) 경주 25) 축하 26) 속상하다 27) 위로 28) 오히려 29) 챙기다 30) 팻말

2 1) 무뚝뚝한 2) 심부름 3) 분명 4) 축하 5) 감격하여 6) 챙겼다 7) 제대로 8) 속상하다 9) 휴업 10) 평소 11) 기특하다 12) 꾸준히 13) 대본 14) 실망 15) 꾸중 16) 경주 17) 공중전화 18) 위로 19) 단짝 20) 틈틈이 21) 옥상 22) 수화기 23) 뒤덮였다 24) 출근하는 25) 쿵쿵거렸다 26) 친절한 27) 팻말 28) 투명 29) 아쉽다 30) 오히려

7주　　　　　　　　　102~111쪽

 1일

1 1) 걸다 2) 굉장하다 3) 취직 4) 형식 5) 유쾌하다 6) 되풀이하다

2 1) 걸었다 2) 굉장했다 3) 취직 4) 형식 5) 유쾌하다
6) 되풀이해서

2일

1 1) 풍부하다 2) 대단하다 3) 엄청나다 4) 근사하다
5) 산골짜기 6) 산울림(메아리)

2 1) 풍부하게 2) 대단했다 3) 엄청나게 4) 근사했다
5) 산골짜기 6) 메아리

3일

1 1) 벌떡벌떡 2) 주변 3) 메모 4) 대강 5) 자료 6)
간단히

2 1) 벌떡벌떡 2) 주변 3) 메모 4) 대강 5) 자료 6)
간단히

4일

1 1) 견학 2) 과제 3) 해결하다 4) 안내하다 5) 분명히
6) 전시관

2 1) 견학 2) 과제 3) 해결하면 4) 안내했다 5) 분명히
6) 전시관

5일

1 1) 도움 2) 한살이 3) 자손 4) 간추리다 5) 복 6)
강남

2 1) 도움 2) 한살이 3) 자손 4) 간추렸다 5) 복 6)
강남

7주 주말평가

1 1) 견학 2) 걸다 3) 강남 4) 굉장하다 5) 안내하다
6) 산울림(메아리) 7) 형식 8) 자손 9) 되풀이하다 10)
풍부하다 11) 간추리다 12) 간단히 13) 메모 14) 복
15) 엄청나다 16) 자료 17) 근사하다 18) 산골짜기

19) 벌떡벌떡 20) 대단하다 21) 대강 22) 도움 23)
취직 24) 한살이 25) 과제 26) 해결하다 27) 분명히
28) 유쾌하다 29) 주변 30) 전시관

2 1) 굉장했다 2) 대강 3) 한살이 4) 자손 5) 자료 6)
간추렸다 7) 되풀이해서 8) 복 9) 취직 10) 강남 11)
견학 12) 과제 13) 걸었다 14) 해결하면 15) 안내했다
16) 유쾌하다 17) 분명히 18) 대단했다 19) 전시관
20) 벌떡벌떡 21) 도움 22) 풍부하게 23) 메모 24)
엄청나게 25) 간단히 26) 형식   27) 근사했다 28)
산골짜기 29) 주변 30) 메아리

8주   116~125쪽

1일

1 1) 홀수 2) 겹치다 3) 영리하다 4) 재물 5) 둥지 6)
특징

2 1) 홀수 2) 겹치는 3) 영리하다 4) 재물 5) 둥지 6)
특징

2일

1 1) 치료하다 2) 직업 3) 악기 4) 타악기 5) 현악기
6) 관악기

2 1) 치료했다 2) 직업 3) 악기 4) 타악기 5) 현악기
6) 관악기

3일

1 1) 민화 2) 널리 3) 신앙 4) 깃들다 5) 여느 6)
실용적인

2 1) 민화 2) 널리 3) 신앙 4) 깃들어 5) 여느 6)
실용적인

4일

1 1) 선비 2) 산수화 3) 솜씨 4) 화원 5) 감상하다 6) 특별하다

2 1) 선비 2) 산수화 3) 솜씨 4) 화원 5) 감상하며 6) 특별한

5일

1 1) 목적 2) 쓰임새 3) 혼례식(결혼식) 4) 잔치 5) 치르다 6) 병풍

2 1) 목적 2) 쓰임새 3) 혼례식 4) 잔치 5) 치르고 6) 병풍

8주 주말평가

1 1) 깃들다 2) 홀수 3) 감상하다 4) 민화 5) 겹치다 6) 실용적인 7) 영리하다 8) 선비 9) 재물 10) 둥지 11) 널리 12) 특징 13) 치료하다 14) 타악기 15) 혼례식(결혼식) 16) 악기 17) 신앙 18) 치르다 19) 산수화 20) 특별하다 21) 쓰임새 22) 솜씨 23) 현악기 24) 여느 25) 관악기 26) 직업 27) 목적 28) 병풍 29) 화원 30) 잔치

2 1) 널리 2) 목적 3) 직업 4) 재물 5) 둥지 6) 혼례식 7) 악기 8) 치료했다 9) 영리하다 10) 치르고 11) 쓰임새 12) 병풍 13) 선비 14) 신앙 15) 관악기 16) 현악기 17) 솜씨 18) 화원 19) 감상하며 20) 산수화 21) 특별한 22) 민화 23) 깃들어 24) 겹치는 25) 여느 26) 잔치 27) 실용적인 28) 홀수 29) 특징 30) 타악기

월말평가 5~8주

1 1) 지지다 2) 본뜨다 3) 드러나다 4) 대상 5) 공경하다 6) 예절 7) 해당하다 8) 역할 9) 위로 10) 오히려 11) 분명 12) 틈틈이 13) 뒤덮이다 14) 휴업 15) 형식 16) 풍부하다 17) 주변 18) 자료 19) 해결하다 20) 전시관 21) 한살이 22) 간추리다 23) 특징 24) 타악기 25) 민화 26) 깃들다 27) 실용적인 28) 감상하다 29) 목적 30) 치르다

2 1) 졸았다 2) 배도록 3) 끈기 4) 웃어른 5) 아마 6) 짐작했다 7) 제대로 8) 속상하다 9) 아쉽다 10) 수화기 11) 평소 12) 무뚝뚝한 13) 감격하여 14) 유쾌하다 15) 대단했다 16) 엄청나게 17) 근사했다 18) 대강 19) 견학 20) 과제 21) 안내했다 22) 자손 23) 겹치는 24) 영리하다 25) 현악기 26) 널리 27) 여느 28) 화원 29) 특별한 30) 쓰임새

9주 136~145쪽

1일

1 1) 부적 2) 불로초 3) 소재 4) 해태 5) 기원하다 6) 몰아내다

2 1) 부적 2) 불로초 3) 소재 4) 해태 5) 기원했다 6) 몰아냈다

2일

1 1) 생물 2) 유지하다 3) 반드시 4) 물질 5) 고이다 6) 웅덩이

2 1) 생물, 생물, 생물 2) 유지하는 3) 반드시 4) 물질 5) 고여 6) 웅덩이

1 1) 혹시 2) 맨눈 3) 바닥 4) 떠다니다 5) 둥둥 6) 통틀다

2 1) 혹시 2) 맨눈 3) 바닥 4) 떠다닐 5) 둥둥 6) 통틀어서

4일

1 1) 플랑크톤 2) 가만히 3) 흐름 4) 거스르다 5) 워낙 6) 분류하다

2 1) 플랑크톤 2) 가만히 3) 흐름 4) 거슬러서 5) 워낙 6) 분류했다

5일

1 1) 전달하다 2) 정보 3) 최근 4) 끊임없이 5) 걸치다 6) 담그다

2 1) 전달했다 2) 정보 3) 최근 4) 끊임없이 5) 걸쳐서 6) 담그니

9주 주말평가

1 1) 혹시 2) 몰아내다 3) 가만히 4) 불로초 5) 둥둥 6) 통틀다 7) 부적 8) 거스르다 9) 플랑크톤 10) 흐름 11) 걸치다 12) 소재 13) 해태 14) 생물 15) 분류하다 16) 반드시 17) 고이다 18) 웅덩이 19) 기원하다 20) 전달하다 21) 맨눈 22) 정보 23) 워낙 24) 최근 25) 떠다니다 26) 유지하다 27) 끊임없이 28) 바닥 29) 담그다 30) 물질

2 1) 고여 2) 부적 3) 유지하는 4) 바닥 5) 소재 6) 웅덩이 7) 흐름 8) 혹시 9) 전달했다 10) 정보 11) 거슬러서 12) 분류했다 13) 끊임없이 14) 걸쳐서 15) 담그니 16) 맨눈 17) 통틀어서 18) 몰아냈다 19) 불로초 20) 생물, 생물, 생물 21) 해태 22) 반드시 23)

물질 24) 떠다닐 25) 플랑크톤 26) 최근 27) 가만히 28) 둥둥 29) 기원했다 30) 워낙

10주 150~159쪽

1일

1 1) 원인 2) 결과 3) 깔끔하다 4) 정거장 5) 벌써 6) 한꺼번에

2 1) 원인 2) 결과 3) 깔끔해졌다 4) 정거장 5) 벌써 6) 한꺼번에

2일

1 1) 몹시 2) 지저분하다 3) 게다가 4) <u>으스스</u>하다 5) 뒤죽박죽 6) 재활용품

2 1) 몹시 2) 지저분하게 3) 게다가 4) <u>으스스</u>한 5) 뒤죽박죽 6) 재활용품

3일

1 1) 마련하다 2) 놓아주다 3) 겪다 4) 때문 5) 그래서 6) 왜냐하면

2 1) 마련했다 2) 놓아주었다 3) 겪은 4) 때문에 5) 그래서 6) 왜냐하면

4일

1 1) 놀리다 2) 꾸미다 3) 품삯 4) 공통 5) 덧붙이다 6) 싣다

2 1) 놀려서 2) 꾸몄다 3) 품삯 4) 공통 5) 덧붙였다 6) 싣는

5일

1 1) 달리하다 2) 표시하다 3) 활용하다 4) 따개 5)

문학 6) 싸리문

2 1) 달리하면 2) 표시했다 3) 활용해서 4) 따개 5) 문학 6) 싸리문

1 1) 놓아주다 2) 몹시 3) 품삯 4) 지저분하다 5) 따개 6) 원인 7) 그래서 8) 정거장 9) 재활용품 10) 놀리다 11) 으스스하다 12) 벌써 13) 겪다 14) 활용하다 15) 싣다 16) 문학 17) 결과 18) 덧붙이다 19) 깔끔하다 20) 게다가 21) 왜냐하면 22) 달리하다 23) 공통 24) 표시하다 25) 싸리문 26) 꾸미다 27) 한꺼번에 28) 마련하다 29) 뒤죽박죽 30) 때문

2 1) 표시했다 2) 달리하면 3) 한꺼번에 4) 놀려서 5) 꾸몄다 6) 뒤죽박죽 7) 깔끔해졌다 8) 왜냐하면 9) 공통 10) 몹시 11) 겪은 12) 지저분하게 13) 품삯 14) 게다가 15) 그래서 16) 정거장 17) 재활용품 18) 싣는 19) 활용해서 20) 따개 21) 으스스한 22) 문학 23) 덧붙였다 24) 싸리문 25) 마련했다 26) 놓아주었다 27) 원인 28) 결과 29) 벌써 30) 때문에

11주 164~173쪽

1일

1 1) 저울질 2) 차림새 3) 칸막이 4) 포구 5) 형태 6) 성질

2 1) 저울질 2) 차림새 3) 칸막이 4) 포구 5) 형태, 형태 6) 성질

2일

1 1) 상황 2) 상태 3) 기후 4) 성기다 5) 까슬까슬하다

6) 스며들다

2 1) 상황 2) 상태 3) 기후 4) 성긴 5) 까슬까슬하다 6) 스며드는

3일

1 1) 삼짇날 2) 둥글납작하다 3) 번철 4) 부치다 5) 화전 6) 화채

2 1) 삼짇날 2) 둥글납작하게 3) 번철 4) 부쳤다 5) 화전 6) 화채

4일

1 1) 살짝 2) 담그다 3) 알레르기 4) 농약 5) 독성 6) 제거하다

2 1) 살짝 2) 담갔다 3) 알레르기 4) 농약 5) 독성 6) 제거하는

5일

1 1) 재배하다 2) 함부로 3) 식용 4) 배탈 5) 고생 6) 따로

2 1) 재배하신다 2) 함부로 3) 식용 4) 배탈 5) 고생 6) 따로

1 1) 둥글납작하다 2) 저울질 3) 포구 4) 배탈 5) 살짝 6) 번철 7) 기후 8) 상태 9) 성기다 10) 화채 11) 까슬까슬하다 12) 담그다 13) 스며들다 14) 차림새 15) 칸막이 16) 삼짇날 17) 함부로 18) 제거하다 19) 화전 20) 알레르기 21) 부치다 22) 형태 23) 농약 24) 재배하다 25) 상황 26) 고생 27) 식용 28) 따로 29) 성질 30) 독성

2 1) 살짝 2) 따로 3) 화채 4) 둥글납작하게 5) 까슬까슬하다 6) 담갔다 7) 포구 8) 상태 9) 고생

10) 독성 11) 배탈 12) 제거하는 13) 재배하신다 14) 알레르기 15) 함부로 16) 농약 17) 식용 18) 성긴 19) 삼진날 20) 번철 21) 저울질 22) 부쳤다 23) 칸막이 24) 성질 25) 화전 26) 차림새 27) 형태, 형태 28) 상황 29) 기후 30) 스며드는

12주 ───────────── 178~187쪽

1일

1 1) 색소 2) 순수하다 3) 물들이다 4) 영양 5) 천연 6) 파악하다

2 1) 색소 2) 순수한 3) 물을 들였다 4) 영양 5) 천연 6) 파악하기

2일

1 1) 과정 2) 그윽하다 3) 누리 4) 지게 5) 햇귀 6) 희나리

2 1) 과정 2) 그윽하게 3) 누리 4) 지게 5) 햇귀 6) 희나리

3일

1 1) 고리 2) 탐스럽다 3) 열리다 4) 뻗다 5) 알아채다 6) 하인

2 1) 고리 2) 탐스러운 3) 열려 4) 뻗어 5) 알아챘다 6) 하인

4일

1 1) 우기다 2) 경우 3) 맞대다 4) 궁리하다 5) 인기척 6) 무례

2 1) 우겼다 2) 경우 3) 맞대고 4) 궁리했다 5) 인기척 6) 무례

5일

1 1) 창호지 2) 바르다 3) 쑥 4) 들이밀다 5) 뚫다 6) 정중히

2 1) 창호지 2) 발랐다 3) 쑥 4) 들이밀었다 5) 뚫었다 6) 정중히

12주 주말평가

1 1) 경우 2) 과정 3) 햇귀 4) 무례 5) 순수하다 6) 뻗다 7) 지게 8) 물들이다 9) 누리 10) 궁리하다 11) 파악하다 12) 희나리 13) 색소 14) 영양 15) 우기다 16) 그윽하다 17) 하인 18) 고리 19) 맞대다 20) 창호지 21) 인기척 22) 바르다 23) 알아채다 24) 쑥 25) 들이밀다 26) 탐스럽다 27) 뚫다 28) 열리다 29) 정중히 30) 천연

2 1) 열려 2) 창호지 3) 우겼다 4) 뻗어 5) 물을 들였다 6) 하인 7) 궁리했다 8) 천연 9) 무례 10) 누리 11) 쑥 12) 발랐다 13) 고리 14) 맞대고 15) 탐스러운 16) 정중히 17) 햇귀 18) 인기척 19) 들이밀었다 20) 경우 21) 순수한 22) 뚫었다 23) 과정 24) 알아챘다 25) 그윽하게 26) 색소 27) 영양 28) 파악하기 29) 지게 30) 희나리

월 말 평 가 ─── 9~12주

1 1) 소재 2) 기원하다 3) 생물 4) 물질 5) 혹시 6) 통틀다 7) 플랑크톤 8) 거스르다 9) 분류하다 10) 정보 11) 원인 12) 게다가 13) 왜냐하면 14) 공통 15) 활용하다 16) 문학 17) 형태 18) 성질 19) 성기다 20) 번철 21) 독성 22) 재배하다 23) 식용 24) 순수하다

25) 영양 26) 천연 27) 그윽하다 28) 알아채다 29) 궁리하다 30) 정중히

2 1) 해태 2) 유지하는 3) 고여 4) 워낙 5) 전달했다 6) 최근 7) 걸쳐서 8) 결과 9) 벌써 10) 재활용품 11) 겪은 12) 그래서 13) 품삯 14) 포구 15) 상황 16) 상태 17) 스며드는 18) 삼짇날 19) 알레르기 20) 색소 21) 물을 들였다 22) 파악하기 23) 과정 24) 누리 25) 햇귀 26) 희나리 27) 탐스러운 28) 경우 29) 인기척 30) 무례

13주 — 198~207쪽

1일

1 1) 당돌하다 2) 호기심 3) 의견 4) 일리 5) 바느질 6) 아씨
2 1) 당돌한 2) 호기심 3) 의견 4) 일리 5) 바느질 6) 아씨

2일

1 1) 도구 2) 부인 3) 즐기다 4) 골무 5) 솔기 6) 인두
2 1) 도구 2) 부인 3) 즐기는, 즐기는 4) 골무 5) 솔기 6) 인두

3일

1 1) 삐죽이다 2) 색시 3) 덕 4) 따지다 5) 재다 6) 소용
2 1) 삐죽였다 2) 색시 3) 덕, 덕, 덕 4) 따졌다 5) 쟀다 6) 소용

4일

1 1) 새침데기 2) 각시 3) 따끔하다 4) 쏘다 5) 절대로 6) 땀
2 1) 새침데기 2) 각시 3) 따끔하게 4) 쏘아 5) 절대로 6) 땀, 땀

5일

1 1) 말참견 2) 시중들다 3) 낭자 4) 불쑥 5) 지나치다 6) 들쑥날쑥
2 1) 말참견 2) 시중드느라 3) 낭자, 낭자 4) 불쑥 5) 지나칠 6) 들쑥날쑥

13주 주말평가

1 1) 따끔하다 2) 덕 3) 당돌하다 4) 솔기 5) 따지다 6) 호기심 7) 색시 8) 말참견 9) 절대로 10) 낭자 11) 일리 12) 삐죽이다 13) 들쑥날쑥 14) 도구 15) 의견 16) 재다 17) 지나치다 18) 바느질 19) 즐기다 20) 아씨 21) 시중들다 22) 부인 23) 새침떼기 24) 소용 25) 각시 26) 인두 27) 불쑥 28) 쏘다 29) 땀 30) 골무

2 1) 쏘아 2) 말참견 3) 골무 4) 불쑥 5) 새침데기 6) 들쑥날쑥 7) 부인 8) 따끔하게 9) 시중드느라 10) 따졌다 11) 소용 12) 절대로 13) 낭자, 낭자 14) 각시 15) 지나칠 16) 바느질 17) 의견 18) 삐죽였다 19) 아씨 20) 솔기 21) 덕, 덕, 덕 22) 도구 23) 당돌한 24) 색시 25) 호기심 26) 일리 27) 즐기는, 즐기는 28) 인두 29) 쟀다 30) 땀, 땀

14주 — 212~221쪽

1일

1 1) 울퉁불퉁 2) 구석구석 3) 뾰족뾰족 4) 다듬다 5) 조근조근 6) 소저
2 1) 울퉁불퉁 2) 구석구석 3) 뾰족뾰족 4) 다듬고 5) 조근조근 6) 소저

2일

1 1) 그제야 2) 구겨지다 3) 말끔히 4) 맵시 5) 터전
6) 일회용

2 1) 그제야 2) 구겨진 3) 말끔히 4) 맵시 5) 터전,
터전 6) 일회용

3일

1 1) 일회용품 2) 실천하다 3) 처리 4) 분리하다 5)
덜다 6) 습관

2 1) 일회용품 2) 실천합시다 3) 처리 4) 분리해서 5)
덜어서 6) 습관

4일

1 1) 결국 2) 변화 3) 저절로 4) 다짐 5) 기본예절 6)
활기차다

2 1) 결국 2) 변화 3) 저절로 4) 다짐 5) 기본예절 6)
활기찼다

5일

1 1) 여유 2) 표현 3) 제시하다 4) 문제점 5) 사뿐사뿐
6) 생략하다

2 1) 여유 2) 표현 3) 제시했다 4) 문제점 5) 사뿐사뿐
6) 생략하고

14주 주말평가

1 1) 그제야 2) 다짐 3) 뾰족뾰족 4) 말끔히 5) 여유
6) 울퉁불퉁 7) 기본예절 8) 저절로 9) 제시하다 10)
소저 11) 문제점 12) 습관 13) 사뿐사뿐 14) 덜다
15) 생략하다 16) 터전 17) 구겨지다 18) 일회용 19)
일회용품 20) 변화 21) 실천하다 22) 처리 23) 표현
24) 구석구석 25) 맵시 26) 다듬다 27) 결국 28)

분리하다 29) 활기차다 30) 조근조근

2 1) 여유 2) 맵시 3) 표현 4) 결국 5) 처리 6) 변화
7) 울퉁불퉁 8) 활기찼다 9) 구겨진 10) 덜어서 11)
뾰족뾰족 12) 제시했다 13) 일회용품 14) 소저 15)
저절로 16) 생략하고 17) 기본예절 18) 문제점 19)
구석구석 20) 실천합시다 21) 조근조근 22) 다짐 23)
분리해서 24) 터전, 터전 25) 다듬고 26) 습관 27)
사뿐사뿐 28) 그제야 29) 말끔히 30) 일회용

15주 226~235쪽

1일

1 1) 안내문 2) 발생하다 3) 수심 4) 삼가다 5)
고민하다 6) 갉다

2 1) 안내문 2) 발생한다 3) 수심 4) 삼가야 5)
고민했다 6) 갉는다

2일

1 1) 닳다 2) 쏠다 3) 가끔 4) 창고 5) 싱긋 6) 선반

2 1) 닳았다 2) 쏠지, 쏠기도 3) 가끔 4) 창고 5) 싱긋,
싱긋 6) 선반

3일

1 1) 센트 2) 건네주다 3) 어엿하다 4) 심각하다 5)
서약서 6) 맹세하다

2 1) 센트 2) 건네주고 3) 어엿한 4) 심각한 5) 서약서
6) 맹세했다

4일

1 1) 서명 2) 서식지 3) 천연기념물 4) 일대 5)
황홀하다 6) 조절하다

2 1) 서명 2) 서식지 3) 천연기념물 4) 일대 5) 황홀했다 6) 조절했다

5일

1 1) 도대체 2) 이슬 3) 일컫다 4) 애벌레 5) 보잘것없다 6) 천하다

2 1) 도대체 2) 이슬 3) 일컫는 4) 애벌레 5) 보잘것없고 6) 천하다

15주 주말평가

1 1) 서약서 2) 닳다 3) 선반 4) 도대체 5) 서명 6) 가끔 7) 천하다 8) 안내문 9) 싱긋 10) 발생하다 11) 보잘것없다 12) 수심 13) 쏠다 14) 고민하다 15) 애벌레 16) 갉다 17) 천연기념물 18) 일컫다 19) 센트 20) 창고 21) 건네주다 22) 삼가다 23) 어엿하다 24) 조절하다 25) 심각하다 26) 맹세하다 27) 일대 28) 서식지 29) 황홀하다 30) 이슬

2 1) 서식지 2) 도대체 3) 서명 4) 일컫는 5) 쏠지, 쏠기도 6) 건네주고 7) 발생한다 8) 일대 9) 센트 10) 가끔 11) 어엿한 12) 천하다 13) 고민했다 14) 맹세했다 15) 황홀했다 16) 안내문 17) 싱긋, 싱긋 18) 수심 19) 삼가야 20) 천연기념물 21) 갉는다 22) 조절했다 23) 이슬 24) 심각한 25) 서약서 26) 애벌레 27) 보잘것없고 28) 닳았다 29) 창고 30) 선반

16주   240~249쪽

1일

1 1) 지천 2) 깔리다 3) 전문 4) 먹성 5) 마비 6) 살살

2 1) 지천 2) 깔려 3) 전문 4) 먹성 5) 마비 6) 살살

2일

1 1) 그리 2) 실마리 3) 단서 4) 관찰 5) 채집 6) 저만치

2 1) 그리 2) 실마리 3) 단서 4) 관찰 5) 채집 6) 저만치

3일

1 1) 살금살금 2) 팔랑거리다 3) 두근거리다 4) 헤치다 5) 살갗 6) 독립운동가

2 1) 살금살금 2) 팔랑거리며 3) 두근거리며 4) 헤치고 5) 살갗 6) 독립운동가

4일

1 1) 마침내 2) 개구쟁이 3) 연구하다 4) 마음먹다 5) 제대로 6) 끊임없이

2 1) 마침내 2) 개구쟁이 3) 연구했고 4) 마음먹었다 5) 제대로 6) 끊임없이

5일

1 1) 결심하다 2) 몰두하다 3) 무려 4) 완성하다 5) 왕립 6) 학회

2 1) 결심했다 2) 몰두하느라 3) 무려 4) 완성하는 5) 왕립 6) 학회

16주 주말평가

1 1) 팔랑거리다 2) 마침내 3) 헤치다 4) 개구쟁이 5) 몰두하다 6) 살금살금 7) 단서 8) 깔리다 9) 두근거리다 10) 왕립 11) 마비 12) 채집 13) 살갗 14) 독립운동가 15) 마음먹다 16) 그리 17) 연구하다 18) 실마리 19) 학회 20) 먹성 21) 관찰 22) 저만치 23) 제대로 24) 지천 25) 완성하다 26) 전문 27) 살살 28) 끊임없이

29) 결심하다 30) 무려

2 1) 채집 2) 결심했다 3) 개구쟁이 4) 지천 5) 학회 6)
마음먹었다 7) 두근거리며 8) 제대로 9) 끊임없이 10)
몰두하느라 11) 살금살금 12) 전문 13) 팔랑거리며
14) 마비 15) 먹성 16) 헤치고 17) 연구했고 18)
독립운동가 19) 무려 20) 완성하는 21) 마침내 22)
왕립 23) 그리 24) 살갗 25) 실마리 26) 저만치 27)
깔려 28) 살살 29) 관찰 30) 단서

13~16주

1 1) 당돌하다 2) 의견 3) 일리 4) 도구 5) 솔기 6)
따지다 7) 재다 8) 따끔하다 9) 시중들다 10) 조근조근
11) 소저 12) 말끔히 13) 실천하다 14) 분리하다 15)
변화 16) 표현 17) 생략하다 18) 발생하다 19) 쏠다
20) 심각하다 21) 서식지 22) 황홀하다 23) 도대체
24) 전문 25) 실마리 26) 헤치다 27) 연구하다 28)
무려 29) 왕립 30) 학회

2 1) 골무 2) 인두 3) 소용 4) 쏘아 5) 절대로 6) 땀, 땀
7) 지나칠 8) 뾰족뾰족 9) 다듬고 10) 그제야 11) 맵시
12) 터전, 터전 13) 처리 14) 활기찼다 15) 제시했다
16) 문제점 17) 삼가야 18) 어엿한 19) 서약서 20)
천연기념물 21) 일대 22) 조절했다 23) 일컫는 24)
보잘것없고 25) 지천 26) 단서 27) 관찰 28) 채집 29)
팔랑거리며 30) 끊임없이

17주 | 260~269쪽

1일

1 1) 온갖 2) 지진 3) 요령 4) 꼼꼼히 5) 출구 6)
확보하다

2 1) 온갖 2) 지진 3) 요령 4) 꼼꼼히 5) 출구 6)
확보해야

2일

1 1) 차단하다 2) 대비하다 3) 대피하다 4) 승강기 5)
산사태 6) 절벽

2 1) 차단하고 2) 대비해서 3) 대피했다 4) 승강기 5)
산사태 6) 절벽

3일

1 1) 붕괴되다 2) 해안 3) 해일 4) 특보 5) 발령되다
6) 재난

2 1) 붕괴되었다 2) 해안 3) 해일 4) 특보 5) 발령되면
6) 재난

4일

1 1) 훈련 2) 대응 3) 특별히 4) 신경쓰다 5) 감동 6)
뭉게구름

2 1) 훈련 2) 대응 3) 특별히 4) 신경써서 5) 감동 6)
뭉게구름

5일

1 1) 한참 2) 사뿐히 3) 기웃기웃 4) 분량 5) 나란히
6) 일부러

2 1) 한참 2) 사뿐히 3) 기웃기웃 4) 분량 5) 나란히
6) 일부러

1 1) 기웃기웃 2) 나란히 3) 온갖 4) 차단하다 5) 산사태 6) 대비하다 7) 붕괴되다 8) 요령 9) 발령되다 10) 해안 11) 감동 12) 해일 13) 확보하다 14) 재난 15) 훈련 16) 신경쓰다 17) 대피하다 18) 특보 19) 뭉게구름 20) 승강기 21) 특별히 22) 한참 23) 꼼꼼히 24) 사뿐히 25) 대응 26) 분량 27) 일부러 28) 절벽 29) 지진 30) 출구

2 1) 한참 2) 훈련 3) 승강기 4) 붕괴되었다 5) 출구 6) 해안 7) 꼼꼼히 8) 해일 9) 대피했다 10) 특보 11) 기웃기웃 12) 산사태 13) 발령되면 14) 요령 15) 재난 16) 대응 17) 차단하고 18) 절벽 19) 특별히 20) 대비해서 21) 신경써서 22) 온갖 23) 감동 24) 나란히 25) 뭉게구름 26) 사뿐히 27) 지진 28) 일부러 29) 확보해야 30) 분량

18주
274~283쪽

1일

1 1) 고이다 2) 디디다 3) 당기다 4) 종일 5) 걸핏하면 6) 이름나다

2 1) 고였다 2) 디딜 3) 당겼다 4) 종일 5) 걸핏하면 6) 이름난

2일

1 1) 들러붙다 2) 척 3) 한입 4) 꿀꺽 5) 알쏭달쏭하다 6) 몽실몽실

2 1) 들러붙어 2) 척 3) 한입 4) 꿀꺽 5) 알쏭달쏭한 6) 몽실몽실

3일

1 1) 간질간질하다 2) 무시무시하다 3) 술술 4) 쏟아지다 5) 구수하다 6) 웃음꽃

2 1) 간질간질했다 2) 무시무시한 3) 술술 4) 쏟아졌다 5) 구수하고 6) 웃음꽃

4일

1 1) 쑥덕쑥덕 2) 소곤거리다 3) 뒤지다 4) 덥석 5) 헤벌쭉 6) 엿듣다

2 1) 쑥덕쑥덕 2) 소곤거리는 3) 뒤졌지만 4) 덥석 5) 헤벌쭉 6) 엿들었다

5일

1 1) 키득키득 2) 눈치 3) 소문 4) 떠벌리다 5) 싹 6) 범인

2 1) 키득키득 2) 눈치 3) 소문 4) 떠벌리고 5) 싹 6) 범인

1 1) 당기다 2) 키득키득 3) 들러붙다 4) 술술 5) 헤벌쭉 6) 척 7) 구수하다 8) 간질간질하다 9) 한입 10) 꿀꺽 11) 디디다 12) 알쏭달쏭하다 13) 몽실몽실 14) 이름나다 15) 뒤지다 16) 엿듣다 17) 떠벌리다 18) 눈치 19) 소문 20) 고이다 21) 종일 22) 소곤거리다 23) 걸핏하면 24) 덥석 25) 무시무시하다 26) 쑥덕쑥덕 27) 쏟아지다 28) 범인 29) 웃음꽃 30) 싹

2 1) 한입 2) 키득키득 3) 들러붙어 4) 당겼다 5) 척 6) 쑥덕쑥덕 7) 꿀꺽 8) 고였다 9) 술술 10) 구수하고 11) 덥석 12) 무시무시한 13) 디딜 14) 걸핏하면 15) 뒤졌지만 16) 이름난 17) 알쏭달쏭한 18) 몽실몽실 19)

눈치 20) 범인 21) 소문 22) 헤벌쭉 23) 간질간질했다 24) 종일 25) 쏟아졌다 26) 떠벌리고 27) 웃음꽃 28) 싹 29) 소곤거리는 30) 엿들었다

19주

288~295쪽

1일

1 1) 노려보다 2) 치켜뜨다 3) 싱글벙글 4) 귓가 5) 진심 6) 사고

2 1) 노려보았다 2) 치켜뜨며 3) 싱글벙글 4) 귓가 5) 진심 6) 사고

2일

1 1) 만날 2) 간판 3) 오해 4) 후회하다 5) 돌담 6) 쓸모없다

2 1) 만날 2) 간판 3) 오해 4) 후회했다 5) 돌담 6) 쓸모없는

3일

1 1) 상대 2) 상처 3) 헤아리다 4) 소달구지 5) 쓸데없다 6) 무시하다

2 1) 상대 2) 상처 3) 헤아리지 4) 소달구지 5) 쓸데없는 6) 무시했다

4일

1 1) 틔우다 2) 거름 3) 울먹이다 4) 고스란히 5) 공간 6) 낭독하다

2 1) 틔운다 2) 거름 3) 울먹이는 4) 고스란히 5) 공간 6) 낭독했다

19주 주말평가

1 1) 돌담 2) 노려보다 3) 틔우다 4) 진심 5) 거름 6) 후회하다 7) 상처 8) 고스란히 9) 사고 10) 공간 11) 상대 12) 낭독하다 13) 치켜뜨다 14) 간판 15) 쓸모없다 16) 울먹이다 17) 헤아리다 18) 만날 19) 소달구지 20) 오해 21) 쓸데없다 22) 싱글벙글 23) 무시하다 24) 귓가

2 1) 싱글벙글 2) 틔운다 3) 쓸모없는 4) 거름 5) 노려보았다 6) 쓸데없는 7) 공간 8) 오해 9) 돌담 10) 후회했다 11) 진심 12) 상처 13) 사고 14) 소달구지 15) 헤아리지 16) 무시했다 17) 만날 18) 고스란히 19) 상대 20) 귓가 21) 치켜뜨며 22) 울먹이는 23) 낭독했다 24) 간판

월 말 평 가

17~19주

1 1) 온갖 2) 요령 3) 확보하다 4) 차단하다 5) 대비하다 6) 붕괴되다 7) 해일 8) 발령되다 9) 대응 10) 분량 11) 나란히 12) 고이다 13) 걸핏하면 14) 들러붙다 15) 알쏭달쏭하다 16) 쏟아지다 17) 구수하다 18) 뒤지다 19) 헤벌쭉 20) 소문 21) 떠벌리다 22) 노려보다 23) 진심 24) 만날 25) 오해 26) 쓸모없다 27) 헤아리다 28) 무시하다 29) 고스란히 30) 낭독하다

2 1) 지진 2) 꼼꼼히 3) 출구 4) 대피했다 5) 산사태 6) 절벽 7) 해안 8) 특보 9) 재난 10) 특별히 11) 한참 12) 사뿐히 13) 일부러 14) 디딜 15) 당겼다 16) 종일 17) 한입 18) 무시무시한 19) 술술 20) 소곤거리는 21) 덥석 22) 눈치 23) 싹 24) 치켜뜨다 25) 사고 26) 간판 27) 후회했다 28) 상대 29) 쓸데없는 30) 틔운다

1) 까무룩 2) 천연 3) 고이다 4) 장승 5) 치켜뜨다 6) 맵시 7) 통틀다 8) 중심 9) 소달구지 10) 투명 11) 심각하다 12) 길목 13) 생략하다 14) 한살이 15) 거스르다 16) 상대 17) 몰리다 18) 터전 19) 특징 20) 다듬다 21) 지방 22) 파악하다 23) 번철 24) 뻐드러지다 25) 습관 26) 들쑥날쑥 27) 생생하다 28) 돌담 29) 재배하다 30) 제멋대로 31) 다짐 32) 되풀이하다 33) 솔기 34) 물컹하다 35) 소문 36) 새침떼기 37) 다양하다 38) 원인 39) 따지다 40) 해양 41) 웅덩이 42) 담그다 43) 기운 44) 땀 45) 해태 46) 황홀하다 47) 수놓다 48) 틔우다 49) 싸리문 50) 속상하다 51) 쏟아지다 52) 쥐불놀이 53) 실마리 54) 주변 55) 들러붙다 56) 찡하다 57) 햇귀 58) 쓰임새 59) 걸핏하면 60) 역할 61) 전달하다 62) 헤벌쭉 63) 첫머리 64) 근사하다 65) 기웃기웃 66) 팻말 67) 요령 68) 게다가 69) 졸다 70) 특보 71) 민화 72) 대응 73) 동안 74) 성기다 75) 창호지 76) 개울 77) 몰두하다 78) 품삯 79) 공경하다 80) 팔랑거리다 81) 포구 82) 무뚝뚝하다 83) 지천 84) 신앙 85) 해결하다 86) 선반 87) 모퉁이 88) 탐스럽다 89) 일리 90) 실망 91) 갚다 92) 그윽하다 93) 어엿하다 94) 옹기 95) 겪다 96) 궁리하다 97) 솜씨 98) 본뜨다 99) 채집 100) 서식지

색인

○

색인

색인

국어 교과서 3-1 작품 목록

국어 3-1 가			
단원	제제	지은이	나온 곳
1	「봄의 길목에서」	우남희	『너라면 가만있겠니?』, 청개구리, 2014
	「소나기」	오순택	『꽃 발걸음 소리』, 아침마중, 2016
	「공 튀는 소리」	신형건	『아! 깜짝 놀라는 소리』, (주)푸른책들, 2016
	「바삭바삭 갈매기」	전민걸	『바삭바삭 갈매기』, 한림출판사, 2014
	「으악, 도깨비다!」	손정원	『으악, 도깨비다!』, (주)느림보, 2002
	「강아지풀」	강현호	『바람의 보물찾기』, 청개구리, 2011
	「아기 고래」	김룡	『삐뽀삐뽀 눈물이 달려온다』, (주)문학동네, 2012
4	「리디아의 정원」	세라 스튜어트 글 이복희 옮김	『리디아의 정원』, 시공주니어, 1998
5	「플랑크톤이란?」	김종문	『플랑크톤의 비밀』, (주)예림당, 2015
국어 3-1 나			
6	「행복한 쨱쨱콩콩이」	박성배	『행복한 비밀 하나』, (주)푸른책들, 2012
	「비밀의 문」	에렌 베커	『비밀의 문』, (주)웅진씽크빅, 2016
7	「먹을 수 있는 꽃 요리」	오주영	『명절 속에 숨은 우리 과학』, 시공주니어, 2009

8	「아씨방 일곱 동무」	이영경	『아씨방 일곱 동무』, (주)비룡소, 1998
9	「다람쥐는 왜 쉬지 않고 딱딱한 걸 갈아 댈까요?」	왕입문	『개구쟁이 수달은 무얼 하며 놀까요?』, 재능아카데미, 2006
	「프린들 주세요」	앤드루 클레먼츠 글 햇살과 나무꾼 옮김	『프린들 주세요』, (주)사계절출판사, 2001
	「반딧불이」	김태우 함윤미	『알고 보면 더 재미있는 곤충 이야기』, 뜨인돌어린이, 2006
	「나비 박사 석주명」	조신애	『아프리카 까마귀, 석주명』, 한국차일드아카데미, 2012
10	「구름」	이일숙	『짝 바꾸는 날』, 도토리숲, 2017
	「빗길」	성명진	『축구부에 들고 싶다』, (주)창비, 2011
	「그냥 놔두세요」	이준관	『쥐눈이콩은 기죽지 않아』, (주)문학동네, 2017
	「만복이네 떡집」	김리리	『만복이네 떡집』, (주)비룡소, 2010
	「강아지 똥」	권정생 원작	「강아지 똥」, (주)아이타스카스튜디오, 2003

5~8주

9~12주

9~12주

13~16주

17~20주

「국단어 완전 정복」 자기주도 활용법

초등 국어 교과서 사전, 국단어 완전 정복 어휘, 독해 완성~!! 이걸로 결정

★★★★★

올해 초등 3학년이 되는 ★★이는 개학이 연기되고 있지만 담임선생님께서 매일 해야 하는 숙제를 문자로 보내주시는데 책 읽고 단어 찾아보고 짧은 글짓기를 매일 하고 있어요.

국단어 완전 정복은 초등 국어 교과서에 나오는 단어를 다루니까 따로 할 게 아니라 여기에 바로 짧은 글짓기를 하면 효과적이네요. 학교 진도시기에 맞춰서 진행되니 정말 딱 좋지요~!!

널그리다 님

초등 국어 어휘, 국단어 완전 정복으로 잡아요!

★★★★★

처음에는 교재를 보고 내용을 소리내어 읽고, 다음은 빨간색 책갈피로 빨간색 글씨를 가린 다음 읽어보고 마지막으로 문제풀이를 하는 순서로 알아서 잘 하고 있는 ★★양~~

초등 고학년이라면 교재를 이렇게 해라 저렇게 해라 하지 않아도 자기에게 맞는 방법을 찾아서 알아서 해주더라고요.

고매와이프 님

국단어 완전 정복을
초등 4년(3~6학년) 동안 꾸준히 공부하면

🐜 초등 국어 교과서에 나오는 **모든 어휘를 완벽히 공부**할 수 있습니다.

🐜 매학기 **1,250단어**, 초등 4년(8학기) 동안 **총 10,000단어**를 익힐 수 있습니다.

🐜 어휘력 독해력 사고력이 완성되고, **상위 1퍼센트 우등생**이 될 수 있습니다.

★ 10641 프로젝트 ★

상위 1퍼센트 우등생이 되는 특급 비법

어휘력 완성 · 독해력 강화 · 사고력 향상